AF154413

Gotthold Ephraim Lessing

Ausgewählte Werke in sechs Bänden

3. Band

Gotthold Ephraim Lessing

Ausgewählte Werke in sechs Bänden
3. Band

ISBN/EAN: 9783744674874

Hergestellt in Europa, USA, Kanada, Australien, Japan

Cover: Foto ©Thomas Meinert / pixelio.de

Weitere Bücher finden Sie auf **www.hansebooks.com**

G. E. Lessings

ausgewählte Werke

in sechs Bänden.

Dritter Band.

Inhalt:
Hamburgische Dramaturgie. I. Erstes bis einundfünfzigstes Stück.

Stuttgart.
J. G. Cotta'sche Buchhandlung
Nachfolger.

Hamburgische Dramaturgie. I.

1767—1769.

Ankündigung.

Es wird sich leicht erraten lassen, daß die neue Verwaltung des hiesigen Theaters die Veranlassung des gegenwärtigen Blattes ist.

Der Endzweck desselben soll den guten Absichten entsprechen, welche man den Männern, die sich dieser Verwaltung unterziehen wollen, nicht anders als beimessen kann. Sie haben sich selbst hinlänglich darüber erklärt, und ihre Aeußerungen sind sowohl hier als auswärts von dem feinern Teile des Publikums mit dem Beifalle aufgenommen worden, den jede freiwillige Beförderung des allgemeinen Besten verdient und zu unsern Zeiten sich versprechen darf.

Freilich gibt es immer und überall Leute, die, weil sie sich selbst am besten kennen, bei jedem guten Unternehmen nichts als Nebenabsichten erblicken. Man könnte ihnen diese Beruhigung ihrer selbst gern gönnen; aber, wenn die vermeinten Nebenabsichten sie wider die Sache selbst aufbringen; wenn ihr hämischer Neid, um jene zu vereiteln, auch diese scheitern zu lassen bemüht ist: so müssen sie wissen, daß sie die verachtungswürdigsten Glieder der menschlichen Gesellschaft sind.

Glücklich der Ort, wo diese Elenden den Ton nicht angeben; wo die größere Anzahl wohlgesinnter Bürger sie in den Schranken der Ehrerbietung hält und nicht verstattet, daß das Bessere des Ganzen ein Raub ihrer Kabalen und patriotische Absichten ein Vorwurf ihres spöttischen Aberwitzes werden!

So glücklich sei Hamburg in allem, woran seinem Wohlstande und seiner Freiheit gelegen; denn es verdienet, so glücklich zu sein!

Als Schlegel zur Aufnahme des dänischen Theaters — (ein deutscher Dichter des dänischen Theaters!) — Vorschläge that, von welchen es Deutschland noch lange zum Vorwurfe gereichen wird, daß ihm keine Gelegenheit gemacht worden, sie zur Aufnahme des unsrigen zu thun: war dieses der erste und vornehmste,

„daß man den Schauspielern selbst die Sorge nicht überlassen
müsse, für ihren Verlust und Gewinst zu arbeiten."*) Die Prin=
zipalschaft unter ihnen hat eine freie Kunst zu einem Handwerke
herabgesetzt, welches der Meister mehrenteils desto nachlässiger
und eigennütziger treiben läßt, je gewissere Kunden, je mehrere
Abnehmer ihm Notdurft oder Luxus versprechen.

Wenn hier also bis itzt auch weiter noch nichts geschehen
wäre, als daß eine Gesellschaft von Freunden der Bühne Hand
an das Werk gelegt und, nach einem gemeinnützigen Plane ar=
beiten zu lassen, sich verbunden hätte, so wäre dennoch, bloß da=
durch, schon viel gewonnen. Denn aus dieser ersten Veränderung
können auch bei einer nur mäßigen Begünstigung des Publikums
leicht und geschwind alle andere Verbesserungen erwachsen, deren
unser Theater bedarf.

An Fleiß und Kosten wird sicherlich nichts gespart werden;
ob es an Geschmack und Einsicht fehlen dürfte, muß die Zeit
lehren. Und hat es nicht das Publikum in seiner Gewalt, was
es hierin mangelhaft finden sollte, abstellen und verbessern zu
lassen? Es komme nur, und sehe und höre, und prüfe und richte.
Seine Stimme soll nie geringschätzig verhöret, sein Urteil soll
nie ohne Unterwerfung vernommen werden!

Nur daß sich nicht jeder kleine Kritikaster für das Publikum
halte und derjenige, dessen Erwartungen getäuscht werden, auch
ein wenig mit sich selbst zu Rate gehe, von welcher Art seine
Erwartungen gewesen! Nicht jeder Liebhaber ist Kenner; nicht
jeder, der die Schönheiten e i n e s Stücks, das richtige Spiel
e i n e s Acteurs empfindet, kann darum auch den Wert aller
andern schätzen. Man hat keinen Geschmack, wenn man nur
einen einseitigen Geschmack hat; aber oft ist man desto parteiischer.
Der wahre Geschmack ist der allgemeine, der sich über Schön=
heiten von jeder Art verbreitet, aber von keiner mehr Vergnügen
und Entzücken erwartet, als sie nach ihrer Art gewähren kann.

Der Stufen sind viel, die eine werdende Bühne bis zum
Gipfel der Vollkommenheit zu durchsteigen hat; aber eine ver=
derbte Bühne ist von dieser Höhe natürlicherweise noch weiter
entfernt, und ich fürchte sehr, daß die deutsche mehr dieses als
jenes ist.

Alles kann folglich nicht auf einmal geschehen. Doch was
man nicht wachsen sieht, findet man nach einiger Zeit gewachsen.
Der Langsamste, der sein Ziel nur nicht aus den Augen ver=
lieret, geht noch immer geschwinder, als der ohne Ziel herumirret.

Diese Dramaturgie soll ein kritisches Register von allen auf=
zuführenden Stücken halten und jeden Schritt begleiten, den die

---

*) Werke, dritter Teil, S. 252.

Kunst, sowohl des Dichters als des Schauspielers, hier thun wird. Die Wahl der Stücke ist keine Kleinigkeit; aber Wahl setzt Menge voraus; und wenn nicht immer Meisterstücke aufgeführet werden sollten, so sieht man wohl, woran die Schuld liegt. Indes ist es gut, wenn das Mittelmäßige für nichts mehr ausgegeben wird, als es ist, und der unbefriedigte Zuschauer wenigstens daran urteilen lernt. Einem Menschen von gesundem Verstande, wenn man ihm Geschmack beibringen will, braucht man es nur aus einander zu setzen, warum ihm etwas nicht gefallen hat. Gewisse mittelmäßige Stücke müssen auch schon darum beibehalten werden, weil sie gewisse vorzügliche Rollen haben, in welchen der oder jener Acteur seine ganze Stärke zeigen kann. So verwirft man nicht gleich eine musikalische Komposition, weil der Text dazu elend ist.

Die größte Feinheit eines dramatischen Richters zeiget sich darin, wenn er in jedem Falle des Vergnügens und Mißvergnügens unfehlbar zu unterscheiden weiß, was und wie viel davon auf die Rechnung des Dichters oder des Schauspielers zu setzen sei. Den einen um etwas tadeln, was der andere versehen hat, heißt beide verderben. Jenem wird der Mut benommen, und dieser wird sicher gemacht.

Besonders darf es der Schauspieler verlangen, daß man hierin die größte Strenge und Unparteilichkeit beobachte. Die Rechtfertigung des Dichters kann jederzeit angetreten werden; sein Werk bleibt da und kann uns immer wieder vor die Augen gelegt werden. Aber die Kunst des Schauspielers ist in ihren Werken transitorisch. Sein Gutes und Schlimmes rauscht gleich schnell vorbei; und nicht selten ist die heutige Laune des Zuschauers mehr Ursache als er selbst, warum das eine oder das andere einen lebhaftern Eindruck auf jenen gemacht hat.

Eine schöne Figur, eine bezaubernde Miene, ein sprechendes Auge, ein reizender Tritt, ein lieblicher Ton, eine melodische Stimme sind Dinge, die sich nicht wohl mit Worten ausdrücken lassen. Doch sind es auch weder die einzigen noch größten Vollkommenheiten des Schauspielers. Schätzbare Gaben der Natur, zu seinem Berufe sehr nötig, aber noch lange nicht seinen Beruf erfüllend! Er muß überall mit dem Dichter denken; er muß da, wo dem Dichter etwas Menschliches widerfahren ist, für ihn denken.

Man hat allen Grund, häufige Beispiele hiervon sich von unsern Schauspielern zu versprechen. — Doch ich will die Erwartung des Publikums nicht höher stimmen. Beide schaden sich selbst: der zu viel verspricht und der zu viel erwartet.

Heute geschieht die Eröffnung der Bühne. Sie wird viel entscheiden; sie muß aber nicht alles entscheiden sollen. In den ersten Tagen werden sich die Urteile ziemlich durchkreuzen. Es

würde Mühe kosten, ein ruhiges Gehör zu erla▮
Blatt dieser Schrift soll daher nicht eher als ▮
des künftigen Monats erscheinen.

Hamburg, den 22. April 1767.

Erstes Stück.
Den 1. Mai 1767.

Das Theater ist den 22. vorigen Monats mit dem Trauerspiele Olint und Sophronia glücklich eröffnet worden.

Ohne Zweifel wollte man gern mit einem deutschen Originale anfangen, welches hier noch den Reiz der Neuheit habe.
Der innere Wert dieses Stückes konnte auf eine solche Ehre
keinen Anspruch machen. Die Wahl wäre zu tadeln, wenn sich
zeigen ließe, daß man eine viel bessere hätte treffen können.

Olint und Sophronia ist das Werk eines jungen Dichters,
und sein unvollendet hinterlassenes Werk. Cronegk starb allerdings für unsere Bühne zu früh; aber eigentlich gründet sich
sein Ruhm mehr auf das, was er nach dem Urteile seiner Freunde
für dieselbe noch hätte leisten können, als was er wirklich geleistet hat. Und welcher dramatische Dichter aus allen Zeiten
und Nationen hätte in seinem sechsundzwanzigsten Jahre sterben
können, ohne die Kritik über seine wahren Talente nicht eben so
zweifelhaft zu lassen?

Der Stoff ist die bekannte Episode beim Tasso. Eine kleine
rührende Erzählung in ein rührendes Drama umzuschaffen, ist
so leicht nicht. Zwar kostet es wenig Mühe, neue Verwickelungen
zu erdenken und einzelne Empfindungen in Szenen auszudehnen.
Aber zu verhüten wissen, daß diese neue Verwickelungen weder
das Interesse schwächen, noch der Wahrscheinlichkeit Eintrag thun;
sich aus dem Gesichtspunkte des Erzählers in den wahren Stand-
ort einer jeden Person versetzen können; die Leidenschaften nicht
beschreiben, sondern vor den Augen des Zuschauers entstehen und
ohne Sprung in einer so illusorischen Stetigkeit wachsen zu lassen,
daß dieser sympathisieren muß, er mag wollen oder nicht: das
ist es, was dazu nötig ist; was das Genie, ohne es zu wissen,
ohne es sich langweilig zu erklären, thut und was der bloß witzige
Kopf nachzumachen vergebens sich martert.

Tasso scheinet in seinem Olint und Sophronia den Virgil
in seinem Nisus und Euryalus vor Augen gehabt zu haben. So
wie Virgil in diesen die Stärke der Freundschaft geschildert hatte,
wollte Tasso in jenen die Stärke der Liebe schildern. Dort war
es heldenmütiger Diensteifer, der die Probe der Freundschaft

veranlaßte; hier ist es die Religion, welche der Liebe Gelegen=
heit gibt, sich in aller ihrer Kraft zu zeigen. Aber die Religion,
welche bei dem Tasso nur das Mittel ist, wodurch er die Liebe
so wirksam zeiget, ist in Cronegks Bearbeitung das Hauptwerk
geworden. Er wollte den Triumph dieser in den Triumph jener
veredeln. Gewiß eine fromme Verbesserung — weiter aber auch
nichts als fromm! Denn sie hat ihn verleitet, was bei dem
Tasso so simpel und natürlich, so wahr und menschlich ist, so
verwickelt und romanenhaft, so wunderbar und himmlisch zu
machen, daß nichts darüber!

Beim Tasso ist es ein Zauberer, ein Kerl, der weder Christ
noch Mahomedaner ist, sondern sich aus beiden Religionen einen
eigenen Aberglauben zusammengesponnen hat, welcher dem Aladin
den Rat gibt, das wundertätige Marienbild aus dem Tempel
in die Moschee zu bringen. Warum machte Cronegk aus diesem
Zauberer einen mahomedanischen Priester? Wenn dieser Priester
in seiner Religion nicht eben so unwissend war, als es der Dichter
zu sein scheinet, so konnte er einen solchen Rat unmöglich geben.
Sie duldet durchaus keine Bilder in ihren Moscheen. Cronegk
verrät sich in mehrern Stücken, daß ihm eine sehr unrichtige
Vorstellung von dem mahomedanischen Glauben beigewohnet.
Der größte Fehler aber ist, daß er eine Religion überall des
Polytheismus schuldig macht, die fast mehr als jede andere auf
die Einheit Gottes dringet. Die Moschee heißt ihm „ein Sitz
der falschen Götter", und den Priester selbst läßt er ausrufen:

„So wollt ihr euch noch nicht mit Rach' und Strafe rüsten,
Ihr Götter? Blitzt, vertilgt das freche Volk der Christen!"

Der sorgsame Schauspieler hat in seiner Tracht das Kostüme,
vom Scheitel bis zur Zehe, genau zu beobachten gesucht; und er
muß solche Ungereimtheiten sagen!

Beim Tasso kömmt das Marienbild aus der Moschee weg,
ohne daß man eigentlich weiß, ob es von Menschenhänden ent=
wendet worden, oder ob eine höhere Macht dabei im Spiele ge=
wesen. Cronegk macht den Olint zum Thäter. Zwar verwandelt
er das Marienbild in „ein Bild des Herrn am Kreuz"; aber Bild
ist Bild, und dieser armselige Aberglaube gibt dem Olint eine
sehr verächtliche Seite. Man kann ihm unmöglich wieder gut
werden, daß er es wagen können, durch eine so kleine That sein
Volk an den Rand des Verderbens zu stellen. Wenn er sich nachher
freiwillig dazu bekennet, so ist es nichts mehr als Schuldigkeit
und keine Großmut. Beim Tasso läßt ihn bloß die Liebe diesen
Schritt thun; er will Sophronien retten oder mit ihr sterben;
mit ihr sterben, bloß um mit ihr zu sterben; kann er mit ihr
nicht ein Bette besteigen, so sei es ein Scheiterhaufen; an ihrer

Seite, an den nämlichen Pfahl gebunden, bestimmt, von dem nämlichen Feuer verzehret zu werden, empfindet er bloß das Glück einer so süßen Nachbarschaft, denket an nichts, was er jenseit dem Grabe zu hoffen habe, und wünschet nichts, als daß diese Nachbarschaft noch enger und vertrauter sein möge, daß er Brust gegen Brust drücken und auf ihren Lippen seinen Geist verhauchen dürfe.

Dieser vortreffliche Kontrast zwischen einer lieben, ruhigen, ganz geistigen Schwärmerin und einem hitzigen, begierigen Jünglinge ist beim Cronegk völlig verloren. Sie sind beide von der kältesten Einförmigkeit; beide haben nichts als das Märtertum im Kopfe; und nicht genug, daß er, daß sie für die Religion sterben wollen: auch Evander wollte, auch Serena hätte nicht übel Lust dazu.

Ich will hier eine doppelte Anmerkung machen, welche, wohl behalten, einen angehenden tragischen Dichter vor großen Fehltritten bewahren kann. Die eine betrifft das Trauerspiel überhaupt. Wenn heldenmütige Gesinnungen Bewunderung erregen sollen, so muß der Dichter nicht zu verschwenderisch damit umgehen; denn was man öfters, was man an mehrern sieht, höret man auf, zu bewundern. Hierwider hatte sich Cronegk schon in seinem Kodrus sehr versündiget. Die Liebe des Vaterlandes, bis zum freiwilligen Tode für dasselbe, hätte den Kodrus allein auszeichnen sollen: er hätte als ein einzelnes Wesen einer ganz besondern Art dastehen müssen, um den Eindruck zu machen, welchen der Dichter mit ihm im Sinne hatte. Aber Elesinde und Philaide, und Medon, und wer nicht? sind alle gleich bereit, ihr Leben dem Vaterlande aufzuopfern; unsere Bewunderung wird geteilt, und Kodrus verliert sich unter der Menge. So auch hier. Was in Olint und Sophronia Christ ist, das alles hält gemartert werden und sterben für ein Glas Wasser trinken. Wir hören diese frommen Bravaden so oft, aus so verschiedenem Munde. daß sie alle Wirkung verlieren.

Die zweite Anmerkung betrifft das christliche Trauerspiel insbesondere. Die Helden desselben sind mehrenteils Märtyrer. Nun leben wir in einer Zeit, in welcher die Stimme der gesunden Vernunft zu laut erschallet, als daß jeder Rasender, der sich mutwillig, ohne alle Not, mit Verachtung aller seiner bürgerlichen Obliegenheiten, in den Tod stürzet, den Titel eines Märtyrers sich anmaßen dürfte. Wir wissen itzt zu wohl die falschen Märtyrer von den wahren zu unterscheiden; wir verachten jene eben so sehr, als wir diese verehren, und höchstens können sie uns eine melancholische Thräne über die Blindheit und den Unsinn auspressen, deren wir die Menschheit überhaupt in ihnen fähig erblicken. Doch diese Thräne ist keine von den angenehmen, die

das Trauerspiel erregen will. Wenn daher der Dichter einen Märtyrer zu seinem Helden wählet: daß er ihm ja die lautersten und
triftigsten Bewegungsgründe gebe! daß er ihn ja in die unumgängliche Notwendigkeit setze, den Schritt zu thun, durch den er
sich der Gefahr bloßstellet! daß er ihn ja den Tod nicht freventlich
suchen, nicht höhnisch ertrotzen lasse! Sonst wird uns sein frommer
Held zum Abscheu, und die Religion selbst, die er ehren wollte,
kann darunter leiden. Ich habe schon berühret, daß es nur ein
eben so nichtswürdiger Aberglaube sein konnte, als wir in dem
Zauberer Ismen verachten, welcher den Olint antrieb, das Bild
aus der Moschee wieder zu entwenden. Es entschuldiget den
Dichter nicht, daß es Zeiten gegeben, wo ein solcher Aberglaube
allgemein war und bei vielen guten Eigenschaften bestehen konnte;
daß es noch Länder gibt, wo er der frommen Einfalt nichts Be-
fremdendes haben würde. Denn er schrieb sein Trauerspiel eben
so wenig für jene Zeiten, als er es bestimmte, in Böhmen oder
Spanien gespielt zu werden. Der gute Schriftsteller, er sei von
welcher Gattung er wolle, wenn er nicht bloß schreibet, seinen
Witz, seine Gelehrsamkeit zu zeigen, hat immer die Erleuchtetsten
und Besten seiner Zeit und seines Landes in Augen, und nur
was diesen gefallen, was diese rühren kann, würdiget er zu schreiben.
Selbst der dramatische, wenn er sich zu dem Pöbel herabläßt, läßt
sich nur darum zu ihm herab, um ihn zu erleuchten und zu bessern,
nicht aber ihn in seinen Vorurteilen, ihn in seiner unedeln Denkungsart zu bestärken.

Zweites Stück.
Den 5. Mai 1767.

Noch eine Anmerkung, gleichfalls das christliche Trauerspiel
betreffend, würde über die Bekehrung der Klorinde zu machen
sein. So überzeugt wir auch immer von den unmittelbaren Wirkungen der Gnade sein mögen, so wenig können sie uns doch
auf dem Theater gefallen, wo alles, was zu dem Charakter der
Personen gehöret, aus den natürlichsten Ursachen entspringen
muß. Wunder dulden wir da nur in der physikalischen Welt;
in der moralischen muß alles seinen ordentlichen Lauf behalten,
weil das Theater die Schule der moralischen Welt sein soll. Die
Bewegungsgründe zu jedem Entschlusse, zu jeder Änderung der
geringsten Gedanken und Meinungen müssen nach Maßgebung
des einmal angenommenen Charakters genau gegen einander ab-
gewogen sein, und jene müssen nie mehr hervorbringen, als sie
nach der strengsten Wahrheit hervorbringen können. Der Dichter
kann die Kunst besitzen, uns durch Schönheiten des Detail über

Mißverhältnisse dieser Art zu täuschen; aber er täuscht uns nur
einmal, und sobald wir wieder kalt werden, nehmen wir den
Beifall, den er uns abgelauschet hat, zurück. Dieses auf die
vierte Szene des dritten Akts angewendet, wird man finden, daß
die Reden und das Betragen der Sophronia die Klorinde zwar
zum Mitleiden hätte bewegen können, aber viel zu unvermögend
sind, Bekehrung an einer Person zu wirken, die gar keine Anlage
zum Enthusiasmus hat. Beim Tasso nimmt Klorinde auch das
Christentum an, aber in ihrer letzten Stunde, aber erst, nachdem
sie kurz zuvor erfahren, daß ihre Eltern diesem Glauben zuge=
than gewesen: feine, erhebliche Umstände, durch welche die Wir=
kung einer höhern Macht in die Reihe natürlicher Begebenheiten
gleichsam mit eingeflochten wird. Niemand hat es besser ver=
standen, wie weit man in diesem Stücke auf dem Theater gehen
dürfe, als Voltaire. Nachdem die empfindliche, edle Seele des
Zamor durch Beispiel und Bitten, durch Großmut und Ermah=
nungen bestürmet und bis in das Innerste erschüttert worden,
läßt er ihn doch die Wahrheit der Religion, an deren Bekennern
er so viel Großes sieht, mehr vermuten, als glauben. Und viel=
leicht würde Voltaire auch diese Vermutung unterdrückt haben,
wenn nicht zur Beruhigung des Zuschauers etwas hätte geschehen
müssen.

Selbst der Polyeukt des Corneille ist, in Absicht auf beide
Anmerkungen, tadelhaft; und wenn es seine Nachahmungen
immer mehr geworden sind, so dürfte die erste Tragödie, die
den Namen einer christlichen verdienet, ohne Zweifel noch zu er=
warten sein. Ich meine ein Stück, in welchem einzig der Christ
als Christ uns interessieret. — Ist ein solches Stück aber auch
wohl möglich? Ist der Charakter des wahren Christen nicht etwa
ganz untheatralisch? Streiten nicht etwa die stille Gelassenheit,
die unveränderliche Sanftmut, die seine wesentlichsten Züge sind,
mit dem ganzen Geschäfte der Tragödie, welches Leidenschaften
durch Leidenschaften zu reinigen sucht? Widerspricht nicht etwa
seine Erwartung einer belohnenden Glückseligkeit nach diesem
Leben der Uneigennützigkeit, mit welcher wir alle große und gute
Handlungen auf der Bühne unternommen und vollzogen zu sehen
wünschen?

Bis ein Werk des Genies, von dem man nur aus der Er=
fahrung lernen kann, wie viel Schwierigkeiten es zu übersteigen
vermag, diese Bedenklichkeiten unwidersprechlich widerlegt, wäre
also mein Rat: — man ließe alle bisherige christliche Trauer=
spiele unaufgeführet. Dieser Rat, welcher aus den Bedürfnissen
der Kunst hergenommen ist, welcher uns um weiter nichts als
sehr mittelmäßige Stücke bringen kann, ist darum nichts schlechter,
weil er den schwächern Gemütern zu statten kömmt die, ich weiß

nicht welchen Schauder empfinden, wenn sie Gesinnungen, auf die sie sich nur an einer heiligern Stätte gefaßt machen, im Theater zu hören bekommen. Das Theater soll niemanden, wer es auch sei, Anstoß geben; und ich wünschte, daß es auch allem genommenen Anstoße vorbeugen könnte und wollte.

Cronegk hatte sein Stück nur bis gegen das Ende des vierten Aufzuges gebracht. Das übrige hat eine Feder in Wien dazugefüget; eine Feder — denn die Arbeit eines Kopfes ist dabei nicht sehr sichtbar. Der Ergänzer hat allem Ansehen nach die Geschichte ganz anders geendet, als sie Cronegk zu enden willens gewesen. Der Tod löset alle Verwirrungen am besten; darum läßt er beide sterben, den Olint und die Sophronia. Beim Tasso kommen sie beide davon; denn Klorinde nimmt sich mit der uneigennützigsten Großmut ihrer an. Cronegk aber hatte Klorinden verliebt gemacht, und da war es freilich schwer zu erraten, wie er zwei Nebenbuhlerinnen aus einander setzen wollen, ohne den Tod zu Hilfe zu rufen. In einem andern, noch schlechtern Trauerspiele, wo eine von den Hauptpersonen ganz aus heiler Haut starb, fragte ein Zuschauer seinen Nachbar: „Aber woran stirbt sie denn?" — „Woran? am fünften Akte," antwortete dieser. In Wahrheit, der fünfte Akt ist eine garstige böse Staupe, die manchen hinreißt, dem die ersten vier Akte ein weit längeres Leben versprachen. —

Doch ich will mich in die Kritik des Stückes nicht tiefer einlassen. So mittelmäßig es ist, so ausnehmend ist es vorgestellet worden. Ich schweige von der äußern Pracht; denn diese Verbesserung unsers Theaters erfordert nichts als Geld. Die Künste, deren Hilfe dazu nötig ist, sind bei uns in eben der Vollkommenheit als in jedem andern Lande; nur die Künstler wollen eben so bezahlt sein wie in jedem andern Lande.

Man muß mit der Vorstellung eines Stückes zufrieden sein, wenn unter vier, fünf Personen einige vortrefflich und die andern gut gespielet haben. Wen, in den Nebenrollen, ein Anfänger oder sonst ein Notnagel so sehr beleidiget, daß er über das Ganze die Nase rümpft, der reise nach Utopien und besuche da die vollkommenen Theater, wo auch der Lichtputzer ein Garrick ist.

Herr Ekhof war Evander; Evander ist zwar der Vater des Olints, aber im Grunde doch nicht viel mehr als ein Vertrauter. Indes mag dieser Mann eine Rolle machen, welche er will; man erkennet ihn in der kleinsten noch immer für den ersten Acteur und bedauert, auch nicht zugleich alle übrige Rollen von ihm sehen zu können. Ein ihm ganz eigenes Talent ist dieses, daß er Sittensprüche und allgemeine Betrachtungen, diese langweiligen Ausbeugungen eines verlegenen Dichters, mit einem Anstande, mit einer Innigkeit zu sagen weiß, daß das Trivialste

von dieser Art in seinem Munde Neuheit und Würde, das
Frostigste Feuer und Leben erhält.

Die eingestreuten Moralen sind Cronegks beste Seite. Er
hat, in seinem Kodrus und hier, so manche in einer so schönen
nachdrücklichen Kürze ausgedrückt, daß viele von seinen Versen
als Sentenzen behalten und von dem Volke unter die im gemeinen Leben gangbare Weisheit aufgenommen zu werden verdienen. Leider sucht er uns nur auch öfters gefärbtes Glas für
Edelsteine und witzige Antithesen für gesunden Verstand einzu-
schwatzen. Zwei dergleichen Zeilen in dem ersten Akte hatten
eine besondere Wirkung auf mich. Die eine:

„Der Himmel kann verzeihn, allein ein Priester nicht."

Die andere:

„Wer schlimm von andern denkt, ist selbst ein Bösewicht."

Ich ward betroffen, in dem Parterre eine allgemeine Bewegung
und dasjenige Gemurmel zu bemerken, durch welches sich der
Beifall ausdrückt, wenn ihn die Aufmerksamkeit nicht gänzlich
ausbrechen läßt. Teils dachte ich: Vortrefflich! man liebt hier
die Moral; dieses Parterre findet Geschmack an Maximen; auf
dieser Bühne könnte sich ein Euripides Ruhm erwerben, und ein
Sokrates würde sie gern besuchen. Teils fiel es mir zugleich
mit auf, wie schielend, wie falsch, wie anstößig diese vermeinten
Maximen wären, und ich wünschte sehr, daß die Mißbilligung
an jenem Gemurmel den meisten Anteil möge gehabt haben. Es
ist nur ein Athen gewesen, es wird nur ein Athen bleiben, wo
auch bei dem Pöbel das sittliche Gefühl so fein, so zärtlich
war, daß einer unlautern Moral wegen Schauspieler und Dichter
Gefahr liefen, von dem Theater herabgestürmet zu werden! Ich
weiß wohl, die Gesinnungen müssen in dem Drama dem angenommenen Charakter der Person, welche sie äußert, entsprechen;
sie können also das Siegel der absoluten Wahrheit nicht haben;
genug, wenn sie poetisch wahr sind, wenn wir gestehen müssen,
daß dieser Charakter, in dieser Situation, bei dieser Leidenschaft,
nicht anders als so habe urteilen können. Aber auch diese poetische Wahrheit muß sich auf einer andern Seite der absoluten
wiederum nähern, und der Dichter muß nie so unphilosophisch
denken, daß er annimmt, ein Mensch könne das Böse um des
Bösen wegen wollen, er könne nach lasterhaften Grundsätzen
handeln, das Lasterhafte derselben erkennen, und doch gegen sich
und andere damit prahlen. Ein solcher Mensch ist ein Unding,
so gräßlich als ununterrichtend, und nichts als die armselige
Zuflucht eines schalen Kopfes, der schimmernde Tiraden für die
höchste Schönheit des Trauerspieles hält. Wenn Ismenor ein

grausamer Priester ist, sind darum alle Priester Ismenors? Man wende nicht ein, daß von Priestern einer falschen Religion die Rede sei. So falsch war noch keine in der Welt, daß ihre Lehrer notwendig Unmenschen sein müssen. Priester haben in den falschen Religionen sowie in der wahren Unheil gestiftet, aber nicht weil sie Priester, sondern weil sie Bösewichter waren, die zum Behuf ihrer schlimmen Neigungen die Vorrechte auch eines jeden andern Standes gemißbraucht hätten.

Wenn die Bühne so unbesonnene Urteile über die Priester überhaupt ertönen läßt, was Wunder, wenn sich auch unter diesen Unbesonnene finden, die sie als die grade Heerstraße zur Hölle ausschreien?

Aber ich verfalle wiederum in die Kritik des Stückes, und ich wollte von dem Schauspieler sprechen.

Drittes Stück.

Den 8. Mai 1767.

Und wodurch bewirkt dieser Schauspieler (Hr. Ekhof), daß wir auch die gemeinste Moral so gern von ihm hören? Was ist es eigentlich, was ein anderer von ihm zu lernen hat, wenn wir ihn in solchem Falle eben so unterhaltend finden sollen?

Alle Moral muß aus der Fülle des Herzens kommen, von der der Mund übergehet; man muß eben so wenig lange darauf zu denken als damit zu prahlen scheinen.

Es verstehet sich also von selbst, daß die moralischen Stellen vorzüglich wohl gelernet sein wollen. Sie müssen ohne Stocken, ohne den geringsten Anstoß, in einem ununterbrochenen Flusse der Worte, mit einer Leichtigkeit gesprochen werden, daß sie keine mühsame Auskramungen des Gedächtnisses, sondern unmittelbare Eingebungen der gegenwärtigen Lage der Sachen scheinen.

Eben so ausgemacht ist es, daß kein falscher Accent uns muß argwöhnen lassen, der Acteur plaudere, was er nicht verstehe. Er muß uns durch den richtigsten, sichersten Ton überzeugen, daß er den ganzen Sinn seiner Worte durchdrungen habe.

Aber die richtige Accentuation ist zur Not auch einem Papagei beizubringen. Wie weit ist der Acteur, der eine Stelle nur versteht, noch von dem entfernt, der sie auch zugleich empfindet! Worte, deren Sinn man einmal gefaßt, die man sich einmal ins Gedächtnis gepräget hat, lassen sich sehr richtig herzsagen, auch indem sich die Seele mit ganz anderen Dingen beschäftiget: aber alsdann ist keine Empfindung möglich. Die Seele muß ganz gegenwärtig sein; sie muß ihre Aufmerksamkeit einzig und allein auf ihre Reden richten, und nur alsdann --

Aber auch alsdann kann der Acteur wirklich viel Empfindung haben, und doch keine zu haben scheinen. Die Empfindung ist überhaupt immer das streitigste unter den Talenten eines Schauspielers. Sie kann sein, wo man sie nicht erkennet, und man kann sie zu erkennen glauben, wo sie nicht ist. Denn die Empfindung ist etwas Inneres, von dem wir nur nach seinen äußern Merkmalen urteilen können. Nun ist es möglich, daß gewisse Dinge in dem Baue des Körpers diese Merkmale entweder gar nicht verstatten oder doch schwächen und zweideutig machen. Der Acteur kann eine gewisse Bildung des Gesichts, gewisse Mienen, einen gewissen Ton haben, mit denen wir ganz andere Fähigkeiten, ganz andere Leidenschaften, ganz andere Gesinnungen zu verbinden gewohnt sind, als er gegenwärtig äußern und ausdrücken soll. Ist dieses, so mag er noch so viel empfinden, wir glauben ihm nicht; denn er ist mit sich selbst im Widerspruche. Gegenteils kann ein andrer so glücklich gebaut sein; er kann so entscheidende Züge besitzen; alle seine Muskeln können ihm so leicht, so geschwind zu Gebote stehen; er kann so feine, so vielfältige Abänderungen der Stimme in seiner Gewalt haben; kurz, er kann mit allen zur Pantomime erforderlichen Gaben in einem so hohen Grade beglückt sein, daß er uns in denjenigen Rollen, die er nicht ursprünglich, sondern nach irgend einem guten Vorbilde spielet, von der innigsten Empfindung beseelt scheinen wird, da doch alles, was er sagt und thut, nichts als mechanische Nachäffung ist.

Ohne Zweifel ist dieser, ungeachtet seiner Gleichgültigkeit und Kälte, dennoch auf dem Theater weit brauchbarer als jener. Wenn er lange genug nichts als nachgeäffet hat, haben sich endlich eine Menge kleiner Regeln bei ihm gesammelt, nach denen er selbst zu handeln anfängt und durch deren Beobachtung (zufolge von dem Gesetze, daß eben die Modifikationen der Seele, welche gewisse Veränderungen des Körpers hervorbringen, hinwiederum durch diese körperliche Veränderungen bewirket werden) er zu einer Art von Empfindung gelangt, die zwar die Dauer, das Feuer derjenigen, die in der Seele ihren Anfang nimmt, nicht haben kann, aber doch in dem Augenblicke der Vorstellung kräftig genug ist, etwas von den nicht freiwilligen Veränderungen des Körpers hervorzubringen, aus deren Dasein wir fast allein auf das innere Gefühl zuverlässig schließen zu können glauben. Ein solcher Acteur soll z. E. die äußerste Wut des Zornes ausdrücken; ich nehme an, daß er seine Rolle nicht einmal recht verstehet, daß er die Gründe dieses Zornes weder hinlänglich zu fassen, noch lebhaft genug sich vorzustellen vermag, um seine Seele

selbst in Zorn zu setzen. Und ich sage: wenn er nur die aller-
gröbsten Aeußerungen des Zornes einem Acteur von ursprüng-
licher Empfindung abgelernet hat und getreu nachzumachen weiß —
den hastigen Gang, den stampfenden Fuß, den rauhen, bald krei-
schenden, bald verbissenen Ton, das Spiel der Augenbraunen,
die zitternde Lippe, das Knirschen der Zähne u. s. w. — wenn
er, sage ich, nur diese Dinge, die sich nachmachen lassen, sobald
man will, gut nachmacht: so wird dadurch unfehlbar seine Seele
ein dunkles Gefühl von Zorn befallen, welches wiederum in den
Körper zurückwirkt und da auch diejenigen Veränderungen her-
vorbringt, die nicht bloß von unserm Willen abhangen; sein
Gesicht wird glühen, seine Augen werden blitzen, seine Muskeln
werden schwellen; kurz, er wird ein wahrer Zorniger zu sein
scheinen, ohne es zu sein, ohne im geringsten zu begreifen, warum
er es sein sollte.

Nach diesen Grundsätzen von der Empfindung überhaupt
habe ich mir zu bestimmen gesucht, welche äußerliche Merkmale
diejenige Empfindung begleiten, mit der moralische Betrachtungen
wollen gesprochen sein, und welche von diesen Merkmalen in
unserer Gewalt sind, so daß sie jeder Acteur, er mag die Empfindung selbst haben oder nicht, darstellen kann. Mich dünkt
folgendes:

Jede Moral ist ein allgemeiner Satz, der, als solcher, einen
Grad von Sammlung der Seele und ruhiger Ueberlegung verlangt. Er will also mit Gelassenheit und einer gewissen Kälte
gesagt sein.

Allein dieser allgemeine Satz ist zugleich das Resultat von
Eindrücken, welche individuelle Umstände auf die handelnden
Personen machen; er ist kein bloßer symbolischer Schluß; er ist
eine generalisierte Empfindung, und als diese will er mit Feuer
und einer gewissen Begeisterung gesprochen sein.

Folglich mit Begeisterung und Gelassenheit, mit Feuer und
Kälte? —

Nicht anders; mit einer Mischung von beiden, in der aber,
nach Beschaffenheit der Situation, bald dieses, bald jenes her-
vorsticht.

Ist die Situation ruhig, so muß sich die Seele durch die
Moral gleichsam einen neuen Schwung geben wollen; sie muß
über ihr Glück oder ihre Pflichten bloß darum allgemeine Betrachtungen zu machen scheinen, um durch diese Allgemeinheit
selbst jenes desto lebhafter zu genießen, diese desto williger und
mutiger zu beobachten.

Ist die Situation hingegen heftig, so muß sich die Seele
durch die Moral (unter welchem Worte ich jede allgemeine Betrachtung verstehe) gleichsam von ihrem Fluge zurückholen; sie

muß ihren Leidenschaften das Ansehen der Vernunft, stürmischen Ausbrüchen den Schein vorbedächtlicher Entschließungen geben zu wollen scheinen.

Jenes erfordert einen erhabnen und begeisterten Ton, dieses einen gemäßigten und feierlichen. Denn dort muß das Raisonnement in Affekt entbrennen und hier der Affekt in Raisonnement sich auskühlen.

Die meisten Schauspieler kehren es gerade um. Sie poltern in heftigen Situationen die allgemeinen Betrachtungen eben so stürmisch heraus als das übrige, und in ruhigen beten sie dieselben eben so gelassen her als das übrige. Daher geschieht es denn aber auch, daß sich die Moral weder in den einen, noch in den andern bei ihnen ausnimmt, und daß wir sie in jenen eben so unnatürlich, als in diesen langweilig und kalt finden. Sie überlegten nie, daß die Stickerei von dem Grunde abstechen muß und Gold auf Gold brodieren ein elender Geschmack ist.

Durch ihre Gestus verderben sie vollends alles. Sie wissen weder, wenn sie deren dabei machen sollen, noch was für welche. Sie machen gemeiniglich zu viele und zu unbedeutende.

Wenn in einer heftigen Situation die Seele sich auf einmal zu sammeln scheinet, um einen überlegenden Blick auf sich oder auf das, was sie umgibt, zu werfen, so ist es natürlich, daß sie allen Bewegungen des Körpers, die von ihrem bloßen Willen abhangen, gebieten wird. Nicht die Stimme allein wird gelassener; die Glieder alle geraten in einen Stand der Ruhe, um die innere Ruhe auszudrücken, ohne die das Auge der Vernunft nicht wohl um sich schauen kann. Mit eins tritt der fortschreitende Fuß fest auf, die Arme sinken, der ganze Körper zieht sich in den wagrechten Stand; eine Pause — und dann die Reflexion. Der Mann steht da in einer feierlichen Stille, als ob er sich nicht stören wollte, sich selbst zu hören. Die Reflexion ist aus, — wieder eine Pause — und so wie die Reflexion abgezielet, seine Leidenschaft entweder zu mäßigen oder zu befeuern, bricht er entweder auf einmal wieder los oder setzet allmählich das Spiel seiner Glieder wieder in Gang. Nur auf dem Gesichte bleiben während der Reflexion die Spuren des Affekts; Miene und Auge sind noch in Bewegung und Feuer; denn wir haben Miene und Auge nicht so urplötzlich in unserer Gewalt als Fuß und Hand. Und hierin dann, in diesen ausdrückenden Mienen, in diesem entbrannten Auge und in dem Ruhestande des ganzen übrigen Körpers, bestehet die Mischung von Feuer und Kälte, mit welcher ich glaube, daß die Moral in heftigen Situationen gesprochen sein will.

Mit eben dieser Mischung will sie auch in ruhigen Situationen gesagt sein; nur mit dem Unterschiede, daß der Teil der Aktion, welcher dort der feurige war, hier der kältere, und

welcher dort der kältere war, hier der feurige sein muß. Nämlich:
da die Seele, wenn sie nichts als sanfte Empfindungen hat, durch
allgemeine Betrachtungen diesen sanften Empfindungen einen
höhern Grad von Lebhaftigkeit zu geben sucht, so wird sie auch
die Glieder des Körpers, die ihr unmittelbar zu Gebote stehen,
dazu beitragen lassen; die Hände werden in voller Bewegung
sein; nur der Ausdruck des Gesichts kann so geschwind nicht nach,
und in Miene und Auge wird noch die Ruhe herrschen, aus der
sie der übrige Körper gern herausarbeiten möchte.

— —

Viertes Stück.
Den 12. Mai 1767.

Aber von was für Art sind die Bewegungen der Hände,
mit welchen in ruhigen Situationen die Moral gesprochen zu
sein liebt?

Von der Chironomie der Alten, das ist, von dem Inbegriffe
der Regeln, welche die Alten den Bewegungen der Hände vorgeschrieben hatten, wissen wir nur sehr wenig; aber dieses wissen
wir, daß sie die Händesprache zu einer Vollkommenheit gebracht,
von der sich aus dem, was unsere Händler darin zu leisten im
stande sind, kaum die Möglichkeit sollte begreifen lassen. Wir
scheinen von dieser ganzen Sprache nichts als ein unartikuliertes
Geschrei behalten zu haben, nichts als das Vermögen, Bewegungen zu machen, ohne zu wissen, wie diesen Bewegungen eine
fixierte Bedeutung zu geben und wie sie unter einander zu verbinden, daß sie nicht bloß eines einzeln Sinnes, sondern eines zu-
sammenhangenden Verstandes fähig werden.

Ich bescheide mich gern, daß man bei den Alten den Pantomimen nicht mit dem Schauspieler vermengen muß. Die Hände
des Schauspielers waren bei weiten so geschwätzig nicht als die
Hände des Pantomimens. Bei diesem vertraten sie die Stelle
der Sprache; bei jenem sollten sie nur den Nachdruck derselben
vermehren und durch ihre Bewegungen, als natürliche Zeichen
der Dinge, den verabredeten Zeichen der Stimme Wahrheit und
Leben verschaffen helfen. Bei dem Pantomimen waren die Bewegungen der Hände nicht bloß natürliche Zeichen; viele derselben hatten eine konventionelle Bedeutung, und dieser mußte
sich der Schauspieler gänzlich enthalten.

Er gebrauchte sich also seiner Hände sparsamer als der Pantomime, aber eben so wenig vergebens als dieser. Er rührte
keine Hand, wenn er nichts damit bedeuten oder verstärken konnte.
Er wußte nichts von den gleichgültigen Bewegungen, durch deren

beständigen einförmigen Gebrauch ein so großer Teil von Schau
spielern, besonders das Frauenzimmer, sich das vollkommene An=
sehen von Drahtpuppen gibt. Bald mit der rechten, bald mit
der linken Hand die Hälfte einer krieplichten Achte abwärts vom
Körper beschreiben, oder mit beiden Händen zugleich die Luft
von sich wegrudern, heißt ihnen: Aktion haben; und wer es mit
einer gewissen Tanzmeistergrazie zu thun geübt ist, o! der glaubt,
uns bezaubern zu können.

Ich weiß wohl, daß selbst Hogarth den Schauspielern be=
fiehlt, ihre Hand in schönen Schlangenlinien bewegen zu lernen,
aber nach allen Seiten, mit allen möglichen Abänderungen, deren
diese Linien in Ansehung ihres Schwunges, ihrer Größe und
Dauer fähig sind. Und endlich befiehlt er es ihnen nur zur Uebung,
um sich zum Agieren dadurch geschickt zu machen, um den Armen
die Biegungen des Reizes geläufig zu machen, nicht aber in der
Meinung, daß das Agieren selbst in weiter nichts als in der
Beschreibung solcher schönen Linien, immer nach der nämlichen
Direktion, bestehe.

Weg also mit diesem unbedeutenden Portebras, vornehmlich
bei moralischen Stellen weg mit ihm! Reiz am unrechten Orte
ist Affektion und Grimasse; und eben derselbe Reiz, zu oft hinter
einander wiederholt, wird kalt und endlich ekel. Ich sehe einen
Schulknaben sein Sprüchelchen aufsagen, wenn der Schauspieler
allgemeine Betrachtungen mit der Bewegung, mit welcher man
in der Menuett die Hand gibt, mir zureicht, oder seine Moral
gleichsam vom Rocken spinnt.

Jede Bewegung, welche die Hand bei moralischen Stellen
macht, muß bedeutend sein. Oft kann man bis in das Malerische
damit gehen, wenn man nur das Pantomimische vermeidet. Es
wird sich vielleicht ein andermal Gelegenheit finden, diese Gra
dation von bedeutenden zu malerischen, von malerischen zu pan
tomimischen Gesten, ihren Unterschied und ihren Gebrauch in
Beispielen zu erläutern. Itzt würde mich dieses zu weit führen,
und ich merke nur an, daß es unter den bedeutenden Gesten
eine Art gibt, die der Schauspieler vor allen Dingen wohl zu
beobachten hat und mit denen er allein der Moral Licht und
Leben erteilen kann. Es sind dieses, mit einem Worte, die in=
dividualisierenden Gesten. Die Moral ist ein allgemeiner Satz,
aus den besondern Umständen der handelnden Personen gezogen;
durch seine Allgemeinheit wird er gewissermaßen der Sache fremd,
er wird eine Ausschweifung, deren Beziehung auf das Gegenwärtige von dem weniger aufmerksamen oder weniger scharf=
sinnigen Zuhörer nicht bemerkt oder nicht begriffen wird. Wann
es daher ein Mittel gibt, diese Beziehung sinnlich zu machen,
das Symbolische der Moral wiederum auf das Anschauende zu=

rückzubringen, und wann dieses Mittel gewisse Gestus sein können,
so muß sie der Schauspieler ja nicht zu machen versäumen.

Man wird mich aus einem Exempel am besten verstehen.
Ich nehme es, wie mir es itzt beifällt; der Schauspieler wird sich
ohne Mühe auf noch weit einleuchtendere besinnen. — Wenn Olint
sich mit der Hoffnung schmeichelt, Gott werde das Herz des Aladin
bewegen, daß er so grausam mit den Christen nicht verfahre, als
er ihnen gedrohet: so kann Evander als ein alter Mann nicht
wohl anders, als ihm die Betrieglichkeit unsrer Hoffnungen zu
Gemüte führen.

„Vertraue nicht, mein Sohn, Hoffnungen, die betriegen!"

Sein Sohn ist ein feuriger Jüngling, und in der Jugend ist
man vorzüglich geneigt, sich von der Zukunft nur das Beste zu
versprechen.

„Da sie zu leichtlich glaubt, irrt muntre Jugend oft."

Doch indem besinnt er sich, daß das Alter zu dem entgegengesetzten Fehler nicht wenig geneigt ist; er will den unverzagten
Jüngling nicht ganz niederschlagen und fährt fort:

„Das Alter quält sich selbst, weil es zu wenig hofft."

Diese Sentenzen mit einer gleichgültigen Aktion, mit einer nichts
als schönen Bewegung des Armes begleiten, würde weit schlimmer
sein, als sie ganz ohne Aktion hersagen. Die einzige, ihnen angemessene Aktion ist die, welche ihre Allgemeinheit wieder auf
das Besondere beschränkt. Die Zeile:

„Da sie zu leichtlich glaubt, irrt muntre Jugend oft,"

muß in dem Tone, mit dem Gestu der väterlichen Warnung an
und gegen den Olint gesprochen werden, weil Olint es ist, dessen
unerfahrne, leichtgläubige Jugend bei dem sorgsamen Alten diese
Betrachtung veranlaßt. Die Zeile hingegen:

„Das Alter quält sich selbst, weil es zu wenig hofft,"

erfordert den Ton, das Achselzucken, mit dem wir unsere eigene
Schwachheiten zu gestehen pflegen, und die Hände müssen sich
notwendig gegen die Brust ziehen, um zu bemerken, daß Evander
diesen Satz aus eigener Erfahrung habe, daß er selbst der Alte
sei, von dem er gelte. —

Es ist Zeit, daß ich von dieser Ausschweifung über den Vor-
trag der moralischen Stellen wieder zurückkomme. Was man
Lehrreiches darin findet, hat man lediglich den Beispielen des
Herrn Ekhof zu danken; ich habe nichts als von ihnen richtig zu
abstrahieren gesucht. Wie leicht, wie angenehm ist es, einem

Künstler nachzuforschen, dem das Gute nicht bloß gelingt, sondern der es macht!

Die Rolle der Klorinde ward von Madame Henseln gespielt, die ohnstreitig eine von den besten Actricen ist, welche das deutsche Theater jemals gehabt hat. Ihr besonderer Vorzug ist eine sehr richtige Deklamation; ein falscher Accent wird ihr schwerlich ent= wischen; sie weiß den verworrensten, holprigsten, dunkelsten Vers mit einer Leichtigkeit, mit einer Präzision zu sagen, daß er durch ihre Stimme die deutlichste Erklärung, den vollständigsten Kom= mentar erhält. Sie verbindet damit nicht selten ein Raffinement, welches entweder von einer sehr glücklichen Empfindung oder von einer sehr richtigen Beurteilung zeugt. Ich glaube, die Liebeserklärung, welche sie dem Olint thut, noch zu hören:

„— Erkenne mich! Ich kann nicht länger schweigen;
Verstellung oder Stolz sei niedern Seelen eigen.
Olint ist in Gefahr, und ich bin außer mir —
Bewundernd sah ich oft im Krieg und Schlacht nach dir;
Mein Herz, das vor sich selbst sich zu entdecken scheute,
War wider meinen Ruhm und meinen Stolz im Streite.
Dein Unglück aber reißt die ganze Seele hin,
Und itzt erkenn' ich erst, wie klein, wie schwach ich bin.
Itzt, da ich alle die, die dich verehrten, hassen,
Da du zur Pein bestimmt, von jedermann verlassen,
Verbrechern gleich gestellt, unglücklich und ein Christ,
Dem furchtbarn Tode nah, im Tod noch elend bist:
Itzt wag' ich's zu gestehn: itzt kenne meine Triebe!"

Wie frei, wie edel war dieser Ausbruch! Welches Feuer, welche Inbrunst beseelten jeden Ton! Mit welcher Zudringlichkeit, mit welcher Ueberströmung des Herzens sprach ihr Mitleid! Mit welcher Entschlossenheit ging sie auf das Bekenntniß ihrer Liebe los! Aber wie unerwartet, wie überraschend brach sie auf ein= mal ab und veränderte auf einmal Stimme und Blick und die ganze Haltung des Körpers, da es nun darauf ankam, die dürren Worte ihres Bekenntnisses zu sprechen. Die Augen zur Erde geschlagen, nach einem langsamen Seufzer, in dem furcht= samen gezogenen Tone der Verwirrung, kam endlich:

„Ich liebe dich, Olint, —"

heraus, und mit einer Wahrheit! Auch der, der nicht weiß, ob die Liebe sich so erklärt, empfand, daß sie sich so erklären sollte. Sie entschloß sich als Heldin, ihre Liebe zu gestehen, und gestand sie, als ein zärtliches, schamhaftes Weib. So Kriegerin, als sie war, so gewöhnt sonst in allem zu männlichen Sitten, behielt das Weibliche doch hier die Oberhand. Kaum aber waren sie hervor, diese der Sittsamkeit so schwere Worte, und mit eins war auch jener Ton der Freimütigkeit wieder da. Sie fuhr mit der sorglosesten Lebhaftigkeit, in aller der unbekümmerten Hitze des Affekts fort:

„— — — Und stolz auf meine Liebe,
Stolz, daß dir meine Macht dein Leben retten kann,
Biet' ich dir Hand und Herz und Kron' und Purpur an.“

Denn die Liebe äußert sich nun als großmütige Freundschaft, und die Freundschaft spricht eben so dreist, als schüchtern die Liebe.

Fünftes Stück.
Den 15. Mai 1767.

Es ist unstreitig, daß die Schauspielerin durch diese meister=hafte Absetzung der Worte

„Ich liebe dich, Olint, —“

der Stelle eine Schönheit gab, von der sich der Dichter, bei dem alles in dem nämlichen Flusse von Worten daherrauscht, nicht das geringste Verdienst beimessen kann. Aber wenn es ihr doch gefallen hätte, in diesen Verfeinerungen ihrer Rolle fortzufahren! Vielleicht besorgte sie, den Geist des Dichters ganz zu verfehlen; oder vielleicht scheute sie den Vorwurf, nicht das, was der Dichter sagt, sondern was er hätte sagen sollen, gespielt zu haben. Aber welches Lob könnte größer sein, als so ein Vorwurf? Freilich muß sich nicht jeder Schauspieler einbilden, dieses Lob verdienen zu können. Denn sonst möchte es mit den armen Dichtern übel aussehen.

Cronegk hat wahrlich aus seiner Klorinde ein sehr abge=schmacktes, widerwärtiges, häßliches Ding gemacht. Und dem ohngeachtet ist sie noch der einzige Charakter, der uns bei ihm interessiert. So sehr er die schöne Natur in ihr verfehlt, so thut doch noch die plumpe, ungeschlachte Natur einige Wirkung. Das macht, weil die übrigen Charaktere ganz außer aller Natur sind, und wir doch noch leichter mit einem Dragoner von Weibe als mit himmelbrütenden Schwärmern sympathisieren. Nur gegen das Ende, wo sie mit in den begeisterten Ton fällt, wird sie uns eben so gleichgültig und ekel. Alles ist Widerspruch in ihr, und immer springt sie von einem Äeußersten auf das andere. Kaum hat sie ihre Liebe erklärt, so fügt sie hinzu:

„Wirſt du mein Herz verſchmähn? Du ſchweigſt? — Ent=
                       ſchließe dich!
Und wenn du zweifeln kannſt — ſo zittre!"

So zittre? Olint ſoll zittern? er, den ſie ſo oft in dem Tumulte
der Schlacht unerſchrocken unter den Streichen des Todes geſehen?
Und ſoll vor ihr zittern? Was will ſie denn? Will ſie ihm die
Augen auskratzen? — O, wenn es der Schauſpielerin eingefallen
wäre, für dieſe ungezogene weibliche Gaskonade „ſo zittre!" zu
ſagen: „ich zittre!" Sie konnte zittern, ſo viel ſie wollte, ihre
Liebe verſchmäht, ihren Stolz beleidiget zu finden. Das wäre
ſehr natürlich geweſen. Aber es von dem Olint verlangen,
Gegenliebe von ihm, mit dem Meſſer an der Gurgel, fodern,
das iſt ſo unartig als lächerlich.

Doch was hätte es geholfen, den Dichter einen Augenblick
länger in den Schranken des Wohlſtandes und der Mäßigung
zu erhalten? Er fährt fort, Klorinden in dem wahren Tone
einer beſoffenen Marketenderin raſen zu laſſen; und da findet
keine Linderung, keine Bemäntelung mehr ſtatt.

Das einzige, was die Schauſpielerin zu ſeinem Beſten noch
thun könnte, wäre vielleicht dieſes: wenn ſie ſich von ſeinem
wilden Feuer nicht ſo ganz hinreißen ließe, wenn ſie ein wenig
an ſich hielte, wenn ſie die äußerſte Wut nicht mit der äußerſten
Anſtrengung der Stimme, nicht mit den gewaltſamſten Gebärden
ausdrückte.

Wenn Shakeſpeare nicht ein eben ſo großer Schauſpieler in
der Ausübung geweſen iſt, als er ein dramatiſcher Dichter war,
ſo hat er doch wenigſtens eben ſo gut gewußt, was zu der Kunſt
des einen, als was zu der Kunſt des andern gehört. Ja, viel=
leicht hatte er über die Kunſt des erſtern um ſo viel tiefer nach=
gedacht, weil er ſo viel weniger Genie dazu hatte. Wenigſtens
iſt jedes Wort, das er dem Hamlet, wenn er die Komödianten
abrichtet, in den Mund legt, eine goldene Regel für alle Schau=
ſpieler, denen an einem vernünftigen Beifalle gelegen iſt. „Ich
bitte euch," läßt er ihn unter andern zu den Komödianten ſagen,
„ſprecht die Rede ſo, wie ich ſie euch vorſagte; die Zunge muß
nur eben darüber hinlaufen. Aber wenn ihr mir ſie ſo heraus=
halſet, wie es manche von unſern Schauſpielern thun: ſeht, ſo
wäre es mir eben ſo lieb geweſen, wenn der Stadtſchreier meine
Verſe geſagt hätte. Auch durchſägt mir mit eurer Hand nicht
ſo ſehr die Luft, ſondern macht alles hübſch artig; denn mitten
in dem Strome, mitten in dem Sturme, mitten, ſo zu reden,
in dem Wirbelwinde der Leidenſchaften, müßt ihr noch einen
Grad von Mäßigung beobachten, der ihnen das Glatte und Ge=
ſchmeidige gibt."

Man spricht so viel von dem Feuer des Schauspielers; man zerstreitet sich so sehr, ob ein Schauspieler zu viel Feuer haben könne. Wenn die, welche es behaupten, zum Beweise anführen, daß ein Schauspieler ja wohl am unrechten Orte heftig, oder wenigstens heftiger sein könne, als es die Umstände erfodern, so haben die, welche es leugnen, recht, zu sagen, daß in solchem Falle der Schauspieler nicht zu viel Feuer, sondern zu wenig Verstand zeige. Ueberhaupt kömmt es aber wohl darauf an, was wir unter dem Worte Feuer verstehen. Wenn Geschrei und Kontorsionen Feuer sind, so ist es wohl unstreitig, daß der Acteur darin zu weit gehen kann. Besteht aber das Feuer in der Geschwindigkeit und Lebhaftigkeit, mit welcher alle Stücke, die den Acteur ausmachen, das Ihrige dazu beitragen, um seinem Spiele den Schein der Wahrheit zu geben: so müßten wir diesen Schein der Wahrheit nicht bis zur äußersten Illusion getrieben zu sehen wünschen, wenn es möglich wäre, daß der Schauspieler allzu viel Feuer in diesem Verstande anwenden könnte. Es kann also auch nicht dieses Feuer sein, dessen Mäßigung Shakespeare, selbst in dem Strome, in dem Sturme, in dem Wirbelwinde der Leidenschaft verlangt; er muß bloß jene Heftigkeit der Stimme und der Bewegungen meinen; und der Grund ist leicht zu finden, warum auch da, wo der Dichter nicht die geringste Mäßigung beobachtet hat, dennoch der Schauspieler sich in beiden Stücken mäßigen müsse. Es gibt wenig Stimmen, die in ihrer äußersten Anstrengung nicht widerwärtig würden; und allzu schnelle, allzu stürmische Bewegungen werden selten edel sein. Gleichwohl sollen weder unsre Augen noch unsere Ohren beleidiget werden; und nur alsdenn, wenn man bei Aeußerung der heftigen Leidenschaften alles vermeidet, was diesen oder jenen unangenehm sein könnte, haben sie das Glatte und Geschmeidige, welches ein Hamlet auch noch da von ihnen verlangt, wenn sie den höchsten Eindruck machen und ihm das Gewissen verstockter Frevler aus dem Schlafe schrecken sollen.

Die Kunst des Schauspielers steht hier zwischen den bildenden Künsten und der Poesie mitten inne. Als sichtbare Malerei muß zwar die Schönheit ihr höchstes Gesetz sein; doch als transitorische Malerei braucht sie ihren Stellungen jene Ruhe nicht immer zu geben, welche die alten Kunstwerke so imponierend macht. Sie darf sich, sie muß sich das Wilde eines Tempesta, das Freche eines Bernini öfters erlauben; es hat bei ihr alle das Aus=drückende, welches ihm eigentümlich ist, ohne das Beleidigende zu haben, das es in den bildenden Künsten durch den permanenten Stand erhält. Nur muß sie nicht allzu lang darin verweilen; nur muß sie es durch die vorhergehenden Bewegungen allmählich vorbereiten und durch die darauf folgenden wiederum in den allgemeinen Ton des Wohlanständigen auflösen; nur muß sie ihm nie alle die Stärke geben, zu der sie der Dichter in seiner Bearbeitung treiben kann. Denn sie ist zwar eine stumme Poesie, aber die sich unmittelbar unsern Augen verständlich machen will; und jeder Sinn will geschmeichelt sein, wenn er die Begriffe, die man ihm in die Seele zu bringen gibt, unverfälscht überliefern soll.

Es könnte leicht sein, daß sich unsere Schauspieler bei der Mäßigung, zu der sie die Kunst auch in den heftigsten Leidenschaften verbindet, in Anschung des Beifalles nicht allzu wohl befinden dürften. — Aber welches Beifalles? — Die Galerie ist freilich ein großer Liebhaber des Lärmenden und Tobenden, und selten wird sie ermangeln, eine gute Lunge mit lauten Händen zu erwidern. Auch das deutsche Parterre ist noch ziemlich von diesem Geschmacke, und es gibt Acteurs, die schlau genug von diesem Geschmacke Vorteil zu ziehen wissen. Der Schläfrigste rafft sich gegen das Ende der Szene, wenn er abgehen soll, zusammen, erhebt auf einmal die Stimme und überladet die Aktion, ohne zu überlegen, ob der Sinn seiner Rede diese höhere Anstrengung auch erfodere. Nicht selten widerspricht sie sogar der Verfassung, mit der er abgehen soll; aber was thut das ihm? Genug, daß er das Parterre dadurch erinnert hat, aufmerksam auf ihn zu sein und, wenn es die Güte haben will, ihm nachzuklatschen. Nachzischen sollte es ihm! Doch leider ist es teils nicht Kenner genug, teils zu gutherzig, und nimmt die Begierde, ihm gefallen zu wollen, für die That.

Ich getraue mich nicht, von der Aktion der übrigen Schauspieler in diesem Stücke etwas zu sagen. Wenn sie nur immer bemüht sein müssen, Fehler zu bemänteln und das Mittelmäßige geltend zu machen, so kann auch der beste nicht anders als in einem sehr zweideutigen Lichte erscheinen. Wenn wir ihn auch den Verdruß, den uns der Dichter verursacht, nicht mit entgelten lassen, so sind wir doch nicht aufgeräumt genug, ihm alle die Gerechtigkeit zu erweisen, die er verdient.

Den Beschluß des ersten Abends machte Der Triumph der vergangenen Zeit, ein Lustspiel in einem Aufzuge, nach dem Französischen des Le Grand. Es ist eines von den drei kleinen Stücken, welche Le Grand unter dem allgemeinen Titel: „Der Triumph der Zeit" im Jahr 1724 auf die französische Bühne brachte, nachdem er den Stoff desselben bereits einige Jahre vorher unter der Aufschrift: „Die lächerlichen Verliebten" behandelt, aber wenig Beifall damit erhalten hatte. Der Einfall, der dabei zum Grunde liegt, ist drollig genug, und einige Situationen sind sehr lächerlich. Nur ist das Lächerliche von der Art, wie es sich mehr für eine satirische Erzählung als auf die Bühne schickt. Der Sieg der Zeit über Schönheit und Jugend macht eine traurige Idee; die Einbildung eines sechzigjährigen Gecks und einer eben so alten Närrin, daß die Zeit nur über ihre Reize keine Gewalt sollte gehabt haben, ist zwar lächerlich; aber diesen Geck und diese Närrin selbst zu sehen, ist ekelhafter als lächerlich.

Sechstes Stück.

Den 19. Mai 1767.

Noch habe ich der Anreden an die Zuschauer vor und nach dem großen Stücke des ersten Abends nicht gedacht. Sie schreiben sich von einem Dichter her, der es mehr als irgend ein anderer versteht, tiefsinnigen Verstand mit Witz aufzuheitern und nachdenklichem Ernste die gefällige Miene des Scherzes zu geben. Womit könnte ich diese Blätter besser auszieren, als wenn ich sie meinen Lesern ganz mitteile? Hier sind sie. Sie bedürfen keines Kommentars. Ich wünsche nur, daß manches darin nicht in den Wind gesagt sei!

Sie wurden beide ungemein wohl, die erstere mit alle dem Anstande und der Würde, und die andere mit alle der Wärme und Feinheit und einschmeichelnden Verbindlichkeit gesprochen, die der besondere Inhalt einer jeden erfoderte.

Prolog.
(Gesprochen von Madame Loewen.)

Ihr Freunde, denen hier das mannigsache Spiel
Des Menschen in der Kunst der Nachahmung gefiel,
Ihr, die ihr gerne weint, ihr weichen, bessern Seelen,
Wie schön, wie edel ist die Lust, sich so zu quälen,
Wenn bald die süße Thrän', indem das Herz erweicht,
In Zärtlichkeit zerschmilzt, still von den Wangen schleicht,
Bald die bestürmte Seel', in jeder Nerv' erschüttert,
Im Leiden Wollust fühlt und mit Vergnügen zittert!
O sagt, ist diese Kunst, die so eur Herz zerschmelzt,
Der Leidenschaften Strom so durch eur Innres wälzt,
Vergnügend, wenn sie rührt, entzückend, wenn sie schrecket,
Zu Mitleid, Menschenlieb' und Edelmut erwecket,
Die Sittenbilderin, die jede Tugend lehrt,
Ist die nicht eurer Gunst und eurer Pflege wert?

Die Fürsicht sendet sie mitleidig auf die Erde,
Zum Besten des Barbars, damit er menschlich werde;
Weiht sie, die Lehrerin der Könige zu sein,
Mit Würde, mit Genie, mit Feur vom Himmel ein;

Heißt sie, mit ihrer Macht durch Thränen zu ergötzen,
Das stumpfeste Gefühl der Menschenliebe wetzen;
Durch süße Herzensangst und angenehmes Graun
Die Bosheit bändigen und an den Seelen baun;
Wohlthätig für den Staat, den Wütenden, den Wilden
Zum Menschen, Bürger, Freund und Patrioten bilden.

Gesetze stärken zwar der Staaten Sicherheit,
Als Ketten an der Hand der Ungerechtigkeit;
Doch deckt noch immer List den Bösen vor dem Richter,
Und Macht wird oft der Schutz erhabner Bösewichter.
Wer rächt die Unschuld dann? Weh dem gedrückten Staat,
Der statt der Tugend nichts als ein Gesetzbuch hat!
Gesetze, nur ein Zaum der offenen Verbrechen,
Gesetze, die man lehrt des Hasses Urteil sprechen,
Wenn ihnen Eigennutz, Stolz und Parteilichkeit
Für eines Solons Geist den Geist der Drückung leiht!
Da lernt Bestechung bald, um Strafen zu entgehen,
Das Schwert der Majestät aus ihren Händen drehen;
Da pflanzet Herrschbegier, sich freuend des Verfalls
Der Redlichkeit, den Fuß der Freiheit auf den Hals,
Läßt den, der sie vertritt, in Schimpf und Banden schmachten
Und das blutschuld'ge Beil der Themis Unschuld schlachten!

Wenn der, den kein Gesetz straft oder strafen kann,
Der schlaue Bösewicht, der blutige Tyrann,
Wenn der die Unschuld drückt, wer wagt es, sie zu decken?
Den sichert tiefe List, und diesen waffnet Schrecken.
Wer ist ihr Genius, der sich entgegen legt? —
Wer? Sie, die itzt den Dolch und itzt die Geißel trägt,
Die unerschrockne Kunst, die allen Mißgestalten
Strafloser Thorheit wagt den Spiegel vorzuhalten;
Die das Geweb' enthüllt, worin sich List verspinnt,
Und den Tyrannen sagt, daß sie Tyrannen sind;
Die, ohne Menschenfurcht, vor Thronen nicht erblödet
Und mit des Donners Stimm' ans Herz der Fürsten redet;
Gekrönte Mörder schreckt, den Ehrgeiz nüchtern macht,
Den Heuchler züchtiget und Thoren klüger lacht;
Sie, die zum Unterricht die Toten läßt erscheinen,
Die große Kunst, mit der wir lachen oder weinen.

Sie fand in Griechenland Schutz, Lieb' und Lehrbegier;
In Rom, in Gallien, in Albion und — hier.
Ihr, Freunde, habt hier oft, wenn ihre Thränen flossen,
Mit edler Weichlichkeit die euren mit vergossen;
Habt redlich euern Schmerz mit ihrem Schmerz vereint
Und ihr aus voller Brust den Beifall zugeweint;

Wie sie gehaßt, geliebt, gehoffet und gescheuet
Und eurer Menschlichkeit im Leiden euch erfreuet.
Lang hat sie sich umsonst nach Bühnen umgesehn:
In Hamburg fand sie Schutz: hier sei denn ihr Athen!
Hier in dem Schoß der Ruh, im Schutze weiser Gönner,
Gemutiget durch Lob, vollendet durch den Kenner;
Hier reifet — ja, ich wünsch', ich hoff', ich weissag' es! —
Ein zweiter Roscius, ein zweiter Sophokles,
Der Gräciens Kothurn Germanien erneure;
Und ein Teil dieses Ruhms, ihr Gönner, wird der eure.
O, seid desselben wert! Bleibt eurer Güte gleich
Und denkt, o denkt daran, ganz Deutschland sieht auf euch!

Epilog.
(Gesprochen von Madame Hensel.)

Seht hier, so standhaft stirbt der überzeugte Christ!
So lieblos hasset der, dem Irrtum nützlich ist,
Der Barbarei bedarf, damit er seine Sache,
Sein Ansehn, seinen Traum zu Lehren Gottes mache.
Der Geist des Irrtums war Verfolgung und Gewalt,
Wo Blindheit für Verdienst, und Furcht für Andacht galt.
So konnt' er sein Gespinst von Lügen mit den Blitzen
Der Majestät, mit Gift, mit Meuchelmord beschützen.
Wo Ueberzeugung fehlt, macht Furcht den Mangel gut;
Die Wahrheit überführt, der Irrtum fodert Blut.
Verfolgen muß man die und mit dem Schwert bekehren,
Die anders Glaubens sind, als die Ismenors lehren.
Und mancher Aladin sieht staatsklug oder schwach
Dem schwarzen Blutgericht der heil'gen Mörder nach
Und muß mit seinem Schwert den, welchen Träumer hassen,
Den Freund, den Märtyrer der Wahrheit würgen lassen.
Abscheulichs Meisterstück der Herrschsucht und der List,
Wofür kein Name hart, kein Schimpfwort lieblos ist!
O Lehre, die erlaubt, die Gottheit selbst mißbrauchen,
In ein unschuldig Herz des Hasses Dolch zu tauchen,
Dich, die ihr Blutpanier oft über Leichen trug,
Dich, Greuel, zu verschmähn, wer leiht mir einen Fluch!
Ihr Freund', in deren Brust der Menschheit edle Stimme
Laut für die Heldin sprach, als sie dem Priestergrimme
Ein schuldlos Opfer ward und für die Wahrheit sank,
Habt Dank für dies Gefühl, für jede Thräne Dank!
Wer irrt, verdient nicht Zucht des Hasses oder Spottes;
Was Menschen hassen lehrt, ist keine Lehre Gottes!

Ach, liebt die Irrenden, die ohne Bosheit blind,
Zwar Schwächere vielleicht, doch immer Menschen sind.
Belehret, duldet sie und zwingt nicht die zu Thränen,
Die sonst kein Vorwurf trifft, als daß sie anders wähnen!
Rechtschaffen ist der Mann, den, seinem Glauben treu,
Nichts zur Verstellung zwingt, zu böser Heuchelei;
Der für die Wahrheit glüht und, nie durch Furcht gezügelt,
Sie freudig, wie Olint, mit seinem Blut versiegelt.
Solch Beispiel, edle Freund', ist eures Beifalls wert;
O wohl uns! hätten wir, was Cronegk schön gelehrt,
Gedanken, die ihn selbst so sehr veredelt haben,
Durch unsre Vorstellung tief in eur Herz gegraben!
Des Dichters Leben war schön, wie sein Nachruhm ist;
Er war und — o verzeiht die Thrän'! — und starb ein Christ!
Ließ sein vortrefflich Herz der Nachwelt in Gedichten,
Um sie — was kann man mehr? — noch tot zu unterrichten.
Versaget, hat euch jetzt Sophronia gerührt,
Denn seiner Asche nicht, was ihr mit Recht gebührt,
Den Seufzer, daß er starb, den Dank für seine Lehre
Und — ach! den traurigen Tribut von seiner Zähre!
Uns aber, edle Freund', ermuntre Gütigkeit;
Und hätten wir gefehlt, so tadelt, doch verzeiht!
Verzeihung mutiget zu edelerm Erkühnen,
Und seiner Tadel lehrt, das höchste Lob verdienen.
Bedenkt, daß unter uns die Kunst nur kaum beginnt,
In welcher tausend Quins für einen Garrick sind;
Erwartet nicht zu viel, damit wir immer steigen,
Und — doch nur euch gebührt, zu richten, uns, zu schweigen.

Siebentes Stück.
Den 22. Mai 1767.

Der Prolog zeiget das Schauspiel in seiner höchsten Würde,
indem er es als das Suppliment der Gesetze betrachten läßt. Es
gibt Dinge in dem sittlichen Betragen des Menschen, welche, in
Ansehung ihres unmittelbaren Einflusses auf das Wohl der Gesellschaft, zu unbeträchtlich und in sich selbst zu veränderlich sind,
als daß sie wert oder fähig wären, unter der eigentlichen Auf-
sicht des Gesetzes zu stehen. Es gibt wiederum andere, gegen
die alle Kraft der Legislation zu kurz fällt, die in ihren Triebfedern so unbegreiflich, in sich selbst so ungeheuer, in ihren Folgen
so unermeßlich sind, daß sie entweder der Ahndung der Gesetze
ganz entgehen, oder doch unmöglich nach Verdienst geahndet

werden können. Ich will es unternehmen, auf die erstern, als
auf Gattungen des Lächerlichen, die Komödie, und auf die an=
dern, als auf außerordentliche Erscheinungen in dem Reiche der
Sitten, welche die Vernunft in Erstaunen und das Herz in Tu=
mult setzen, die Tragödie, einzuschränken. Das Genie lacht über
alle die Grenzscheidungen der Kritik. Aber so viel ist doch un=
streitig, daß das Schauspiel überhaupt seinen Vorwurf entweder
diesseits oder jenseits der Grenzen des Gesetzes wählt und die
eigentlichen Gegenstände desselben nur insofern behandelt, als
sie sich entweder in das Lächerliche verlieren oder bis in das Ab=
scheuliche verbreiten.

Der Epilog verweilet bei einer von den Hauptlehren, auf
welche ein Teil der Fabel und Charaktere des Trauerspiels mit
abzwecken. Es war zwar von dem Herrn von Cronegk ein wenig
unüberlegt, in einem Stücke, dessen Stoff aus den unglücklichen
Zeiten der Kreuzzüge genommen ist, die Toleranz predigen und
die Abscheulichkeiten des Geistes der Verfolgung an den Beken=
nern der mahomedanischen Religion zeigen zu wollen. Denn diese
Kreuzzüge selbst, die in ihrer Anlage ein politischer Kunstgriff
der Päpste waren, wurden in ihrer Ausführung die unmensch=
lichsten Verfolgungen, deren sich der christliche Aberglaube jemals
schuldig gemacht hat; die meisten und blutgierigsten Jsmenors
hatte damals die wahre Religion; und einzelne Personen, die
eine Moschee beraubet haben, zur Strafe ziehen, kömmt das wohl
gegen die unselige Raserei, welche das rechtgläubige Europa ent=
völkerte, um das ungläubige Asien zu verwüsten? Doch was der
Tragikus in seinem Werke sehr unschicklich angebracht hat, das
konnte der Dichter des Epilogs gar wohl aufsassen. Menschlich=
keit und Sanftmut verdienen bei jeder Gelegenheit empfohlen zu
werden, und kein Anlaß dazu kann so entfernt sein, den wenig=
stens unser Herz nicht sehr natürlich und dringend finden sollte.

Uebrigens stimme ich mit Vergnügen dem rührenden Lobe
bei, welches der Dichter dem seligen Cronegk erteilt. Aber ich
werde mich schwerlich bereden lassen, daß er mit mir über den
poetischen Wert des kritisierten Stückes nicht ebenfalls einig sein
sollte. Ich bin sehr betroffen gewesen, als man mich versichert,
daß ich verschiedene von meinen Lesern durch mein unverhohlnes
Urteil unwillig gemacht hätte. Wenn ihnen bescheidene Freiheit,
bei der sich durchaus keine Nebenabsichten denken lassen, mißfällt,
so laufe ich Gefahr, sie noch oft unwillig zu machen. Ich habe
gar nicht die Absicht gehabt, ihnen die Lesung eines Dichters zu
verleiden, den ungekünstelter Witz, viel feine Empfindung und
die lauterste Moral empfehlen. Diese Eigenschaften werden ihn
jederzeit schätzbar machen, ob man ihm schon andere absprechen
muß, zu denen er entweder gar keine Anlage hatte, oder die zu

ihrer Reife gewiffe Jahre erfordern, weit unter welchen er ftarb. Sein Kodrus ward von den Verfaffern der Bibliothek der fchönen Wiffenfchaften gekrönt, aber wahrlich nicht als ein gutes Stück, fondern als das befte von denen, die damals um den Preis ftritten. Mein Urteil nimmt ihm alfo keine Ehre, die ihm die Kritik damals erteilet. Wenn Hinkende um die Wette laufen, fo bleibt der, welcher von ihnen zuerft an das Ziel kömmt, doch noch ein Hinkender.

Eine Stelle in dem Epilog ift einer Mißdeutung ausge= fetzt gewefen, von der fie gerettet zu werden verdient. Der Dichter fagt:

„Bedenkt, daß unter uns die Kunft nur kaum beginnt,
In welcher taufend Quins für einen Garrick find.”

Quin, habe ich darwider erinnern hören, ift kein fchlechter Schau= fpieler gewefen. — Nein, gewiß nicht; er war Thomfons befon= derer Freund, und die Freundfchaft, in der ein Schaufpieler mit einem Dichter wie Thomfon geftanden, wird bei der Nachwelt immer ein gutes Vorurteil für feine Kunft erwecken. Auch hat Quin noch mehr als diefes Vorurteil für fich: man weiß, daß er in der Tragödie mit vieler Würde gefpielet, daß er befonders der erhabenen Sprache des Milton Genüge zu leiften gewußt, daß er, im Komifchen, die Rolle des Falftaff zu ihrer größten Vollkommenheit gebracht. Doch alles diefes macht ihn zu keinem Garrick, und das Mißverftändnis liegt bloß darin, daß man an= nimmt, der Dichter habe diefem allgemeinen und außerordent= lichen Schaufpieler einen fchlechten, und für fchlecht durchgängig erkannten, entgegenfetzen wollen. Quin foll hier einen von der gewöhnlichen Sorte bedeuten, wie man fie alle Tage fieht: einen Mann, der überhaupt feine Sache fo gut wegmacht, daß man mit ihm zufrieden ift, der auch diefen und jenen Charakter ganz vortrefflich fpielet, fo wie ihm feine Figur, feine Stimme, fein Temperament dabei zu Hilfe kommen. So ein Mann ift fehr brauchbar und kann mit allem Rechte ein guter Schaufpieler heißen; aber wie viel fehlt ihm noch, um der Proteus in feiner Kunft zu fein, für den das einftimmige Gerücht fchon längft den Garrick erklärt hat. Ein folcher Quin machte ohne Zweifel den König im Hamlet, als Thomas Jones und Rebhuhn in der Ko= mödie waren; und der Rebhuhne gibt es mehrere, die nicht einen Augenblick anftehen, ihn einem Garrick weit vorzuziehen. „Was?” fagen fie, „Garrick der größte Acteur? Er fchien ja nicht über das Gefpenft erfchrocken, fondern er war es. Was ift das für eine Kunft, über ein Gefpenft zu erfchrecken? Gewiß und wahr= haftig, wenn wir den Geift gefehen hätten, fo würden wir eben fo ausgefehen und eben das gethan haben, was er that. Der an=

dere hingegen, der König, schien wohl auch etwas gerührt zu
sein, aber als ein guter Acteur gab er sich doch alle mögliche
Mühe, es zu verbergen. Zudem sprach er alle Worte so deutlich aus und redete noch einmal so laut als jener kleine un-
ansehnliche Mann, aus dem ihr so ein Aufhebens macht!"

Bei den Engländern hat jedes neue Stück seinen Prolog und
Epilog, den entweder der Verfasser selbst oder ein Freund desselben abfaßt. Wozu die Alten den Prolog brauchten, den Zuhörer von verschiedenen Dingen zu unterrichten, die zu einem
geschwindern Verständnisse der zum Grunde liegenden Geschichte
des Stückes dienen, dazu brauchen sie ihn zwar nicht. Aber er
ist darum doch nicht ohne Nutzen. Sie wissen hunderterlei darin
zu sagen, was das Auditorium für den Dichter oder für den
von ihm bearbeiteten Stoff einnehmen und unbilligen Kritiken,
sowohl über ihn als über die Schauspieler, vorbauen kann. Noch
weniger bedienen sie sich des Epilogs, so wie sich wohl Plautus
desselben manchmal bedienet: um die völlige Auflösung des
Stücks, die in dem fünften Akte nicht Raum hatte, darin erzählen zu lassen. Sondern sie machen ihn zu einer Art von
Nutzanwendung, voll guter Lehren, voll feiner Bemerkungen über
die geschilderten Sitten und über die Kunst, mit der sie geschildert worden; und das alles in dem schnurrigsten, launigsten
Tone. Diesen Ton ändern sie auch nicht einmal gern bei dem
Trauerspiele; und es ist gar nichts Ungewöhnliches, daß nach dem
blutigsten und rührendsten die Satire ein so lautes Gelächter
aufschlägt und der Witz so mutwillig wird, daß es scheinet, es
sei die ausdrückliche Absicht, mit allen Eindrücken des Guten ein
Gespötte zu treiben. Es ist bekannt, wie sehr Thomson wider
diese Narrenschellen, mit der man der Melpomene nachklingelt,
geeifert hat. Wenn ich daher wünschte, daß auch bei uns neue
Originalstücke nicht ganz ohne Einführung und Empfehlung vor
das Publikum gebracht würden, so versteht es sich von selbst, daß
bei dem Trauerspiele der Ton des Epilogs unserm deutschen
Ernste angemessener sein müßte. Nach dem Lustspiele könnte er
immer so burlesk sein, als er wollte. Dryden ist es, der bei den
Engländern Meisterstücke von dieser Art gemacht hat, die noch
itzt mit dem größten Vergnügen gelesen werden, nachdem die
Spiele selbst, zu welchen er sie verfertiget, zum Teil längst vergessen sind. Hamburg hätte einen deutschen Dryden in der Nähe;
und ich brauche ihn nicht noch einmal zu bezeichnen, wer von
unsern Dichtern Moral und Kritik mit attischem Salze zu würzen
so gut als der Engländer verstehen würde.

Achtes Stück.
Den 26. Mai 1767.

Die Vorstellungen des ersten Abends wurden den zweiten wiederholt.

Den dritten Abend (Freitags, den 24. v. M.) ward Melanide aufgeführet. Dieses Stück des Nivelle de la Chaussee ist bekannt. Es ist von der rührenden Gattung, der man den spöttischen Beinamen der weinerlichen gegeben. Wenn „weinerlich" heißt, was uns die Thränen nahe bringt, wobei wir nicht übel Lust hätten, zu weinen, so sind verschiedene Stücke von dieser Gattung etwas mehr als weinerlich; sie kosten einer empfindlichen Seele Ströme von Thränen; und der gemeine Praß französischer Trauerspiele verdienet, in Vergleichung ihrer, allein, weinerlich genannt zu werden. Denn eben bringen sie es ungefähr so weit, daß uns wird, als ob wir hätten weinen können, wenn der Dichter seine Kunst besser verstanden hätte.

Melanide ist kein Meisterstück von dieser Gattung: aber man sieht es doch immer mit Vergnügen. Es hat sich selbst auf dem französischen Theater erhalten, auf welchem es im Jahre 1741 zuerst gespielt ward. Der Stoff, sagt man, sei aus einem Roman, „Mademoiselle de Bontems" betitelt, entlehnt. Ich kenne diesen Roman nicht: aber wenn auch die Situation der zweiten Szene des dritten Akts aus ihm genommen ist, so muß ich einen Unbekannten, anstatt des de la Chaussee, um das beneiden, weswegen ich wohl eine Melanide gemacht zu haben wünschte.

Die Uebersetzung war nicht schlecht; sie ist unendlich besser als eine italienische, die in dem zweiten Bande der theatralischen Bibliothek des Diodati steht. Ich muß es zum Troste des größten Haufens unserer Uebersetzer anführen, daß ihre italienischen Mitbrüder meistenteils noch weit elender sind als sie. Gute Verse indes in gute Prosa übersetzen, erfodert etwas mehr als Genauigkeit; oder ich möchte wohl sagen, etwas anders. Allzu pünktliche Treue macht jede Uebersetzung steif, weil unmöglich alles, was in der einen Sprache natürlich ist, es auch in der andern sein kann. Aber eine Uebersetzung aus Versen macht sie zugleich wäßrig und schielend. Denn wo ist der glückliche Versifikateur, den nie das Silbenmaß, nie der Reim, hier etwas mehr oder weniger, dort etwas stärker oder schwächer, früher oder später, sagen ließe, als er es, frei von diesem Zwange, würde gesagt haben? Wenn nun der Uebersetzer dieses nicht zu unterscheiden weiß; wenn er nicht Geschmack, nicht Mut genug hat, hier einen Nebenbegriff wegzulassen, da statt der Metapher den eigentlichen Ausdruck zu setzen, dort eine Ellipsis zu ergänzen oder an-

zubringen: so wird er uns alle Nachläßigkeiten seines Originals
überliefert, und ihnen nichts als die Entschuldigung benommen
haben, welche die Schwierigkeiten der Symmetrie und des Wohl=
klanges in der Grundsprache für sie machen.

Die Rolle der Melanide ward von einer Actrice gespielet,
die nach einer neunjährigen Entfernung vom Theater aufs neue
in allen den Vollkommenheiten wieder erschien, die Kenner und
Nichtkenner, mit und ohne Einsicht, ehedem an ihr empfunden und
bewundert hatten. Madame Loewen verbindet mit dem silbernen
Tone der sonoresten, lieblichsten Stimme, mit dem offensten,
ruhigsten und gleichwohl ausdrucksfähigsten Gesichte von der Welt
das feinste, schnellste Gefühl, die sicherste, wärmste Empfindung,
die sich zwar nicht immer so lebhaft, als es viele wünschen, doch
allezeit mit Anstand und Würde äußert. In ihrer Deklamation
accentuiert sie richtig, aber nicht merklich. Der gänzliche Mangel
intensiver Accente verursacht Monotonie; aber ohne ihr diese vor=
werfen zu können, weiß sie dem sparsamern Gebrauche derselben
durch eine andere Feinheit zu Hilfe zu kommen, von der leider sehr
viele Acteurs ganz und gar nichts wissen. Ich will mich erklären.
Man weiß, was in der Musik das Mouvement heißt; nicht der
Takt, sondern der Grad der Langsamkeit oder Schnelligkeit, mit
welchem der Takt gespielt wird. Dieses Mouvement ist durch das
ganze Stück einförmig; in dem nämlichen Maße der Geschwindig=
keit, in welchem die ersten Takte gespielet worden, müssen sie
alle, bis zu den letzten, gespielet werden. Diese Einförmigkeit
ist in der Musik notwendig, weil ein Stück nur einerlei aus=
drücken kann und ohne dieselbe gar keine Verbindung verschiedener
Instrumente und Stimmen möglich sein würde. Mit der Dekla=
mation hingegen ist es ganz anders. Wenn wir einen Perioden
von mehrern Gliedern als ein besonderes musikalisches Stück
annehmen und die Glieder als die Takte desselben betrachten, so
müssen diese Glieder, auch alsdenn, wenn sie vollkommen gleicher
Länge wären und aus der nämlichen Anzahl von Silben des näm=
lichen Zeitmaßes bestünden, dennoch nie mit einerlei Geschwin=
digkeit gesprochen werden. Denn da sie weder in Absicht auf
die Deutlichkeit und den Nachdruck, noch in Rücksicht auf den in
dem ganzen Perioden herrschenden Affekt von einerlei Wert und
Belang sein können, so ist es der Natur gemäß, daß die Stimme
die geringfügigern schnell herausstößt, flüchtig und nachläßig
darüber hinschlupft; auf den beträchtlichern aber verweilet, sie
dehnet und schleift und jedes Wort, und in jedem Worte jeden
Buchstaben, uns zuzählet. Die Grade dieser Verschiedenheit sind
unendlich; und ob sie sich schon durch keine künstlichen Zeitteilchen
bestimmen und gegen einander abmessen lassen, so werden sie doch
auch von dem ungelehrtesten Ohre unterschieden, so wie von der

ungelehrtesten Zunge beobachtet, wenn die Rede aus einem durch-
drungenen Herzen und nicht bloß aus einem fertigen Gedächtnisse
fließet. Die Wirkung ist unglaublich, die dieses beständig ab-
wechselnde Mouvement der Stimme hat; und werden vollends
alle Abänderungen des Tones, nicht bloß in Ansehung der Höhe
und Tiefe, der Stärke und Schwäche, sondern auch des Rauhen
und Sanften, des Schneidenden und Runden, sogar des Holp-
richten und Geschmeidigen, an den rechten Stellen damit verbunden: so entsteht jene natürliche Musik, gegen die sich unfehlbar unser Herz eröffnet, weil es empfindet, daß sie aus dem
Herzen entspringt und die Kunst nur insofern daran Anteil hat,
als auch die Kunst zur Natur werden kann. Und in dieser Musik,
sage ich, ist die Actrice, von welcher ich spreche, ganz vortrefflich
und ihr niemand zu vergleichen als Herr Ekhof, der aber, indem
er die intensiven Accente auf einzelne Worte, worauf sie sich
weniger befleißiget, noch hinzufüget, bloß dadurch seiner Deklamation eine höhere Vollkommenheit zu geben imstande ist. Doch
vielleicht hat sie auch diese in ihrer Gewalt, und ich urteile bloß
so von ihr, weil ich sie noch in keinen Rollen gesehen, in welchen
sich das Rührende zum Pathetischen erhebet. Ich erwarte sie in
dem Trauerspiele und fahre indes in der Geschichte unsers
Theaters fort.

Den vierten Abend (Montags, den 27. v. M.) ward ein neues
deutsches Original, betitelt Julie, oder Wettstreit der
Pflicht und Liebe, aufgeführet. Es hat den Herrn Heufeld
in Wien zum Verfasser, der uns sagt, daß bereits zwei andere
Stücke von ihm den Beifall des dortigen Publikums erhalten
hätten. Ich kenne sie nicht; aber nach dem gegenwärtigen zu urteilen, müssen sie nicht ganz schlecht sein.

Die Hauptzüge der Fabel und der größte Teil der Situationen sind aus der Neuen Heloise des Rousseau entlehnet. Ich
wünschte, daß Herr Heufeld, ehe er zu Werke geschritten, die Beurteilung dieses Romans in den „Briefen, die neueste Litteratur
betreffend" *), gelesen und studiert hätte. Er würde mit einer
sicherern Einsicht in die Schönheiten seines Originals gearbeitet
haben und vielleicht in vielen Stücken glücklicher gewesen sein.

Der Wert der Neuen Heloise ist, von der Seite der Empfindung, sehr gering und das Beste darin ganz und gar keiner dramatischen Bearbeitung fähig. Die Situationen sind alltäglich
oder unnatürlich, und die wenig guten so weit von einander entfernt, daß sie sich ohne Gewaltsamkeit in den engen Raum eines
Schauspiels von drei Aufzügen nicht zwingen lassen. Die Geschichte konnte sich auf der Bühne unmöglich so schließen, wie sie

---

*) Teil X, S 255 u. f. (B. M. Mendelssohn.)

sich in dem Romane nicht sowohl schließt, als verlieret. Der
Liebhaber der Julie mußte hier glücklich werden, und Herr Heufeld läßt ihn glücklich werden. Er bekömmt seine Schülerin.
Aber hat Herr Heufeld auch überlegt, daß seine Julie nun gar
nicht mehr die Julie des Rousseau ist? Doch, Julie des Rousseau
oder nicht: wem liegt daran? Wenn sie nur sonst eine Person
ist, die interessiert! Aber eben das ist sie nicht; sie ist nichts als
eine kleine verliebte Närrin, die manchmal artig genug schwatzt,
wenn sich Herr Heufeld auf eine schöne Stelle im Rousseau besinnt. „Julie," sagt der Kunstrichter, dessen Urteils ich erwähnet habe, „spielt in der Geschichte eine zweifache Rolle. Sie
ist anfangs ein schwaches und sogar etwas verführerisches Mädchen und wird zuletzt ein Frauenzimmer, das als ein Muster
der Tugend alle, die man jemals erdichtet hat, weit übertrifft."
Dieses letztere wird sie durch ihren Gehorsam, durch die Aufopferung ihrer Liebe, durch die Gewalt, die sie über ihr Herz
gewinnt. Wenn nun aber von allen diesen in dem Stücke nichts
zu hören und zu sehen ist: was bleibt von ihr übrig als, wie
gesagt, das schwache verführerische Mädchen, das Tugend und
Weisheit auf der Zunge und Thorheit im Herzen hat?

Den St. Preux des Rousseau hat Herr Heufeld in einen
Siegmund umgetauft. Der Name Siegmund schmeckt bei uns
ziemlich nach dem Domestiken. Ich wünschte, daß unsere dramatischen Dichter auch in solchen Kleinigkeiten ein wenig gesuchter und auf den Ton der großen Welt aufmerksamer sein
wollten. — St. Preux spielt schon bei dem Rousseau eine sehr
abgeschmackte Figur. „Sie nennen ihn alle," sagt der angeführte
Kunstrichter, „den Philosophen. Den Philosophen! Ich möchte
wissen, was der junge Mensch in der ganzen Geschichte spricht
oder thut, dadurch er diesen Namen verdienet? In meinen Augen
ist er der albernste Mensch von der Welt, der in allgemeinen
Ausrufungen Vernunft und Weisheit bis in den Himmel erhebt
und nicht den geringsten Funken davon besitzet. In seiner Liebe
ist er abenteuerlich, schwülstig, ausgelassen, und in seinem übrigen
Thun und Lassen findet sich nicht die geringste Spur von Ueberlegung. Er setzt das stolzeste Zutrauen in seine Vernunft und
ist dennoch nicht entschlossen genug, den kleinsten Schritt zu thun,
ohne von seiner Schülerin oder von seinem Freunde an der Hand
geführet zu werden." Aber wie tief ist der deutsche Siegmund
noch unter diesem St. Preux!

Neuntes Stück.

Den 29. Mai 1767.

In dem Romane hat St. Preux doch noch dann und wann
Gelegenheit, seinen aufgeklärten Verstand zu zeigen und die thätige
Rolle des rechtschaffenen Mannes zu spielen. Aber Siegmund
in der Komödie ist weiter nichts als ein kleiner eingebildeter
Pedant, der aus der Schwachheit eine Tugend macht und sich
sehr beleidiget findet, daß man seinem zärtlichen Herzchen nicht
durchgängig will Gerechtigkeit widerfahren lassen. Seine ganze
Wirksamkeit läuft auf ein paar mächtige Thorheiten heraus. Das
Bürschchen will sich schlagen und erstechen.

Der Verfasser hat es selbst empfunden, daß sein Siegmund
nicht in genugsamer Handlung erscheint; aber er glaubt, diesem
Einwurfe dadurch vorzubeugen, wenn er zu erwägen gibt: „daß
ein Mensch seinesgleichen in einer Zeit von vierundzwanzig
Stunden nicht wie ein König, dem alle Augenblicke Gelegenheiten
dazu darbieten, große Handlungen verrichten könne. Man müsse
zum voraus annehmen, daß er ein rechtschaffener Mann sei, wie
er beschrieben werde; und genug, daß Julie, ihre Mutter, Klarisse,
Eduard, lauter rechtschaffene Leute, ihn dafür erkannt hätten.

Es ist recht wohl gehandelt, wenn man im gemeinen Leben
in den Charakter anderer kein beleidigendes Mißtrauen setzt;
wenn man dem Zeugnisse, das sich ehrliche Leute unter einander
erteilen, allen Glauben beimißt. Aber darf uns der dramatische
Dichter mit dieser Regel der Billigkeit abspeisen? Gewiß nicht;
ob er sich schon sein Geschäft dadurch sehr leicht machen könnte.
Wir wollen es auf der Bühne sehen, wer die Menschen sind, und
können es nur aus ihren Thaten sehen. Das Gute, das wir
ihnen bloß auf anderer Wort zutrauen sollen, kann uns unmöglich für sie interessieren; es läßt uns völlig gleichgültig, und
wenn wir nie die geringste eigene Erfahrung davon erhalten,
so hat es sogar eine üble Rückwirkung auf diejenigen, auf deren
Treu und Glauben wir es einzig und allein annehmen sollen.
Weit gefehlt also, daß wir deswegen, weil Julie, ihre Mutter,
Klarisse, Eduard den Siegmund für den vortrefflichsten, vollkommensten jungen Menschen erklären, ihn auch dafür zu erkennen bereit sein sollten, so fangen wir vielmehr an, in die Einsicht aller dieser Personen ein Mißtrauen zu setzen, wenn wir
nie mit unsern eigenen Augen etwas sehen, was ihre günstige
Meinung rechtfertiget. Es ist wahr, in vierundzwanzig Stunden
kann eine Privatperson nicht viel große Handlungen verrichten.
Aber wer verlangt denn große? Auch in den kleinsten kann sich
der Charakter schildern, und nur die, welche das meiste Licht auf

ihn werfen, sind nach der poetischen Schätzung die größten. Wie traf es sich denn indes, daß vierundzwanzig Stunden Zeit genug waren, dem Siegmund zu den zwei äußersten Narrheiten Gelegenheit zu schaffen, die einem Menschen in seinen Umständen nur immer einfallen können? Die Gelegenheiten sind auch darnach, könnte der Verfasser antworten; doch das wird er wohl nicht. Sie möchten aber noch so natürlich herbeigeführet, noch so fein behandelt sein, so würden darum die Narrheiten selbst, die wir ihn zu begehen im Begriffe sehen, ihre üble Wirkung auf unsere Idee von dem jungen stürmischen Scheinweisen nicht verlieren. Daß er schlecht handele, sehen wir; daß er gut handeln könne, hören wir nur, und nicht einmal in Beispielen, sondern in den allgemeinsten, schwankendsten Ausdrücken.

Die Härte, mit der Julien von ihrem Vater begegnet wird, da sie einen andern von ihm zum Gemahle nehmen soll, als den ihr Herz gewählet hatte, wird beim Rousseau nur kaum berührt. Herr Heufeld hatte den Mut, uns eine ganze Szene davon zu zeigen. Ich liebe es, wenn ein junger Dichter etwas wagt. Er läßt den Vater die Tochter zu Boden stoßen. Ich war um die Ausführung dieser Aktion besorgt. Aber vergebens; unsere Schauspieler hatten sie so wohl konzertieret; es ward von seiten des Vaters und der Tochter so viel Anstand dabei beobachtet, und dieser Anstand that der Wahrheit so wenig Abbruch, daß ich mir gestehen mußte, diesen Acteurs könne man so etwas anvertrauen, oder keinen. Herr Heufeld verlangt, daß, wenn Julie von ihrer Mutter aufgehoben wird, sich in ihrem Gesichte Blut zeigen soll. Es kann ihm lieb sein, daß dieses unterlassen worden. Die Pantomime muß nie bis zu dem Ekelhaften getrieben werden. Gut, wenn in solchen Fällen die erhitzte Einbildungskraft Blut zu sehen glaubt: aber das Auge muß es nicht wirklich sehen.

Die darauf folgende Szene ist die hervorragendste des ganzen Stückes. Sie gehört dem Rousseau. Ich weiß selbst nicht, welcher Unwille sich in die Empfindung des Pathetischen mischet, wenn wir einen Vater seine Tochter fußfällig um etwas bitten sehen. Es beleidiget, es kränket uns, denjenigen so erniedriget zu erblicken, dem die Natur so heilige Rechte übertragen hat. Dem Rousseau muß man diesen außerordentlichen Hebel verzeihen; die Masse ist zu groß, die er in Bewegung setzen soll. Da keine Gründe bei Julien anschlagen wollen, da ihr Herz in der Verfassung ist, daß es sich durch die äußerste Strenge in seinem Entschlusse nur noch mehr befestigen würde, so konnte sie nur durch die plötzliche Ueberraschung der unerwartetsten Begegnung erschüttert und in einer Art von Betäubung umgelenket werden. Die Geliebte sollte sich in die Tochter, verführerische Zärtlichkeit in blinden Gehorsam verwandeln; da Rousseau kein Mittel sahe,

der Natur diese Veränderung abzugewinnen, so mußte er sich
entschließen, ihr sie abzunötigen oder, wenn man will, abzustehlen,
Auf keine andere Weise konnten wir es Julien in der Folge
vergeben, daß sie den inbrünstigsten Liebhaber dem kältesten
Ehemanne aufgeopfert habe. Aber da diese Aufopferung in der
Komödie nicht erfolget, da es nicht die Tochter, sondern der Vater
ist, der endlich nachgibt: hätte Herr Heufeld die Wendung nicht
ein wenig lindern sollen, durch die Rousseau bloß das Befremd=
liche jener Aufopferung rechtfertigen und das Ungewöhnliche
derselben vor dem Vorwurfe des Unnatürlichen in Sicherheit
setzen wollte? — Doch Kritik und kein Ende! Wenn Herr Heu=
feld das gethan hätte, so würden wir um eine Szene gekommen
sein, die, wenn sie schon nicht so recht in das Ganze passen will,
doch sehr kräftig ist; er würde uns ein hohes Licht in seiner
Kopie vermalt haben, von dem man zwar nicht eigentlich weiß,
wo es herkömmt, das aber eine treffliche Wirkung thut. Die
Art, mit der Herr Ekhof diese Szene ausführte, die Aktion, mit
der er einen Teil der grauen Haare vors Auge brachte, bei welchen
er die Tochter beschwor, wären es allein wert gewesen, eine kleine
Ungeschicklichkeit zu begehen, die vielleicht niemanden als dem
kalten Kunstrichter bei Zergliederung des Planes merklich wird.

Das Nachspiel dieses Abends war Der Schatz, die Nach=
ahmung des Plautinischen Trinummus, in welcher der Verfasser
alle die komischen Szenen seines Originals in einen Aufzug zu
konzentrieren gesucht hat. Er ward sehr wohl gespielt. Die
Acteurs alle mußten ihre Rollen mit der Fertigkeit, die zu dem
Niedrigkomischen so notwendig erfodert wird. Wenn ein halb=
schieriger Einfall, eine Unbesonnenheit, ein Wortspiel langsam
und stotternd vorgebracht wird; wenn sich die Personen auf Arm=
seligkeiten, die weiter nichts als den Mund in Falten setzen sollen,
noch erst viel besinnen: so ist die Langeweile unvermeidlich. Possen
müssen Schlag auf Schlag gesagt werden, und der Zuhörer muß
keinen Augenblick Zeit haben, zu untersuchen, wie witzig oder
unwitzig sie sind. Es sind keine Frauenzimmer in diesem Stücke;
das einzige, welches noch anzubringen gewesen wäre, würde eine
frostige Liebhaberin sein; und freilich lieber keines als so eines.
Sonst möchte ich es niemanden raten, sich dieser Besonderheit
zu befleißigen. Wir sind zu sehr an die Untermengung beider
Geschlechter gewöhnet, als daß wir bei gänzlicher Vermissung
des reizendern nicht etwas Leeres empfinden sollten.

Unter den Italienern hat ehedem Cecchi, und neuerlich unter
den Franzosen Destouches, das nämliche Lustspiel des Plautus
wieder auf die Bühne gebracht. Sie haben beide große Stücke
von fünf Aufzügen daraus gemacht und sind daher genötiget ge=
wesen, den Plan des Römers mit eignen Erfindungen zu er=

weitern. Das vom Cecchi heißt: Die Mitgift, und wird von Riccoboni, in seiner Geschichte des italienischen Theaters, als eines von den besten alten Lustspielen desselben empfohlen. Das vom Destouches führt den Titel: Der verborgene Schatz, und ward ein einzigesmal, im Jahre 1745, auf der italienischen Bühne zu Paris, und auch dieses einzige Mal nicht ganz bis zu Ende, aufgeführet. Es fand keinen Beifall und ist erst nach dem Tode des Verfassers, und also verschiedene Jahre später als der deutsche „Schatz", im Drucke erschienen. Plautus selbst ist nicht der erste Erfinder dieses so glücklichen und von mehrern mit so vieler Nacheiferung bearbeiteten Stoffes gewesen, sondern Philemon, bei dem es eben die simple Aufschrift hatte, zu der es im Deutschen wieder zurückgeführet worden. Plautus hatte seine ganz eigne Manier in Benennung seiner Stücke, und meistenteils nahm er sie von dem allerunerheblichsten Umstande her. Dieses z. E. nennte er Trinummus, den Dreiling, weil der Sykophant einen Dreiling für seine Mühe bekam.

Zehntes Stück.

Den 2. Junius 1767.

Das Stück des fünften Abends (Dienstags, den 28. April) war Das unvermutete Hindernis, oder das Hindernis ohne Hindernis, vom Destouches.

Wenn wir die Annales des französischen Theaters nachschlagen, so finden wir, daß die lustigsten Stücke dieses Verfassers gerade den allerwenigsten Beifall gehabt haben. Weder das gegenwärtige, noch der verborgne Schatz, noch das Gespenst mit der Trommel, noch der poetische Dorfjunker haben sich darauf erhalten und sind, selbst in ihrer Neuheit, nur wenigemal aufgeführt worden. Es beruhet sehr viel auf dem Tone, in welchem sich ein Dichter ankündiget, oder in welchem er seine besten Werke verfertiget. Man nimmt stillschweigend an, als ob er eine Verbindung dadurch eingehe, sich von diesem Tone niemals zu entfernen; und wenn er es thut, dünket man sich berechtiget, darüber zu stutzen. Man sucht den Verfasser in dem Verfasser und glaubt etwas Schlechters zu finden, sobald man nicht das Nämliche findet. Destouches hatte in seinem verheirateten Philosophen, in seinem Ruhmredigen, in seinem Verschwender Muster eines feinern, höhern Komischen gegeben, als man vom Molière, selbst in seinen ernsthaftesten Stücken, gewohnt war. Sogleich machten die Kunstrichter, die so gern klassifizieren, dieses zu seiner eigentümlichen Sphäre; was bei dem Poeten vielleicht

nichts als zufällige Wahl war, erklärten ſie für vorzüglichen
Hang und herrſchende Fähigkeit; was er einmal, zweimal nicht
gewollt hatte, ſchien er ihnen nicht zu können; und als er es
nunmehr wollte, was ſieht Kunſtrichtern ähnlicher, als daß ſie
ihm lieber nicht Gerechtigkeit widerfahren ließen, ehe ſie ihr vor-
eiliges Urteil änderten? Ich will damit nicht ſagen, daß das
Niedrigkomiſche des Deſtouches mit dem Molièreſchen von einerlei
Güte ſei. Es iſt wirklich um vieles ſteifer; der witzige Kopf iſt
mehr darin zu ſpüren als der getreue Maler; ſeine Narren ſind
ſelten von den behäglichen Narren, wie ſie aus den Händen der
Natur kommen, ſondern mehrenteils von der hölzernen Gattung,
wie ſie die Kunſt ſchnitzelt und mit Affektation, mit verfehlter
Lebensart, mit Pedanterie überladet; ſein Schulwitz, ſein Ma-
ſuren ſind daher froſtiger als lächerlich. Aber dem ohngeachtet —
und nur dieſes wollte ich ſagen — ſind ſeine luſtigen Stücke am
wahren Komiſchen ſo geringhaltig noch nicht, als ſie ein ver-
zärtelter Geſchmack findet; ſie haben Szenen mitunter, die uns
aus Herzensgrunde zu lachen machen, und die ihm allein einen
anſehnlichen Rang unter den komiſchen Dichtern verſichern könnten.

    Hierauf folgte ein neues Luſtſpiel in einem Aufzuge, be-
titelt: Die neue Agneſe.

    Madame Gertrude ſpielte vor den Augen der Welt die
fromme Spröde; aber insgeheim war ſie die gefällige, feurige
Freundin eines gewiſſen Bernard. „Wie glücklich, o wie glücklich
machſt du mich, Bernard!" rief ſie einſt in der Entzückung und
ward von ihrer Tochter behorcht. Morgens darauf fragt das
liebe einfältige Mädchen: „Aber, Mama, wer iſt denn der Bernard, der die Leute glücklich macht?" Die Mutter merkte ſich
verraten, faßte ſich aber geſchwind. „Es iſt der Heilige, meine
Tochter, den ich mir kürzlich gewählt habe; einer von den größten
im Paradieſe." Nicht lange, ſo ward die Tochter mit einem
gewiſſen Hilar bekannt. Das gute Kind fand in ſeinem Umgange recht viel Vergnügen; Mama bekömmt Verdacht; Mama
beſchleicht das glückliche Paar, und da bekömmt Mama von dem
Töchterchen eben ſo ſchöne Seufzer zu hören, als das Töchterchen
jüngſt von Mama gehört hatte. Die Mutter ergrimmt, über-
fällt ſie, tobt. „Nun, was denn, liebe Mama?" ſagt endlich das
ruhige Mädchen. „Sie haben ſich den heiligen Bernard gewählt,
und ich, ich mir den heiligen Hilar. Warum nicht?" — Dieſes iſt
eines von den lehrreichen Märchen, mit welchen das weiſe Alter
des göttlichen Voltaire die junge Welt beſchenkte. Favart fand
es gerade ſo erbaulich, als die Fabel zu einer komiſchen Oper
ſein muß. Er ſahe nichts Anſtößiges darin als die Namen der
Heiligen, und dieſem Anſtoße wußte er auszuweichen. Er machte
aus Madame Gertrude eine platoniſche Weiſe, eine Anhängerin

der Lehre des Gabalis; und der heilige Bernard ward zu einem
Sylphen, der unter dem Namen und in der Gestalt eines guten
Bekannten die tugendhafte Frau besucht. Zum Sylphen ward
dann auch Hilar, und so weiter. Kurz, es entstand die Operette
Isabelle und Gertrude, oder die vermeinten Sylphen, welche die
Grundlage zur neuen Agnese ist. Man hat die Sitten darin
den unsrigen näher zu bringen gesucht; man hat sich aller An-
ständigkeit beflissen; das liebe Mädchen ist von der reizendsten,
verehrungswürdigsten Unschuld, und durch das Ganze sind eine
Menge gute komische Einfälle verstreut, die zum Teil dem deutschen Verfasser eigen sind. Ich kann mich in die Veränderungen
selbst, die er mit seiner Urschrift gemacht, nicht näher einlassen;
aber Personen von Geschmack, welchen diese nicht unbekannt war,
wünschten, daß er die Nachbarin anstatt des Vaters beibehalten
hätte. — Die Rolle der Agnese spielte Mademoiselle Felbrich,
ein junges Frauenzimmer, das eine vortreffliche Actrice verspricht und daher die beste Aufmunterung verdienet. Alter,
Figur, Miene, Stimme, alles kömmt ihr hier zu statten; und
ob sich bei diesen Naturgaben in einer solchen Rolle schon vieles
von selbst spielet, so muß man ihr doch auch eine Menge Fein-
heiten zugestehen, die Vorbedacht und Kunst, aber gerade nicht
mehr und nicht weniger verrieten, als sich an einer Agnese verraten darf.

Den sechsten Abend (Mittwochs, den 29. April) ward die
Semiramis des Herrn von Voltaire aufgeführt.

Dieses Trauerspiel ward im Jahre 1748 auf die französische
Bühne gebracht, erhielt großen Beifall und macht in der Geschichte dieser Bühne gewissermaßen Epoche. — Nachdem der
Hr. von Voltaire seine Zayre und Alzire, seinen Brutus und
Cäsar geliefert hatte, ward er in der Meinung bestärkt, daß die
tragischen Dichter seiner Nation die alten Griechen in vielen
Stücken weit überträfen. "Von uns Franzosen," sagt er, "hätten
die Griechen eine geschicktere Exposition und die große Kunst,
die Auftritte unter einander so zu verbinden, daß die Szene
niemals leer bleibt und keine Person weder ohne Ursache kömmt
noch abgehet, lernen können. Von uns," sagt er, "hätten sie
lernen können, wie Nebenbuhler und Nebenbuhlerinnen in witzigen
Antithesen mit einander sprechen; wie der Dichter mit einer
Menge erhabner, glänzender Gedanken blenden und in Erstaunen
setzen müsse. Von uns hätten sie lernen können —" O freilich;
was ist von den Franzosen nicht alles zu lernen! Hier und da
möchte zwar ein Ausländer, der die Alten auch ein wenig gelesen hat, demütig um Erlaubnis bitten, anderer Meinung sein
zu dürfen. Er möchte vielleicht einwenden, daß alle diese Vorzüge der Franzosen auf das Wesentliche des Trauerspiels eben

keinen großen Einfluß hätten, da es Schönheiten wären, welche
die einfältige Größe der Alten verachtet habe. Doch was hilft
es, dem Herrn von Voltaire etwas einzuwenden? Er fpricht,
und man glaubt. Ein einziges vermißte er bei seiner Bühne:
daß die großen Meisterstücke derselben nicht mit der Pracht aufgeführet würden, deren doch die Griechen die kleinen Versuche
einer erst sich bildenden Kunst gewürdiget hätten. Das Theater
in Paris, ein altes Ballhaus, mit Verzierungen von dem schlechtesten Geschmacke, wo sich in einem schmutzigen Parterre das
stehende Volk drängt und stößt, beleidigte ihn mit Recht; und
besonders beleidigte ihn die barbarische Gewohnheit, die Zuschauer
auf der Bühne zu dulden, wo sie den Acteurs kaum so viel Platz
lassen, als zu ihren notwendigsten Bewegungen erforderlich ist.
Er war überzeugt, daß bloß dieser Uebelstand Frankreich um
vieles gebracht habe, was man bei einem freiern, zu Handlungen
bequemern und prächtigern Theater ohne Zweifel gewagt hätte.
Und eine Probe hiervon zu geben, verfertigte er seine Semiramis.
Eine Königin, welche die Stände ihres Reichs versammelt, um
ihnen ihre Vermählung zu eröffnen; ein Gespenst, das aus seiner
Gruft steigt, um Blutschande zu verhindern und sich an seinem
Mörder zu rächen; diese Gruft, in die ein Narr hereingeht, um
als ein Verbrecher wieder herauszukommen: das alles war in
der That für die Franzosen etwas ganz Neues. Es macht so
viel Lärmen auf der Bühne, es erfordert so viel Pomp und
Verwandlung, als man nur immer in einer Oper gewohnt ist.
Der Dichter glaubte, das Muster zu einer ganz besondern Gattung gegeben zu haben; und ob er es schon nicht für die französische Bühne, so wie sie war, sondern so wie er sie wünschte, gemacht hatte: so ward es dennoch auf derselben vorderhand so gut
gespielet, als es sich ohngefähr spielen ließ. Bei der ersten Vorstellung saßen die Zuschauer noch mit auf dem Theater; und ich
hätte wohl ein altväterisches Gespenst in einem so galanten Zirkel
mögen erscheinen sehen. Erst bei den folgenden Vorstellungen
ward dieser Unschicklichkeit abgeholfen; die Acteurs machten sich
ihre Bühne frei; und was damals nur eine Ausnahme zum
Besten eines so außerordentlichen Stückes war, ist nach der Zeit
die beständige Einrichtung geworden. Aber vornehmlich nur für
die Bühne in Paris, für die, wie gesagt, Semiramis in diesem
Stücke Epoche macht. In den Provinzen bleibet man noch häufig
bei der alten Mode und will lieber aller Illusion als dem Vorrechte entsagen, den Zayren und Meropen auf die Schleppe
treten zu können.

Elftes Stück.

Den 5. Junius 1767.

Die Erscheinung eines Geistes war in einem französischen Trauerspiele eine so kühne Neuheit, und der Dichter, der sie wagte, rechtfertiget sie mit so eignen Gründen, daß es sich der Mühe lohnet, einen Augenblick dabei zu verweilen.

„Man schrie und schrieb von allen Seiten," sagt der Herr von Voltaire, „daß man an Gespenster nicht mehr glaube, und daß die Erscheinung der Toten in den Augen einer erleuchteten Nation nicht anders als kindisch sein könne." — „Wie?" versetzt er dagegen; „das ganze Altertum hätte diese Wunder geglaubt, und es sollte nicht vergönnt sein, sich nach dem Altertume zu richten? Wie? unsere Religion hätte dergleichen außerordentliche Fügungen der Vorsicht geheiliget, und es sollte lächerlich sein, sie zu erneuern?"

Diese Ausrufungen, dünkt mich, sind rhetorischer als gründlich. Vor allen Dingen wünschte ich, die Religion hier aus dem Spiele zu lassen. In Dingen des Geschmacks und der Kritik sind Gründe, aus ihr genommen, recht gut, seinen Gegner zum Stillschweigen zu bringen, aber nicht so recht tauglich, ihn zu überzeugen. Die Religion, als Religion, muß hier nichts entscheiden sollen; nur als eine Art von Ueberlieferung des Altertums gilt ihr Zeugnis nicht mehr und nicht weniger, als andere Zeugnisse des Altertums gelten. Und sonach hätten wir es auch hier nur mit dem Altertume zu thun.

Sehr wohl; das ganze Altertum hat Gespenster geglaubt. Die dramatischen Dichter des Altertums hatten also recht, diesen Glauben zu nutzen; wenn wir bei einem von ihnen wiederkommende Tote aufgeführet finden, so wäre es unbillig, ihm nach unsern bessern Einsichten den Prozeß zu machen. Aber hat darum der neue, diese unsere bessere Einsichten teilende dramatische Dichter die nämliche Befugnis? Gewiß nicht. — Aber wenn er seine Geschichte in jene leichtgläubigere Zeiten zurücklegt? Auch alsdenn nicht. Denn der dramatische Dichter ist kein Geschichtschreiber; er erzählt nicht, was man ehedem geglaubt, daß es geschehen, sondern er läßt es vor unsern Augen nochmals geschehen; und läßt es nochmals geschehen, nicht der bloßen historischen Wahrheit wegen, sondern in einer ganz andern und höhern Absicht; die historische Wahrheit ist nicht sein Zweck, sondern nur das Mittel zu seinem Zwecke; er will uns täuschen und durch die Täuschung rühren. Wenn es also wahr ist, daß wir itzt keine Gespenster mehr glauben; wenn dieses Nichtglauben die Täuschung notwendig verhindern müßte; wenn ohne Täuschung

wir unmöglich sympathisieren können: so handelt itzt der dra=
matische Dichter wider sich selbst, wenn er uns dem ohngeachtet
solche unglaubliche Märchen ausstaffieret; alle Kunst, die er dabei
anwendet, ist verloren.

Folglich? Folglich ist es durchaus nicht erlaubt, Gespenster
und Erscheinungen auf die Bühne zu bringen? Folglich ist diese
Quelle des Schrecklichen und Pathetischen für uns vertrocknet?
Nein; dieser Verlust wäre für die Poesie zu groß; und hat sie
nicht Beispiele für sich, wo das Genie aller unserer Philosophie
trotzt und Dinge, die der kalten Vernunft sehr spöttisch vor=
kommen, unserer Einbildung sehr fürchterlich zu machen weiß?
Die Folge muß daher anders fallen, und die Voraussetzung wird
nur falsch sein. Wir glauben keine Gespenster mehr? Wer sagt
das? Oder vielmehr, was heißt das? Heißt es so viel: wir sind
endlich in unsern Einsichten so weit gekommen, daß wir die Un=
möglichkeit davon erweisen können? gewisse unumstößliche Wahr=
heiten, die mit dem Glauben an Gespenster im Widerspruche
stehen, sind so allgemein bekannt worden, sind auch dem ge=
meinsten Manne immer und beständig so gegenwärtig, daß ihm
alles, was damit streitet, notwendig lächerlich und abgeschmackt
vorkommen muß? Das kann es nicht heißen. Wir glauben itzt
keine Gespenster, kann also nur so viel heißen: in dieser Sache,
über die sich fast eben so viel dafür als darwider sagen läßt, die
nicht entschieden ist und nicht entschieden werden kann, hat die
gegenwärtig herrschende Art zu denken den Gründen darwider
das Uebergewicht gegeben; einige wenige haben diese Art zu
denken, und viele wollen sie zu haben scheinen; diese machen das
Geschrei und geben den Ton; der größte Haufe schweigt und
verhält sich gleichgültig und denkt bald so, bald anders, hört
beim hellen Tag mit Vergnügen über die Gespenster spotten und
bei dunkler Nacht mit Grausen davon erzählen.

Aber in diesem Verstande keine Gespenster glauben, kann
und darf den dramatischen Dichter im geringsten nicht abhalten,
Gebrauch davon zu machen. Der Same, sie zu glauben, liegt
in uns allen, und in denen am häufigsten, für die er vornehm=
lich dichtet. Es kömmt nur auf seine Kunst an, diesen Samen
zum Keimen zu bringen, nur auf gewisse Handgriffe, den Grün=
den für ihre Wirklichkeit in der Geschwindigkeit den Schwung
zu geben. Hat er diese in seiner Gewalt, so mögen wir in ge=
meinem Leben glauben, was wir wollen; im Theater müssen wir
glauben, was er will.

So ein Dichter ist Shakespeare, und Shakespeare fast einzig
und allein. Vor seinem Gespenste im Hamlet richten sich die
Haare zu Berge, sie mögen ein gläubiges oder ungläubiges Ge=
hirn bedecken. Der Herr von Voltaire that gar nicht wohl, sich

auf dieses Gespenst zu berufen; es macht ihn und seinen Geist
des Ninus — lächerlich.

Shakespeares Gespenst kömmt wirklich aus jener Welt; so
dünkt uns. Denn es kömmt zu der feierlichen Stunde, in der
schaudernden Stille der Nacht, in der vollen Begleitung aller
der düstern, geheimnisvollen Nebenbegriffe, wenn und mit welchen wir, von der Amme an, Gespenster zu erwarten und zu
denken gewohnt sind. Aber Voltairens Geist ist auch nicht ein
mal zum Popanze gut, Kinder damit zu schrecken; es ist der
bloße verkleidete Komödiant, der nichts hat, nichts sagt, nichts
thut, was es wahrscheinlich machen könnte, er wäre das, wofür
er sich ausgibt; alle Umstände vielmehr, unter welchen er erscheint, stören den Betrug und verraten das Geschöpf eines kalten
Dichters, der uns gern täuschen und schrecken möchte, ohne daß
er weiß, wie er es anfangen soll. Man überlege auch nur dieses
einzige: am hellen Tage, mitten in der Versammlung der Stände
des Reichs, von einem Donnerschlage angekündigt, tritt das
Voltairische Gespenst aus seiner Gruft hervor. Wo hat Voltaire
jemals gehört, daß Gespenster so dreist sind? Welche alte Frau
hätte ihm nicht sagen können, daß die Gespenster das Sonnen-
licht scheuen und große Gesellschaften gar nicht gern besuchen?
Doch Voltaire wußte zuverlässig das auch; aber er war zu furcht
sam, zu ekel, diese gemeinen Umstände zu nutzen; er wollte uns
einen Geist zeigen, aber es sollte ein Geist von einer edlern Art
sein; und durch diese edlere Art verdarb er alles. Das Gespenst,
das sich Dinge herausnimmt, die wider alles Herkommen, wider
alle gute Sitten unter den Gespenstern sind, dünket mich kein
rechtes Gespenst zu sein; und alles, was die Illusion hier nicht
befördert, stört die Illusion.

Wenn Voltaire einiges Augenmerk auf die Pantomime ge
nommen hätte, so würde er auch von einer andern Seite die
Unschicklichkeit empfunden haben, ein Gespenst vor den Augen
einer großen Menge erscheinen zu lassen. Alle müssen auf ein
mal bei Erblickung desselben Furcht und Entsetzen äußern; alle
müssen es auf verschiedene Art äußern, wenn der Anblick nicht
die frostige Symmetrie eines Balletts haben soll. Nun richte man
einmal eine Herde dumme Statisten dazu ab; und wenn man
sie auf das glücklichste abgerichtet hat, so bedenke man, wie sehr
dieser vielfache Ausdruck des nämlichen Affekts die Aufmerksam
keit teilen und von den Hauptpersonen abziehen muß. Wenn
diese den rechten Eindruck auf uns machen sollen, so müssen wir
sie nicht allein sehen können, sondern es ist auch gut, wenn wir
sonst nichts sehen als sie. Beim Shakespeare ist es der einzige
Hamlet, mit dem sich das Gespenst einläßt; in der Szene, wo
die Mutter dabei ist, wird es von der Mutter weder gesehen

noch gehört. Alle unsere Beobachtung geht also auf ihn, und je mehr Merkmale eines von Schauder und Schrecken zerrütteten Gemüts wir an ihm entdecken, desto bereitwilliger sind wir, die Erscheinung, welche diese Zerrüttung in ihm verursacht, für eben das zu halten, wofür er sie hält. Das Gespenst wirket auf uns mehr durch ihn, als durch sich selbst. Der Eindruck, den es auf ihn macht, geht in uns über, und die Wirkung ist zu augenscheinlich und zu stark, als daß wir an der außerordentlichen Ursache zweifeln sollten. Wie wenig hat Voltaire auch diesen Kunstgriff verstanden! Es erschrecken über seinen Geist viele, aber nicht viel. Semiramis ruft einmal: „Himmel, ich sterbe!" und die andern machen nicht mehr Umstände mit ihm, als man ohngefähr mit einem weit entfernt geglaubten Freunde machen würde, der auf einmal ins Zimmer tritt.

Zwölftes Stück.
Den 9. Junius 1767.

Ich bemerke noch einen Unterschied, der sich zwischen den Gespenstern des englischen und französischen Dichters findet. Voltaires Gespenst ist nichts als eine poetische Maschine, die nur des Knotens wegen da ist; es interessiert uns für sich selbst nicht im geringsten. Shakespeares Gespenst hingegen ist eine wirklich handelnde Person, an dessen Schicksale wir Anteil nehmen; es erweckt Schauder, aber auch Mitleid.

Dieser Unterschied entsprang ohne Zweifel aus der verschiedenen Denkungsart beider Dichter von den Gespenstern überhaupt. Voltaire betrachtet die Erscheinung eines Verstorbenen als ein Wunder, Shakespeare als eine ganz natürliche Begebenheit. Wer von beiden philosophischer denkt, dürfte keine Frage sein; aber Shakespeare dachte poetischer. Der Geist der Ninus kam bei Voltairen als ein Wesen, das noch jenseit dem Grabe angenehmer und unangenehmer Empfindungen fähig ist, mit welchem wir also Mitleiden haben können, in keine Betrachtung. Er wollte bloß damit lehren, daß die höchste Macht, um verborgene Verbrechen ans Licht zu bringen und zu bestrafen, auch wohl eine Ausnahme von ihren ewigen Gesetzen mache.

Ich will nicht sagen, daß es ein Fehler ist, wenn der dramatische Dichter seine Fabel so einrichtet, daß sie zur Erläuterung oder Bestätigung irgend einer großen moralischen Wahrheit dienen kann. Aber ich darf sagen, daß diese Einrichtung der Fabel nichts weniger als notwendig ist; daß es sehr lehrreiche vollkommene Stücke geben kann, die auf keine solche ein-

zelne Maxime abzwecken; daß man Unrecht thut, den letzten
Sittenspruch, den man zum Schlusse verschiedener Trauerspiele
der Alten findet, so anzusehen, als ob das Ganze bloß um seinet=
willen da wäre.

Wenn daher die Semiramis des Herrn von Voltaire weiter
kein Verdienst hätte als dieses, worauf er sich so viel zu gute
thut, daß man nämlich daraus die höchste Gerechtigkeit verehren
lerne, die, außerordentliche Lasterthaten zu strafen, außerordent=
liche Wege wähle: so würde Semiramis in meinen Augen nur
ein sehr mittelmäßiges Stück sein. Besonders da diese Moral
selbst nicht eben die erbaulichste ist. Denn es ist ohnstreitig dem
weisesten Wesen weit anständiger, wenn es dieser außerordent=
lichen Wege nicht bedarf, und wir uns die Bestrafung des Guten
und Bösen in die ordentliche Kette der Dinge von ihr mit ein=
geflochten denken.

Doch ich will mich bei dem Stücke nicht länger verweilen,
um noch ein Wort von der Art zu sagen, wie es hier aufge=
führet worden. Man hat alle Ursache, damit zufrieden zu sein.
Die Bühne ist geräumlich genug, die Menge von Personen ohne
Verwirrung zu fassen, die der Dichter in verschiedenen Szenen
auftreten läßt. Die Verzierungen sind neu, von dem besten
Geschmacke, und sammeln den so oft abwechselnden Ort so gut
als möglich in einen.

Den siebenten Abend (Donnerstags, den 30. April) ward
Der verheiratete Philosoph, vom Destouches, gespielt.
Dieses Lustspiel kam im Jahr 1727 zuerst auf die französische
Bühne und fand so allgemeinen Beifall, daß es in Jahr und
Tag sechsunddreißigmal aufgeführet ward. Die deutsche Ueber=
setzung ist nicht die prosaische aus den zu Berlin übersetzten
sämtlichen Werken des Destouches, sondern eine in Versen, an
der mehrere Hände geflickt und gebessert haben. Sie hat wirk=
lich viel glückliche Verse, aber auch viel harte und unnatürliche
Stellen. Es ist unbeschreiblich, wie schwer dergleichen Stellen
dem Schauspieler das Agieren machen; und doch werden wenig
französische Stücke sein, die auf irgend einem deutschen Theater
jemals besser ausgefallen wären, als dieses auf unserm. Die
Rollen sind alle auf das schicklichste besetzt, und besonders
spielet Madame Loewen die launige Celiante als eine Meisterin
und Herr Ackermann den Geront unverbesserlich. Ich kann es
überhoben sein, von dem Stücke selbst zu reden. Es ist bekannt
und gehört unstreitig unter die Meisterstücke der französischen
Bühne, die man auch unter uns immer mit Vergnügen sehen wird.

Das Stück des achten Abends (Freitags, den 1. Mai) war
Das Kaffeehaus oder die Schottländerin des Herrn von
Voltaire.

Es ließe sich eine lange Geschichte von diesem Lustspiele machen. Sein Verfasser schickte es als eine Uebersetzung aus dem Englischen des Hume, nicht des Geschichtschreibers und Philosophen, sondern eines andern dieses Namens, der sich durch das Trauerspiel „Douglas" bekannt gemacht hat, in die Welt. Es hat in einigen Charakteren mit der Kaffeeschenke des Goldoni etwas Aehnliches; besonders scheint der Don Marzio des Goldoni das Urbild des Frelon gewesen zu sein. Was aber dort bloß ein bösartiger Kerl ist, ist hier zugleich ein elender Skribent, den er Frelon nannte, damit die Ausleger desto geschwinder auf seinen geschworenen Feind, den Journalisten Freron, fallen möchten. Diesen wollte er damit zu Boden schlagen, und ohne Zweifel hat er ihm einen empfindlichen Streich versetzt. Wir Ausländer, die wir an den hämischen Neckereien der französischen Gelehrten unter sich keinen Anteil nehmen, sehen über die Persönlichkeiten dieses Stücks weg und finden in dem Frelon nichts als die getreue Schilderung einer Art von Leuten, die auch bei uns nicht fremd ist. Wir haben unsere Frelons so gut wie die Franzosen und Engländer, nur daß sie bei uns weniger Aufsehen machen, weil uns unsere Litteratur überhaupt gleichgültiger ist. Fiele das Treffende dieses Charakters aber auch gänzlich in Deutschland weg, so hat das Stück doch noch außer ihm Interesse genug, und der ehrliche Freeport allein könnte es in unserer Gunst erhalten. Wir lieben seine plumpe Edelmütigkeit, und die Engländer selbst haben sich dadurch geschmeichelt gefunden.

Denn nur seinetwegen haben sie erst kürzlich den ganzen Stamm auf den Grund wirklich verpflanzt, auf welchem er sich gewachsen zu sein rühmte. Colman, unstreitig itzt ihr bester komischer Dichter, hat die Schottländerin, unter dem Titel des englischen Kaufmanns, übersetzt und ihr vollends alle das nationale Kolorit gegeben, das ihr in dem Originale noch mangelte. So sehr der Herr von Voltaire die englischen Sitten auch kennen will, so hatte er doch häufig dagegen verstoßen; z. E. darin, daß er seine Lindane auf einem Kaffeehause wohnen läßt. Colman mietet sie dafür bei einer ehrlichen Frau ein, die möblierte Zimmer hält, und diese Frau ist weit anständiger die Freundin und Wohlthäterin der jungen verlassenen Schöne als Fabriz. Auch die Charaktere hat Colman für den englischen Geschmack kräftiger zu machen gesucht. Lady Alton ist nicht bloß eine eifersüchtige Furie; sie will ein Frauenzimmer von Genie, von Geschmack und Gelehrsamkeit sein und gibt sich das Ansehen einer Schutzgöttin der Litteratur. Hierdurch glaubte er die Verbindung wahrscheinlicher zu machen, in der sie mit dem elenden Frelon stehet, den er Spatter nennt. Freeport vornehmlich hat eine weitere Sphäre von Thätigkeit bekommen, und er nimmt sich

des Vaters der Lindane eben so eifrig an als der Lindane selbst.
Was im Französischen der Lord Falbridge zu dessen Begnadigung
thut, thut im Englischen Freeport, und er ist es allein, der alles
zu einem glücklichen Ende bringet.

Die englischen Kunstrichter haben in Colmans Umarbeitung
die Gesinnungen durchaus vortrefflich, den Dialog fein und lebhaft und die Charaktere sehr wohl ausgeführt gefunden. Aber
doch ziehen sie ihr Colmans übrige Stücke weit vor, von welchen man die eifersüchtige Ehefrau auf dem Ackermannischen
Theater ehedem hier gesehen, und nach der diejenigen, die sich
ihrer erinnern, ungefähr urteilen können. Der englische Kauf-
mann hat ihnen nicht Handlungen genug; die Neugierde wird
ihnen nicht genug darin genähret; die ganze Verwickelung ist in
dem ersten Akte sichtbar. Hiernächst hat er ihnen zu viel Aehn-
lichkeit mit andern Stücken, und den besten Situationen fehlt
die Neuheit. Freeport, meinen sie, hätte nicht den geringsten
Funken von Liebe gegen die Lindane empfinden müssen; seine
gute That verliere dadurch alles Verdienst u. s. w.

Es ist an dieser Kritik manches nicht ganz ungegründet; indes sind wir Deutschen es sehr wohl zufrieden, daß die Handlung nicht reicher und verwickelter ist. Die englische Manier in
diesem Punkte zerstreut und ermüdet uns: wir lieben einen ein-
fältigen Plan, der sich auf einmal übersehen läßt. So wie die
Engländer die französischen Stücke mit Episoden erst vollpfropfen
müssen, wenn sie auf ihrer Bühne gefallen sollen, so müßten wir
die englischen Stücke von ihren Episoden erst entladen, wenn wir
unsere Bühne glücklich damit bereichern wollten. Ihre besten Lustspiele eines Congreve und Wycherley würden uns ohne diesen Aus-
hau des allzu wollüstigen Wuchses unausstehlich sein. Mit ihren
Tragödien werden wir noch eher fertig; diese sind zum Teil bei
weiten so verworren nicht als ihre Komödien, und verschiedene
haben, ohne die geringste Veränderung, bei uns Glück gemacht,
welches ich von keiner einzigen ihrer Komödien zu sagen wüßte.

Auch die Italiener haben eine Uebersetzung von der Schottländerin, die in dem ersten Teile der theatralischen Bibliothek des
Diodati stehet. Sie folgt dem Originale Schritt vor Schritt,
so wie die deutsche; nur eine Szene zum Schlusse hat ihr der
Italiener mehr gegeben. Voltaire sagte, Frelon werde in der
englischen Urschrift am Ende bestraft; aber so verdient diese Bestrafung sei, so habe sie ihm doch dem Hauptinteresse zu schaden
geschienen; er habe sie also weggelassen. Dem Italiener dünkte
diese Entschuldigung nicht hinlänglich, und er ergänzte die Bestrafung des Frelons aus seinem Kopfe; denn die Italiener sind
große Liebhaber der poetischen Gerechtigkeit.

Dreizehntes Stück.

Den 12. Junius 1767.

Den neunten Abend (Montags, den 4. Mai) sollte Cenie ge=
spielt werden. Es wurden aber auf einmal mehr als die Hälfte
der Schauspieler durch einen epidemischen Zufall außer stand ge=
setzet, zu agieren, und man mußte sich so gut zu helfen suchen
als möglich. Man wiederholte die neue Agnese und gab das
Singspiel: Die Gouvernante.

Den zehnten Abend (Dienstags, den 5. Mai) ward Der
poetische Dorfjunker, vom Destouches, aufgeführt.

Dieses Stück hat im Französischen drei Aufzüge, und in der
Uebersetzung fünfe. Ohne diese Verbesserung war es nicht wert,
in die deutsche Schaubühne des weiland berühmten Herrn Pro=
fessor Gottscheds aufgenommen zu werden, und seine gelehrte
Freundin, die Uebersetzerin, war eine viel zu brave Ehefrau, als
daß sie sich nicht den kritischen Aussprüchen ihres Gemahls blind=
lings hätte unterwerfen sollen. Was kostet es denn nun auch
für große Mühe, aus drei Aufzügen fünfe zu machen? Man
läßt in einem andern Zimmer einmal Kaffee trinken; man schlägt
einen Spaziergang im Garten vor; und wenn Not an den
Mann gehet, so kann ja auch der Lichtputzer herauskommen und
sagen: Meine Damen und Herren, treten Sie ein wenig ab; die
Zwischenakte sind des Putzens wegen erfunden, und was hilft
Ihr Spielen, wenn das Parterre nicht sehen kann? — Die Ueber=
setzung selbst ist sonst nicht schlecht, und besonders sind der Fr. Pro=
fessorin die Knüttelverse des Masuren, wie billig, sehr wohl ge=
lungen. Ob sie überall eben so glücklich gewesen, wo sie den Einfällen
ihres Originals eine andere Wendung geben zu müssen geglaubt,
würde sich aus der Vergleichung zeigen. Eine Verbesserung
dieser Art, mit der es die liebe Frau recht herzlich gut gemeinet
hatte, habe ich dem ohngeachtet aufmutzen hören. In der Szene,
wo Henriette die alberne Dirne spielt, läßt Destouches den Ma=
suren zu ihr sagen: „Sie setzen mich in Erstaunen, Mademoi=
selle; ich habe Sie für eine Virtuosin gehalten.“ — „O pfui!“
erwidert Henriette; „wofür haben sie mich gehalten? Ich bin ein
ehrliches Mädchen; daß Sie es nur wissen.“ — „Aber man kann
ja,“ fällt ihr Masuren ein, „beides wohl zugleich, ein ehrliches
Mädchen und eine Virtuosin, sein.“ — „Nein,“ sagt Henriette;
„ich behaupte, daß man das nicht zugleich sein kann. Ich eine
Virtuosin!“ Man erinnere sich, was Madame Gottsched anstatt
des Worts „Virtuosin“ gesetzt hat: ein Wunder. Kein Wunder!
sagte man, daß sie das that. Sie fühlte sich auch so etwas von
einer Virtuosin zu sein und ward über den vermeinten Stich böse.

Aber sie hätte nicht böse werden sollen, und was die witzige und
gelehrte Henriette in der Person einer dummen Agnese sagt, hätte
die Frau Professorin immer ohne Maulspitzen nachsagen können.
Doch vielleicht war ihr nur das fremde Wort, Virtuosin, an=
stößig; Wunder ist deutscher; zudem gibt es unter unsern Schönen
jährlich Wunder gegen eine Virtuosin: die Frau wollte rein und
verständlich übersetzen; sie hatte sehr recht.

Den Beschluß dieses Abends machte: Die stumme Schön=
heit, von Schlegeln.

Schlegel hatte dieses kleine Stück für das neuerrichtete
Kopenhagenische Theater geschrieben, um auf demselben in einer
dänischen Uebersetzung aufgeführet zu werden. Die Sitten darin
sind daher auch wirklich dänischer als deutsch. Dem ohngeachtet
ist es unstreitig unser bestes komisches Original, das in Versen
geschrieben ist. Schlegel hatte überall eine eben so fließende als
zierliche Versifikation, und es war ein Glück für seine Nachfolger,
daß er seine größern Komödien nicht auch in Versen schrieb. Er
hatte ihnen leicht das Publikum verwöhnen können, und so würden
sie nicht allein seine Lehre, sondern auch sein Beispiel wider
sich gehabt haben. Er hatte sich ehedem der gereimten Komödie
sehr lebhaft angenommen, und je glücklicher er die Schwierig=
keiten derselben überstiegen hätte, desto unwiderleglicher würden
seine Gründe geschienen haben. Doch, als er selbst Hand an das
Werk legte, fand er ohne Zweifel, wie unsägliche Mühe es koste,
nur einen Teil derselben zu übersteigen, und wie wenig das
Vergnügen, welches aus die en überstiegenen Schwierigkeiten
entstehet, für die Menge kleiner Schönheiten, die man ihnen auf=
opfern müsse, schadlos halte. Die Franzosen waren ehedem so
ekel, daß man ihnen die prosaischen Blicke des Molière, nach
seinem Tode, in Verse bringen mußte; und noch itzt hören sie
ein prosaisches Lustspiel als ein Ding an, das ein jeder von
ihnen machen könne. Den Engländer hingegen würde eine ge=
reimte Komödie aus dem Theater jagen. Nur die Deutschen sind
auch hierin, soll ich sagen: billiger oder gleichgültiger? Sie nehmen
an, was ihnen der Dichter vorsetzt. Was wäre es auch, wenn
sie itzt schon wählen und ausmustern wollten?

Die Rolle der stummen Schönen hat ihre Bedenklichkeiten.
Eine stumme Schöne, sagt man, ist nicht notwendig eine dumme,
und die Schauspielerin hat unrecht, die eine alberne plumpe
Dirne daraus macht. Aber Schlegels stumme Schönheit ist
allerdings dumm zugleich; denn daß sie nichts spricht, kömmt
daher, weil sie nichts denkt. Das Feine dabei würde also dieses
sein, daß man sie überall, wo sie, um artig zu scheinen, denken
müßte, unartig machte, dabei aber ihr alle die Artigkeiten ließe,
die bloß mechanisch sind und die sie, ohne viel zu denken, haben

könnte. Ihr Gang z. E., ihre Verbeugungen brauchen gar nicht
bäurisch zu sein; sie können so gut und zierlich sein, als sie nur
immer ein Tanzmeister lehren kann; denn warum sollte sie von
ihrem Tanzmeister nichts gelernt haben, da sie sogar Quadrille
gelernt hat? Und sie muß Quadrille nicht schlecht spielen; denn
sie rechnet fest darauf, dem Papa das Geld abzugewinnen. Auch
ihre Kleidung muß weder altväterisch noch schlumpicht sein; denn
Frau Praatgern sagt ausdrücklich:

„Bist du vielleicht nicht wohl gekleidet? — Laß doch sehn!
Nun! — dreh dich um! — das ist ja gut und sitzt galant.
Was sagt denn der Phantast, dir fehlte der Verstand?"

In dieser Musterung der Frau Praatgern überhaupt hat der
Dichter deutlich genug bemerkt, wie er das Aeußerliche seiner stum=
men Schöne zu sein wünsche. Gleichfalls schön, nur nicht reizend.

„Laß sehn, wie trägst du dich? — Den Kopf nicht so zurücke!"

Dummheit ohne Erziehung hält den Kopf mehr vorwärts als zu=
rück; ihn zurück halten, lehrt der Tanzmeister; man muß also
Charlotten den Tanzmeister ansehen, und je mehr, je besser;
denn es schadet ihrer Stummheit nichts; vielmehr sind die
zierlich steifen Tanzmeistermanieren, gerade die, welche der
stummen Schönheit am meisten entsprechen; sie zeigen die
Schönheit in ihrem besten Vorteile, nur daß sie ihr das Leben
nehmen.

„Wer fragt: hat sie Verstand? der seh' nur ihre Blicke."

Recht wohl, wenn man eine Schauspielerin mit großen, schönen
Augen zu dieser Rolle hat. Nur müssen sich diese schöne Augen
wenig oder gar nicht regen; ihre Blicke müssen langsam und
stier sein; sie müssen uns mit ihrem unbeweglichen Brennpunkte
in Flammen setzen wollen, aber nichts sagen.

„Geh doch einmal herum! — Gut! hieher! — Neige dich!
Da haben wir's, das fehlt. Nein, sieh! So neigt man sich."

Diese Zeilen versteht man ganz falsch, wenn man Charlotten
eine bäurische Neige, einen dummen Knicks machen läßt. Ihre
Verbeugung muß wohl gelernt sein und, wie gesagt, ihrem Tanz
meister keine Schande machen. Frau Praatgern muß sie nur
noch nicht affektiert genug finden. Charlotte verbeugt sich, und
Frau Praatgern will, sie soll sich dabei zieren. Das ist der
ganze Unterschied, und Madame Loewen bemerkte ihn sehr wohl,
ob ich gleich nicht glaube, daß die Praatgern sonst eine Rolle
für sie ist. Sie kann die feine Frau zu wenig verbergen, und
gewissen Gesichtern wollen nichtswürdige Handlungen, dergleichen
die Vertauschung einer Tochter ist, durchaus nicht lassen.

Den elften Abend (Mittwochs, den 6. Mai) ward Miß Sara Sampson aufgeführet.

Man kann von der Kunst nichts mehr verlangen, als was Madame Henseln in der Rolle der Sara leistet, und das Stück ward überhaupt sehr gut gespielet. Es ist ein wenig zu lang, und man verkürzt es daher auf den meisten Theatern. Ob der Verfasser mit allen diesen Verkürzungen so recht zufrieden ist, daran zweifle ich fast. Man weiß ja, wie die Autores sind; wenn man ihnen auch nur einen Niednagel nehmen will, so schreien sie gleich: ihr kommt mir ans Leben! Freilich ist der übermäßigen Länge eines Stücks durch das bloße Weglassen nur übel abgeholfen, und ich begreife nicht, wie man eine Szene verkürzen kann, ohne die ganze Folge des Dialogs zu ändern. Aber wenn dem Verfasser die fremden Verkürzungen nicht anstehen, so mache er selbst welche, falls es ihm der Mühe wert dünkt und er nicht von denjenigen ist, die Kinder in die Welt setzen und auf ewig die Hand von ihnen abziehen.

Madame Henseln starb ungemein anständig, in der malerischsten Stellung; und besonders hat mich ein Zug außerordentlich überrascht. Es ist eine Bemerkung an Sterbenden, daß sie mit den Fingern an ihren Kleidern oder Betten zu rupfen anfangen. Diese Bemerkung machte sie sich auf die glücklichste Art zu nutze: in dem Augenblicke, da die Seele von ihr wich, äußerte sich auf einmal, aber nur in den Fingern des erstarrten Armes, ein gelinder Spasmus; sie kniff den Rock, der um ein weniges erhoben ward und gleich wieder sank: das letzte Aufflattern eines verlöschenden Lichts, der jüngste Strahl einer untergehenden Sonne. — Wer diese Feinheit in meiner Beschreibung nicht schön findet, der schiebe die Schuld auf meine Beschreibung; aber er sehe sie einmal!

Vierzehntes Stück.

Den 16. Junius 1767.

Das bürgerliche Trauerspiel hat an dem französischen Kunstrichter, welcher die Sara seiner Nation bekannt gemacht*), einen sehr gründlichen Verteidiger gefunden. Die Franzosen billigen sonst selten etwas, wovon sie kein Muster unter sich selbst haben.

Die Namen von Fürsten und Helden können einem Stücke Pomp und Majestät geben; aber zur Rührung tragen sie nichts bei. Das Unglück derjenigen, deren Umstände den unsrigen am nächsten kommen, muß natürlicherweise am tiefsten in unsere

---

*) Journal Etranger, Décembre 1761.

Seele bringen; und wenn wir mit Königen Mitleiden haben, so haben wir es mit ihnen als mit Menschen, und nicht als mit Königen. Macht ihr Stand schon öfters ihre Unfälle wichtiger, so macht er sie darum nicht interessanter. Immerhin mögen ganze Völker darein verwickelt werden; unsere Sympathie er- fordert einen einzeln Gegenstand, und ein Staat ist ein viel zu abstrakter Begriff für unsere Empfindungen.

„Man thut dem menschlichen Herze Unrecht," sagt auch Mar- montel, „man verkennet die Natur, wenn man glaubt, daß sie Titel bedürfe, uns zu bewegen und zu rühren. Die geheiligten Namen des Freundes, des Vaters, des Geliebten, des Gatten, des Sohnes, der Mutter, des Menschen überhaupt: diese sind pathetischer als alles; diese behaupten ihre Rechte immer und ewig. Was liegt daran, welches der Rang, der Geschlechtsname, die Geburt des Unglücklichen ist, den seine Gefälligkeit gegen unwürdige Freunde und das verführerische Beispiel ins Spiel verstricket, der seinen Wohlstand und seine Ehre darüber zu Grunde gerichtet und nun im Gefängnisse seufzet, von Scham und Reue zerrissen? Wenn man fragt, wer er ist, so antworte ich: er war ein ehrlicher Mann, und zu seiner Marter ist er Gemahl und Vater; seine Gattin, die er liebt und von der er geliebt wird, schmachtet in der äußersten Bedürfnis und kann ihren Kindern, welche Brot verlangen, nichts als Thränen geben. Man zeige mir in der Geschichte der Helden eine rührendere, moralischere, mit einem Worte: tragischere Situation! Und wenn sich endlich dieser Unglückliche vergiftet; wenn er, nachdem er sich vergiftet, erfährt, daß der Himmel ihn noch retten wollen: was fehlet diesem schmerzlichen und fürchterlichen Augenblicke, wo sich zu den Schrecknissen des Todes marternde Vorstellungen, wie glücklich er habe leben können, gesellen; was fehlt ihm, frage ich, um der Tragödie würdig zu sein? Das Wunderbare, wird man antworten. Wie? findet sich denn nicht dieses Wunderbare genugsam in dem plötzlichen Uebergange von der Ehre zur Schande, von der Unschuld zum Verbrechen, von der süßesten Ruhe zur Verzweiflung, kurz, in dem äußersten Unglücke, in das eine bloße Schwachheit gestürzet?"

Man lasse aber diese Betrachtungen den Franzosen von ihren Diderots und Marmontels noch so eingeschärft werden: es scheint doch nicht, daß das bürgerliche Trauerspiel darum bei ihnen be- sonders in Schwang kommen werde. Die Nation ist zu eitel, ist in Titel und andere äußerliche Vorzüge zu verliebt; bis auf den gemeinsten Mann will alles mit Vornehmern umgehen; und Gesellschaft mit seinesgleichen ist so viel als schlechte Gesellschaft. Zwar ein glückliches Genie vermag viel über sein Volk; die Natur hat nirgends ihre Rechte aufgegeben, und sie erwartet

vielleicht auch dort nur den Dichter, der sie in aller ihrer Wahr=
heit und Stärke zu zeigen verstehet. Der Versuch, den ein Un=
genannter in einem Stücke gemacht hat, welches er das Gemälde
der Dürftigkeit nennet, hat schon große Schönheiten; und bis
die Franzosen daran Geschmack gewinnen, hätten wir es für
unser Theater adoptieren sollen.

Was der erstgedachte Kunstrichter an der deutschen Sara
aussetzet, ist zum Teil nicht ohne Grund. Ich glaube aber doch,
der Verfasser wird lieber seine Fehler behalten, als sich der viel=
leicht unglücklichen Mühe einer gänzlichen Umarbeitung unter=
ziehen wollen. Er erinnert sich, was Voltaire bei einer ähn=
lichen Gelegenheit sagte: „Man kann nicht immer alles ausführen,
was uns unsere Freunde raten. Es gibt auch notwendige Fehler.
Einem Bucklichten, den man von seinem Buckel heilen wollte,
müßte man das Leben nehmen. Mein Kind ist bucklicht; aber
es befindet sich sonst ganz gut."

Den zwölften Abend (Donnerstags, den 7. Mai) ward Der
Spieler, von Regnard, gegeben.

Dieses Stück ist ohne Zweifel das beste, was Regnard ge=
macht hat; aber Riviere du Freny, der bald darauf gleichfalls
einen Spieler auf die Bühne brachte, nahm ihn wegen der Er=
findung in Anspruch. Er beklagte sich, daß ihm Regnard die
Anlage und verschiedene Szenen gestohlen habe; Regnard schob
die Beschuldigung zurück, und ist wissen wir von diesem Streite
nur so viel mit Zuverlässigkeit, daß einer von beiden der Pla=
giarius gewesen. Wenn es Regnard war, so müssen wir es ihm
wohl noch dazu danken, daß er sich überwinden konnte, die Ver=
traulichkeit seines Freundes zu mißbrauchen; er bemächtigte sich
bloß zu unserm Besten der Materialien, von denen er voraus
sahe, daß sie verhunzt werden würden. Wir hätten nur einen
sehr elenden Spieler, wenn er gewissenhafter gewesen wäre. Doch
hätte er die That eingestehen und dem armen Du Freny einen
Teil der damit erworbnen Ehre lassen müssen.

Den dreizehnten Abend (Freitags, den 8. Mai) ward der
verheiratete Philosoph wiederholet; und den Beschluß machte:
Der Liebhaber als Schriftsteller und Bedienter.

Der Verfasser dieses kleinen artigen Stücks heißt Cerou; er
studierte die Rechte, als er es im Jahre 1740 den Italienern in
Paris zu spielen gab. Es fällt ungemein wohl aus.

Den vierzehnten Abend (Montags, den 11. Mai) wurden
Die kokette Mutter, vom Quinault, und Der Advokat
Patelin aufgeführt.

Jene wird von den Kennern unter die besten Stücke ge=
rechnet, die sich auf dem französischen Theater aus dem vorigen
Jahrhunderte erhalten haben. Es ist wirklich viel gutes Komi=

sches darin, dessen sich Molière nicht hätte schämen dürfen. Aber
der fünfte Akt und die ganze Auflösung hätte weit besser sein
können; der alte Sklave, dessen in den vorhergehenden Akten
gedacht wird, kömmt nicht zum Vorscheine; das Stück schließt
mit einer kalten Erzählung, nachdem wir auf eine theatralische
Handlung vorbereitet worden. Sonst ist es in der Geschichte
des französischen Theaters deswegen mit merkwürdig, weil der
lächerliche Marquis darin der erste von seiner Art ist. Die
kokette Mutter ist auch sein eigentlichster Titel nicht, und Quinault hätte es immer bei dem zweiten, die veruneinigten Verliebten, können bewenden lassen.

Der Advokat Patelin ist eigentlich ein altes Possenspiel aus
dem funfzehnten Jahrhunderte, das zu seiner Zeit außerordentlichen Beifall fand. Es verdiente ihn auch wegen der ungemeinen
Lustigkeit und des guten Komischen, das aus der Handlung selbst
und aus der Situation der Personen entspringet und nicht auf
bloßen Einfällen beruhet. Brueys gab ihm eine neue Sprache
und brachte es in die Form, in welcher es gegenwärtig aufgeführt wird. Herr Ekhof spielt den Patelin ganz vortrefflich.

Den funfzehnten Abend (Dienstags, den 12. Mai) ward
Lessings Freigeist vorgestellt.

Man kennet ihn hier unter dem Titel des beschämten Frei-
geistes, weil man ihn von dem Trauerspiele des Herrn von Brawe,
das eben diese Aufschrift führet, unterscheiden wollen. Eigentlich
kann man wohl nicht sagen, daß derjenige beschämt wird, welcher
sich bessert. Adrast ist auch nicht einzig und allein der Freigeist;
sondern es nehmen mehrere Personen an diesem Charakter teil.
Die eitle, unbesonnene Henriette, der für Wahrheit und Irrtum
gleichgültige Lisidor, der spitzbübische Johann sind alles Arten
von Freigeistern, die zusammen den Titel des Stücks erfüllen
müssen. Doch was liegt an dem Titel? Genug, daß die Vorstellung alles Beifalls würdig war. Die Rollen sind ohne Ausnahme wohl besetzt; und besonders spielt Herr Böck den Theophan
mit alle dem freundlichen Anstande, den dieser Charakter erfordert,
um den endlichen Unwillen über die Hartnäckigkeit, mit der ihn
Adrast verkennet und auf dem die ganze Katastrophe beruhet,
dagegen abstechen zu lassen.

Den Beschluß dieses Abends machte das Schäferspiel des
Herrn Pfeffels: Der Schatz.

Dieser Dichter hat sich außer diesem kleinen Stücke noch
durch ein anders, Der Eremit, nicht unrühmlich bekannt gemacht.
In den Schatz hat er mehr Interesse zu legen gesucht, als gemeiniglich unsere Schäferspiele zu haben pflegen, deren ganzer
Inhalt tändelnde Liebe ist. Sein Ausdruck ist nur öfters ein
wenig zu gesucht und kostbar, wodurch die ohnedem schon allzu

verfeinerten Empfindungen ein höchst studiertes Ansehen be=
kommen und zu nichts als frostigen Spielwerken des Witzes
werden. Dieses gilt besonders von seinem Eremiten, welches
ein kleines Trauerspiel sein soll, das man, anstatt der allzu
lustigen Nachspiele, auf rührende Stücke könnte folgen lassen.
Die Absicht ist recht gut; aber wir wollen vom Weinen doch
noch lieber zum Lachen als zum Gähnen übergehen.

Funfzehntes Stück.
Den 19. Junius 1767.

Den sechzehnten Abend (Mittwochs, den 13. Mai) ward die
Zayre des Herrn von Voltaire aufgeführt.

"Den Liebhabern der gelehrten Geschichte," sagt der Herr
von Voltaire, "wird es nicht unangenehm sein, zu wissen, wie
dieses Stück entstanden. Verschiedene Damen hatten dem Ver=
fasser vorgeworfen, daß in seinen Tragödien nicht genug Liebe
wäre. Er antwortete ihnen, daß seiner Meinung nach die Tra=
gödie auch eben nicht der schicklichste Ort für die Liebe sei; wenn
sie aber doch mit aller Gewalt verliebte Helden haben müßten,
so wolle er ihnen welche machen, so gut als ein anderer. Das
Stück ward in achtzehn Tagen vollendet und fand großen Bei=
fall. Man nennt es zu Paris ein christliches Trauerspiel, und
es ist oft anstatt des Polyeukts vorgestellet worden."

Den Damen haben wir also dieses Stück zu verdanken, und
es wird noch lange das Lieblingsstück der Damen bleiben. Ein
junger feuriger Monarch, nur der Liebe unterwürfig; ein stolzer
Sieger, nur von der Schönheit besiegt; ein Sultan ohne Poly=
gamie; ein Seraglio, in den freien zugänglichen Sitz einer un=
umschränkten Gebieterin verwandelt; ein verlassenes Mädchen,
zur höchsten Staffel des Glücks durch nichts als ihre schönen
Augen erhöhet; ein Herz, um das Zärtlichkeit und Religion
streiten, das sich zwischen seinen Gott und seinen Abgott teilt,
das gern fromm sein möchte, wenn es nur nicht aufhören sollte,
zu lieben; ein Eifersüchtiger, der sein Unrecht erkennet und es
an sich selbst rächet: wenn diese schmeichelnde Ideen das schöne
Geschlecht nicht bestechen, durch was ließe es sich denn bestechen?

Die Liebe selbst hat Voltairen die Zayre diktiert, sagt ein
Kunstrichter artig genug. Richtiger hätte er gesagt: die Galan=
terie. Ich kenne nur eine Tragödie, an der die Liebe selbst
arbeiten helfen, und das ist Romeo und Juliet, vom Shakespeare.
Es ist wahr, Voltaire läßt seine verliebte Zayre ihre Empfin=
dungen sehr fein, sehr anständig ausdrücken; aber was ist dieser

Ausdruck gegen jenes lebendige Gemälde aller der kleinsten ge=
heimsten Ränke, durch die sich die Liebe in unsere Seele ein=
schleicht, aller der unmerklichen Vorteile, die sie darin gewinnet,
aller der Kunstgriffe, mit denen sie jede andere Leidenschaft unter
sich bringt, bis sie der einzige Tyrann aller unserer Begierden
und Verabscheuungen wird? Voltaire versteht, wenn ich so sagen
darf, den Kanzleistil der Liebe vortrefflich, das ist: diejenige
Sprache, denjenigen Ton der Sprache, den die Liebe braucht,
wenn sie sich auf das behutsamste und gemessenste ausdrücken
will, wenn sie nichts sagen will, als was sie bei der spröden
Sophistin und bei dem kalten Kunstrichter verantworten kann.
Aber der beste Kanzeliste weiß von den Geheimnissen der Re=
gierung nicht immer das meiste; oder hat gleichwohl Voltaire
in das Wesen der Liebe eben die tiefe Einsicht, die Shakespeare
gehabt, so hat er sie wenigstens hier nicht zeigen wollen, und
das Gedicht ist weit unter dem Dichter geblieben.

Von der Eifersucht läßt sich ohngefähr eben das sagen. Der
eifersüchtige Orosmann spielt gegen den eifersüchtigen Othello
des Shakespeare eine sehr kahle Figur. Und doch ist Othello
offenbar das Vorbild des Orosmann gewesen. Cibber sagt,*)
Voltaire habe sich des Brandes bemächtigt, der den tragischen
Scheiterhaufen des Shakespeare in Glut gesetzt. Ich hätte ge=
sagt: eines Brandes aus diesem flammenden Scheiterhaufen, und
noch dazu eines, der mehr dampft, als leuchtet und wärmt.
Wir hören in dem Orosmann einen Eifersüchtigen reden, wir
sehen ihn die rasche That eines Eifersüchtigen begehen; aber von
der Eifersucht selbst lernen wir nicht mehr und nicht weniger,
als wir vorher wußten. Othello hingegen ist das vollständigste
Lehrbuch über diese traurige Raserei; da können wir alles lernen,
was sie angeht, sie erwecken und sie vermeiden.

Aber ist es denn immer Shakespeare, werden einige meiner
Leser fragen, immer Shakespeare, der alles besser verstanden hat
als die Franzosen? Das ärgert uns; wir können ihn ja nicht
lesen. — Ich ergreife diese Gelegenheit, das Publikum an etwas
zu erinnern, das es vorsätzlich vergessen zu wollen scheinet. Wir
haben eine Uebersetzung vom Shakespeare. Sie ist noch kaum
fertig geworden, und niemand bekümmert sich schon mehr darum.
Die Kunstrichter haben viel Böses davon gesagt. Ich hätte große
Lust, sehr viel Gutes davon zu sagen. Nicht, um diesen gelehrten
Männern zu widersprechen; nicht, um die Fehler zu verteidigen,

---

*) From English Plays, Zara's French author fir'd,
Confess'd his Muse, beyond herself, inspir'd,
From rack'd Othello's rage, he rais'd his style
And snatch'd the brand, that lights this tragic pile.

die sie darin bemerkt haben, sondern weil ich glaube, daß man
von diesen Fehlern kein solches Aufheben hätte machen sollen.
Das Unternehmen war schwer; ein jeder anderer als Herr Wie=
land würde in der Eil' noch öfter verstoßen und aus Unwissen=
heit oder Bequemlichkeit noch mehr überhüpft haben; aber was
er gut gemacht hat, wird schwerlich jemand besser machen. So
wie er uns den Shakespeare geliefert hat, ist es noch immer ein
Buch, das man unter uns nicht genug empfehlen kann. Wir
haben an den Schönheiten, die es uns liefert, noch lange zu
lernen, ehe uns die Flecken, mit welchen es sie liefert, so be=
leidigen, daß wir notwendig eine bessere Uebersetzung haben
müßten.

Doch wieder zur Zayre. Der Verfasser brachte sie im Jahre 1733
auf die Pariser Bühne, und drei Jahr darauf ward sie ins Eng=
lische übersetzt und auch in London auf dem Theater in Drury
Lane gespielt. Der Uebersetzer war Aaron Hill, selbst ein dra=
matischer Dichter, nicht von der schlechtesten Gattung. Voltaire
fand sich sehr dadurch geschmeichelt, und was er, in dem ihm
eigenen Tone der stolzen Bescheidenheit, in der Zuschrift seines
Stücks an den Engländer Fackener davon sagt, verdient gelesen
zu werden. Nur muß man nicht alles für vollkommen so wahr
annehmen, als er es ausgibt. Wehe dem, der Voltaires Schriften
überhaupt nicht mit dem skeptischen Geiste liest, in welchem er
einen Teil derselben geschrieben hat!

Er sagt z. E. zu seinem englischen Freunde: „Eure Dichter
hatten die Gewohnheit, der sich selbst Addison*) unterworfen;
denn Gewohnheit ist so mächtig als Vernunft und Gesetz. Diese
gar nicht vernünftige Gewohnheit bestand darin, daß jeder Akt
mit Versen beschlossen werden mußte, die in einem ganz andern
Geschmacke waren als das übrige des Stücks; und notwendig
mußten diese Verse eine Vergleichung enthalten. Phädra, indem
sie abgeht, vergleicht sich sehr poetisch mit einem Rehe, Cato mit
einem Felsen und Kleopatra mit Kindern, die so lange weinen,
bis sie einschlafen. Der Uebersetzer der Zayre ist der erste, der
es gewagt hat, die Rechte der Natur gegen einen von ihr so
entfernten Geschmack zu behaupten. Er hat diesen Gebrauch
abgeschafft; er hat es empfunden, daß die Leidenschaft ihre wahre

---

*) Le plus sage de vos écrivains, setzt Voltaire hinzu. Wie wäre
das wohl recht zu übersetzen? Sage heißt: weise; aber der weiseste unter
den englischen Schriftstellern, wer würde den Addison dafür erkennen? Ich
besinne mich, daß die Franzosen auch ein Mädchen sage nennen, dem man
keinen Fehltritt, so keinen von den groben Fehltritten, vorzuwerfen hat.
Dieser Sinn dürfte vielleicht hier passen. Und nach diesem könnte man ja
wohl geradezu übersetzen: „Addison, derjenige von euern Schriftstellern, der
uns harmlosen, nüchternen Franzosen am nächsten kömmt."

Sprache führen und der Poet sich überall verbergen müsse, um
uns nur den Helden erkennen zu lassen."

Es sind nicht mehr als nur drei Unwahrheiten in dieser
Stelle, und das ist für den Herrn von Voltaire eben nicht viel.
Wahr ist es, daß die Engländer, vom Shakespeare an und viel=
leicht auch von noch länger her, die Gewohnheit gehabt, ihre
Aufzüge in ungereimten Versen mit ein paar gereimten Zeilen
zu enden. Aber daß diese gereimten Zeilen nichts als Ver=
gleichungen enthielten, daß sie notwendig Vergleichungen ent=
halten müssen, das ist grundfalsch; und ich begreife gar nicht,
wie der Herr von Voltaire einem Engländer, von dem er doch
glauben konnte, daß er die tragischen Dichter seines Volkes auch
gelesen habe, so etwas unter die Nase sagen können. Zweitens
ist es nicht an dem, daß Hill in seiner Uebersetzung der Zayre
von dieser Gewohnheit abgegangen. Es ist zwar beinahe nicht
glaublich, daß der Herr von Voltaire die Uebersetzung seines
Stücks nicht genauer sollte angesehen haben als ich oder ein
anderer. Gleichwohl muß es so sein. Denn so gewiß sie in
reimfreien Versen ist, so gewiß schließt sich auch jeder Akt mit
zwei oder vier gereimten Zeilen. Vergleichungen enthalten sie
freilich nicht; aber, wie gesagt, unter allen dergleichen gereimten
Zeilen, mit welchen Shakespeare, und Johnson, und Dryden, und
Lee, und Otway, und Rowe, und wie sie alle heißen, ihre Auf=
züge schließen, sind sicherlich hundert gegen fünfe, die gleichfalls
keine enthalten. Was hatte denn Hill also Besonders? Hätte er
aber auch wirklich das Besondere gehabt, das ihm Voltaire leiht,
so wäre doch drittens das nicht wahr, daß sein Beispiel von dem
Einflusse gewesen, von dem es Voltaire sein läßt. Noch bis
diese Stunde erscheinen in England eben so viel, wo nicht noch
mehr Trauerspiele, deren Akte sich mit gereimten Zeilen enden,
als die es nicht thun. Hill selbst hat in keinem einzigen Stücke,
deren er doch verschiedene, noch nach der Uebersetzung der Zayre,
gemacht, sich der alten Mode gänzlich entäußert. Und was ist
es denn nun, ob wir zuletzt Reime hören oder keine? Wenn sie
da sind, können sie vielleicht dem Orchester noch nutzen; als
Zeichen nämlich, nach den Instrumenten zu greifen, welches
Zeichen auf diese Art weit schicklicher aus dem Stücke selbst ab=
genommen würde, als daß es die Pfeife oder der Schlüssel gibt.

Sechzehntes Stück.

Den 23. Junius 1767.

Die englischen Schauspieler waren zu Hills Zeiten ein wenig sehr unnatürlich; besonders war ihr tragisches Spiel äußerst wild und übertrieben; wo sie heftige Leidenschaften auszudrücken hatten, schrieen und gebärdeten sie sich als Besessene, und das übrige tönten sie in einer steifen, strotzenden Feierlichkeit daher, die in jeder Silbe den Komödianten verriet. Als er daher seine Uebersetzung der Zayre aufführen zu lassen bedacht war, vertraute er die Rolle der Zayre einem jungen Frauenzimmer, das noch nie in der Tragödie gespielt hatte. Er urteilte so: dieses junge Frauenzimmer hat Gefühl, und Stimme, und Figur, und Anstand; sie hat den falschen Ton des Theaters noch nicht angenommen; sie braucht keine Fehler erst zu verlernen; wenn sie sich nur ein paar Stunden überreden kann, das wirklich zu sein, was sie vorstellet, so darf sie nur reden, wie ihr der Mund gewachsen, und alles wird gut gehen. Es ging auch, und die Theaterpedanten, welche gegen Hill behaupteten, daß nur eine sehr geübte, sehr erfahrene Person einer solchen Rolle Genüge leisten könne, wurden beschämt. Diese junge Actrice war die Frau des Komödianten Colley Cibber, und der erste Versuch in ihrem achtzehnten Jahre ward ein Meisterstück. Es ist merkwürdig, daß auch die französische Schauspielerin, welche die Zayre zuerst spielte, eine Anfängerin war. Die junge reizende Mademoiselle Gossin ward auf einmal dadurch berühmt, und selbst Voltaire war so entzückt über sie, daß er sein Alter recht kläglich bedauerte.

Die Rolle des Orosmann hatte ein Anverwandter des Hill übernommen, der kein Komödiant von Profession, sondern ein Mann von Stande war. Er spielte aus Liebhaberei und machte sich nicht das geringste Bedenken, öffentlich aufzutreten, um ein Talent zu zeigen, das so schätzbar als irgend ein anders ist. In England sind dergleichen Exempel von angesehenen Leuten, die zu ihrem bloßen Vergnügen einmal mitspielen, nicht selten. „Alles, was uns dabei befremden sollte," sagt der Herr von Voltaire, „ist dieses, daß es uns befremdet. Wir sollten überlegen, daß alle Dinge in der Welt von der Gewohnheit und Meinung abhangen. Der französische Hof hat ehedem auf dem Theater mit den Opernspielern getanzt, und man hat weiter nichts Besonders dabei gefunden, als daß diese Art von Lustbarkeit aus der Mode gekommen. Was ist zwischen den beiden Künsten für ein Unterschied, als daß die eine über die andere eben so weit erhaben ist, als es Talente, welche vorzügliche Seelenkräfte erfodern, über bloß körperliche Fertigkeiten sind?"

Ins Italienische hat der Graf Gozzi die Zayre übersetzt,
sehr genau und sehr zierlich; sie stehet in dem dritten Teile
seiner Werke. In welcher Sprache können zärtliche Klagen
rührender klingen als in dieser? Mit der einzigen Freiheit, die
sich Gozzi gegen das Ende des Stücks genommen, wird man
schwerlich zufrieden sein. Nachdem sich Orosmann erstochen, läßt
ihn Voltaire nur noch ein paar Worte sagen, uns über das
Schicksal des Nerestan zu beruhigen. Aber was thut Gozzi? Der
Italiener fand es ohne Zweifel zu kalt, einen Türken so gelassen
wegsterben zu lassen. Er legt also dem Orosmann noch eine
Tirade in den Mund, voller Ausrufungen, voller Winseln und
Verzweiflung. Ich will sie der Seltenheit halber unter den
Text setzen.*)

Es ist doch sonderbar, wie weit sich hier der deutsche Ge=
schmack von dem welschen entfernet! Dem Welschen ist Voltaire
zu kurz; uns Deutschen ist er zu lang. Kaum hat Orosmann
gesagt „verehret und gerochen", kaum hat er sich den tödlichen
Stoß beigebracht, so lassen wir den Vorhang niederfallen. Ist
es denn aber auch wahr, daß der deutsche Geschmack dieses so
haben will? Wir machen dergleichen Verkürzung mit mehrern
Stücken; aber warum machen wir sie? Wollen wir denn im
Ernst, daß sich ein Trauerspiel wie ein Epigramm schließen soll?
Immer mit der Spitze des Dolchs, oder mit dem letzten Seufzer
des Helden? Woher kömmt uns gelassenen, ernsten Deutschen
die flatternde Ungeduld, sobald die Exekution vorbei, durchaus
nun weiter nichts hören zu wollen, wenn es auch noch so wenige,
zur völligen Rundung des Stücks noch so unentbehrliche Worte
wären? Doch ich forsche vergebens nach der Ursache einer Sache,

---

*) Questo mortale orror che per le vene
　　Tutti mi scorre, omai non è dolore,
　　Che basti ad appagarti, anima bella.
　　Feroce cor, cor dispietato, e misero,
　　Paga la pena del delitto orrendo.
　　Mani crudeli — oh Dio — Mani, che siete
　　Tinte del sangue di sì cara donna,
　　Voi — voi — dov' è quel ferro? Un' altra volta
　　In mezzo al petto — Oimè, dov' è quel ferro?
　　In acuta punta — --
　　Tenebro, e notte
　　Si fanno intorno — —
　　Perchè non posso — —
　　Non posso spargere
　　Il sangue tutto?
　　Sì, sì, lo spargo tutto, anima mia,
　　Dove sei? — più non posso — oh Dio! non posso —
　　Vorrei — vederti — io manco, io manco, oh Dio!

die nicht ist. Wir hätten kalt Blut genug, den Dichter bis ans Ende zu hören, wenn es uns der Schauspieler nur zutrauen wollte. Wir würden recht gern die letzten Befehle des großmütigen Sultans vernehmen, recht gern die Verwunderung und das Mitleid des Nerestan noch teilen; aber wir sollen nicht. Und warum sollen wir nicht? Auf dieses Warum weiß ich kein Darum. Sollten wohl die Orosmannsspieler daran schuld sein? Es wäre begreiflich genug, warum sie gern das letzte Wort haben wollten. Erstochen und geklatscht! Man muß Künstlern kleine Eitelkeiten verzeihen.

Bei keiner Nation hat die Zayre einen schärfern Kunstrichter gefunden als unter den Holländern. Friedrich Duim, vielleicht ein Anverwandter des berühmten Acteurs dieses Namens auf dem Amsterdamer Theater, fand so viel daran auszusetzen, daß er es für etwas Kleines hielt, eine bessere zu machen. Er machte auch wirklich eine — andere,*) in der die Bekehrung der Zayre das Hauptwerk ist und die sich damit endet, daß der Sultan über seine Liebe siegt und die christliche Zayre mit aller der Pracht in ihr Vaterland schickt, die ihrer vorgehabten Erhöhung gemäß ist; der alte Lusignan stirbt vor Freuden. Wer ist begierig, mehr davon zu wissen? Der einzige unverzeihliche Fehler eines tragischen Dichters ist dieser, daß er uns kalt läßt; er interessiere uns und mache mit den kleinen mechanischen Regeln, was er will. Die Duime können wohl tadeln, aber die Bogen des Ulysses müssen sie nicht selber spannen wollen. Dieses sage ich darum, weil ich nicht gern zurück, von der mißlungenen Verbesserung auf den Ungrund der Kritik, geschlossen wissen möchte. Duims Tadel ist in vielen Stücken ganz gegründet; besonders hat er die Unschicklichkeiten, deren sich Voltaire in Ansehung des Orts schuldig macht, und das Fehlerhafte in dem nicht genugsam motivierten Auftreten und Abgehen der Personen sehr wohl angemerkt. Auch ist ihm die Ungereimtheit der sechsten Szene im dritten Akte nicht entgangen. „Orosmann,“ sagt er, „kömmt, Zayren in die Moschee abzuholen; Zayre weigert sich, ohne die geringste Ursache von einer Weigerung anzuführen; sie geht ab, und Orosmann bleibt als ein Lasse (als eenen lafhartigen) stehen. Ist das wohl seiner Würde gemäß? Reimet sich das wohl mit seinem Charakter? Warum bringt er nicht in Zayren, sich deutlicher zu erklären? Warum folgt er ihr nicht in das Seraglio? Durfte er ihr nicht dahin folgen?“ — Guter Duim! wenn sich Zayre deutlicher erkläret hätte, wo hätten denn die andern Akte sollen herkommen? Wäre nicht die ganze Tragödie darüber in die Bilze gegangen? — Ganz recht! auch die zweite

---

*) Zaire, bekeerde Turkinne. Treurspel. Amsterdam 1745.

Szene des dritten Akts ist eben so abgeschmackt: Orosmann kömmt wieder zu Zayren; Zayre geht abermals ohne die geringste nähere Erklärung ab, und Orosmann, der gute Schlucker (dien goeden hals), tröstet sich deßfalls in einer Monologe. Aber, wie gesagt, die Verwickelung oder Ungewißheit mußte doch bis zum fünften Aufzuge hinhalten; und wenn die ganze Katastrophe an einem Haare hängt, so hängen mehr wichtige Dinge in der Welt an keinem stärkern.

Die letzterwähnte Szene ist sonst diejenige, in welcher der Schauspieler, der die Rolle des Orosmann hat, seine feinste Kunst in alle dem bescheidenen Glanze zeigen kann, in dem sie nur ein eben so feiner Kenner zu empfinden fähig ist. Er muß aus einer Gemütsbewegung in die andere übergehen und diesen Uebergang durch das stumme Spiel so natürlich zu machen wissen, daß der Zuschauer durchaus durch keinen Sprung, sondern durch eine zwar schnelle, aber doch dabei merkliche Gradation mit fortgerissen wird. Erst zeiget sich Orosmann in aller seiner Großmut, willig und geneigt, Zayren zu vergeben, wann ihr Herz bereits eingenommen sein sollte, falls sie nur aufrichtig genug ist, ihm länger kein Geheimnis davon zu machen. Indem erwacht seine Leidenschaft aufs neue, und er fodert die Aufopferung seines Nebenbuhlers. Er wird zärtlich genug, sie unter dieser Bedingung aller seiner Huld zu versichern. Doch da Zayre auf ihrer Unschuld bestehet, wider die er so offenbare Beweise zu haben glaubet, bemeistert sich seiner nach und nach der äußerste Unwille. Und so geht er von dem Stolze zur Zärtlichkeit und von der Zärtlichkeit zur Erbitterung über. Alles, was Remond de Saint Albine, in seinem Schauspieler,[*] hierbei beobachtet wissen will, leistet Herr Ekhof auf eine so vollkommene Art, daß man glauben sollte, er allein könne das Vorbild des Kunstrichters gewesen sein.

Siebzehntes Stück.
Den 26. Junius 1767.

Den siebzehnten Abend (Donnerstags, den 14. Mai) ward der Sidney, vom Gresset, aufgeführet.

Dieses Stück kam im Jahre 1745 zuerst aufs Theater. Ein Lustspiel wider den Selbstmord konnte in Paris kein großes Glück machen. Die Franzosen sagten, es wäre ein Stück für London. Ich weiß auch nicht; denn die Engländer dürften vielleicht den Sidney ein wenig unenglisch finden; er geht nicht rasch

---

[*] Le Comédien, Partie II. Chap. X. p. 209.

genug zu Werke; er philosophiert, ehe er die That begeht, zu
viel und, nachdem er sie begangen zu haben glaubt, zu wenig;
seine Reue könnte schimpflicher Kleinmut scheinen; ja, sich von
einem französischen Bedienten so angeführt zu sehen, möchte von
manchen für eine Beschämung gehalten werden, die des Hängens
allein würdig wäre.

Doch so, wie das Stück ist, scheinet es für uns Deutsche
recht gut zu sein. Wir mögen eine Raserei gern mit ein wenig
Philosophie bemänteln und finden es unserer Ehre eben nicht
nachteilig, wenn man uns von einem dummen Streiche zurück-
hält und das Geständnis, falsch philosophiert zu haben, uns ab-
gewinnet. Wir werden daher dem Dümont, ob er gleich ein französischer Prahler ist, so herzlich gut, daß uns die Etikette, welche
der Dichter mit ihm beobachtet, beleidiget. Denn indem es Sidney
nun erfährt, daß er durch die Vorsicht desselben dem Tode nicht
näher ist als der Gesundesten einer, so läßt ihn Gresset ausrufen: „Kaum kann ich es glauben — Rosalia! — Hamilton! —
und du, dessen glücklicher Eifer" u. s. w. Warum diese Rangordnung? Ist es erlaubt, die Dankbarkeit der Politesse aufzuopfern? Der Bediente hat ihn gerettet: dem Bedienten gehört
das erste Wort, der erste Ausdruck der Freude, so Bedienter, so
weit unter seinem Herrn und seines Herrn Freunden er auch
immer ist. Wenn ich Schauspieler wäre, hier würde ich es kühnlich wagen, zu thun, was der Dichter hätte thun sollen. Wenn
ich schon wider seine Vorschrift nicht das erste Wort an meinen
Erretter richten dürfte, so würde ich ihm wenigstens den ersten
gerührten Blick zuschicken, mit der ersten dankbaren Umarmung
auf ihn zueilen; und dann würde ich mich gegen Rosalien und
gegen Hamilton wenden und wieder auf ihn zurückkommen.
Es sei uns immer angelegener, Menschlichkeit zu zeigen, als
Lebensart!

Herr Ekhof spielt den Sidney so vortrefflich — Es ist ohnstreitig eine von seinen stärksten Rollen. Man kann die enthu-
siastische Melancholie, das Gefühl der Fühllosigkeit, wenn ich so
sagen darf, worin die ganze Gemütsverfassung des Sidney bestehet, schwerlich mit mehr Kunst, mit größerer Wahrheit ausdrücken. Welcher Reichtum von malenden Gesten, durch die er
allgemeinen Betrachtungen gleichsam Figur und Körper gibt und
seine innersten Empfindungen in sichtbare Gegenstände verwandelt! Welcher fortreißende Ton der Ueberzeugung! —

Den Beschluß machte diesen Abend ein Stück in einem Aufzuge, nach dem Französischen des l'Affichard, unter dem Titel:
Ist er von Familie? Man errät gleich, daß ein Narr oder
eine Närrin darin vorkommen muß, der es hauptsächlich um den
alten Adel zu thun ist. Ein junger, wohlerzogener Mensch, aber

von zweifelhaftem Herkommen, bewirbt sich um die Stieftochter
eines Marquis. Die Einwilligung der Mutter hängt von der
Aufklärung dieses Punkts ab. Der junge Mensch hielt sich nur
für den Pflegesohn eines gewissen bürgerlichen Lisanders; aber
es findet sich, daß Lisander sein wahrer Vater ist. Nun wäre
weiter an die Heirat nicht zu denken, wenn nicht Lisander selbst
sich nur durch Unfälle zu dem bürgerlichen Stande herablassen
müssen. In der That ist er von eben so guter Geburt als der
Marquis; er ist des Marquis Sohn, den jugendliche Ausschwei-
fungen aus dem väterlichen Hause vertrieben. Nun will er seinen
Sohn brauchen, um sich mit seinem Vater auszusöhnen. Die
Aussöhnung gelingt und macht das Stück gegen das Ende sehr
rührend. Da also der Hauptton desselben rührender als komisch
ist: sollte uns nicht auch der Titel mehr jenes als dieses erwarten
lassen? Der Titel ist eine wahre Kleinigkeit; aber dasmal hätte
ich ihn von dem einzigen lächerlichen Charakter nicht hergenommen;
er braucht den Inhalt weder anzuzeigen, noch zu erschöpfen; aber
er sollte doch auch nicht irre führen. Und dieser thut es ein
wenig. Was ist leichter zu ändern als ein Titel? Die übrigen
Abweichungen des deutschen Verfassers von dem Originale gereichen mehr zum Vorteile des Stücks und geben ihm das ein-
heimische Ansehen, das fast allen von dem französischen Theater
entlehnten Stücken mangelt.

Den achtzehnten Abend (Freitags, den 15. Mai) ward Das
Gespenst mit der Trommel gespielt.

Dieses Stück schreibt sich eigentlich aus dem Englischen des
Addison her. Addison hat nur eine Tragödie und nur eine
Komödie gemacht. Die dramatische Poesie überhaupt war sein
Fach nicht. Aber ein guter Kopf weiß sich überall aus dem
Handel zu ziehen; und so haben seine beiden Stücke, wenn schon
nicht die höchsten Schönheiten ihrer Gattung, wenigstens andere,
die sie noch immer zu sehr schätzbaren Werken machen. Er suchte
sich mit dem einen sowohl als mit dem andern der französischen
Regelmäßigkeit mehr zu nähern; aber noch zwanzig Addisons,
und diese Regelmäßigkeit wird doch nie nach dem Geschmacke der
Engländer werden. Begnüge sich damit, wer keine höhere Schönheiten kennet!

Destouches, der in England persönlichen Umgang mit Addison
gehabt hatte, zog das Lustspiel desselben über einen noch fran-
zösischern Leisten. Wir spielen es nach seiner Umarbeitung, in
der wirklich vieles feiner und natürlicher, aber auch manches
kälter und kraftloser geworden. Wenn ich mich indes nicht irre,
so hat Madame Gottsched, von der sich die deutsche Uebersetzung
herschreibt, das englische Original mit zur Hand genommen und
manchen guten Einfall wieder daraus hergestellet.

Den neunzehnten Abend (Montags, den 18. Mai) ward Der verheiratete Philosoph, vom Destouches, wiederholt.

Des Regnard Demokrit war dasjenige Stück, welches den zwanzigsten Abend (Dienstags, den 19. Mai) gespielet wurde.

Dieses Lustspiel wimmelt von Fehlern und Ungereimtheiten, und doch gefällt es. Der Kenner lacht dabei so herzlich als der Unwissendste aus dem Pöbel. Was folgt hieraus? Daß die Schönheiten, die es hat, wahre allgemeine Schönheiten sein müssen, und die Fehler vielleicht nur willkürliche Regeln betreffen, über die man sich leichter hinaussetzen kann, als es die Kunstrichter Wort haben wollen. Er hat keine Einheit des Orts beobachtet: mag er doch! Er hat alles Uebliche aus den Augen gesetzt: immerhin! Sein Demokrit sieht dem wahren Demokrit in keinem Stücke ähnlich; sein Athen ist ein ganz anders Athen, als wir kennen: nun wohl, so streiche man Demokrit und Athen aus und setze bloß erdichtete Namen dafür! Regnard hat es gewiß so gut als ein anderer gewußt, daß um Athen keine Wüste und keine Tiger und Bäre waren; daß es zu der Zeit des Demokrits keinen König hatte u. s. w. Aber er hat das alles itzt nicht wissen wollen; seine Absicht war, die Sitten seines Landes unter fremden Namen zu schildern. Diese Schilderung ist das Hauptwerk des komischen Dichters, und nicht die historische Wahrheit.

Andere Fehler möchten schwerer zu entschuldigen sein: der Mangel des Interesse, die kahle Verwickelung, die Menge müßiger Personen, das abgeschmackte Geschwätz Demokrits, nicht deswegen nur abgeschmackt, weil es der Idee widerspricht, die wir von dem Demokrit haben, sondern weil es Unsinn in jedes andern Munde sein würde, der Dichter möchte ihn genannt haben, wie er wolle. Aber was übersieht man nicht bei der guten Laune, in die uns Strabo und Thaler setzen? Der Charakter des Strabo ist gleichwohl schwer zu bestimmen; man weiß nicht, was man aus ihm machen soll; er ändert seinen Ton gegen jeden, mit dem er spricht; bald ist er ein feiner witziger Spötter, bald ein plumper Spaßmacher, bald ein zärtlicher Schulfuchs, bald ein unverschämter Stutzer. Seine Erkennung mit der Cleanthis ist ungemein komisch, aber unnatürlich. Die Art, mit der Mademoiselle Beauval und la Thorillière diese Szenen zuerst spielten, hat sich von einem Acteur zum andern, von einer Actrice zur andern fortgepflanzt. Es sind die unanständigsten Grimassen; aber da sie durch die Ueberlieferung bei Franzosen und Deutschen geheiliget sind, so kömmt es niemanden ein, etwas daran zu ändern, und ich will mich wohl hüten, zu sagen, daß man sie eigentlich kaum in dem niedrigsten Possenspiele dulden sollte. Der beste, drolligste und ausgeführteste Charakter ist der Cha-

rafter des Thalers; ein wahrer Bauer, ſchalkiſch und geradezu,
voller boshafter Schnurren; und der, von der poetiſchen Seite
betrachtet, nichts weniger als epiſodiſch), ſondern zu Auflöſung des
Knoten eben ſo ſchicklich als unentbehrlich iſt.*)

———

Achtzehntes Stück.
Den 30. Junius 1767.

Den einundzwanzigſten Abend (Mittwochs, den 20. Mai)
wurde das Luſtſpiel des Marivaux: Die falſchen Vertraulichkeiten, aufgeführt.

Marivaux hat faſt ein ganzes halbes Jahrhundert für die
Theater in Paris gearbeitet; ſein erſtes Stück iſt vom Jahre 1712,
und ſein Tod erfolgte 1763, in einem Alter von vierundſiebzig.
Die Zahl ſeiner Luſtſpiele beläuft ſich auf einige dreißig, wovon
mehr als zwei Dritteile den Harlekin haben, weil er ſie für die
italieniſche Bühne verfertigte. Unter dieſe gehören auch die
falſchen Vertraulichkeiten, die 1763 zuerſt ohne beſondern Beifall
geſpielt, zwei Jahre darauf aber wieder hervorgeſucht wurden
und deſto größern erhielten.

Seine Stücke, ſo reich ſie auch an mannigfaltigen Charakteren und Verwicklungen ſind, ſehen ſich einander dennoch ſehr
ähnlich. In allen der nämliche ſchimmernde und öfters allzu
geſuchte Witz, in allen die nämliche metaphyſiſche Zergliederung
der Leidenſchaften, in allen die nämliche blumenreiche, neologiſche
Sprache. Seine Plane ſind nur von einem ſehr geringen Um-
fange; aber als ein wahrer Kallipides ſeiner Kunſt weiß er den
engen Bezirk derſelben mit einer Menge ſo kleiner und doch ſo
merklich abgeſetzter Schritte zu durchlaufen, daß wir am Ende
einen noch ſo weiten Weg zurückgelegt zu haben glauben.

Seitdem die Neuberin, sub Auspiciis Er. Magnifizenz, des
Herrn Prof. Gottſcheds, den Harlekin öffentlich von ihrem Theater
verbannte, haben alle deutſche Bühnen, denen daran gelegen war,
regelmäßig zu heißen, dieſer Verbannung beizutreten geſchienen.
Ich ſage: geſchienen; denn im Grunde hatten ſie nur das bunte
Jäckchen und den Namen abgeſchafft, aber den Narren behalten.
Die Neuberin ſelbſt ſpielte eine Menge Stücke, in welchen Harlekin die Hauptperſon war. Aber Harlekin hieß bei ihr Häns-
chen und war ganz weiß anſtatt ſcheckigt gekleidet. Wahrlich,
ein großer Triumph für den guten Geſchmack!

Auch die falſchen Vertraulichkeiten haben einen Harlekin, der

———

*) Histoire du Théâtre François. T. XIV. p. 164.

in der deutschen Uebersetzung zu einem Peter geworden. Die Neuberin ist tot, Gottsched ist auch tot; ich dächte, wir zogen ihm das Jäckchen wieder an. — Im Ernste: wenn er unter fremdem Namen zu dulden ist, warum nicht auch unter seinem? „Er ist ein ausländisches Geschöpf," sagt man. Was thut das? Ich wollte, daß alle Narren unter uns Ausländer wären! „Er trägt sich, wie sich kein Mensch unter uns trägt:" — so braucht er nicht erst lange zu sagen, wer er ist. „Es ist widersinnig, das nämliche Individuum alle Tage in einem andern Stücke erscheinen zu sehen." Man muß ihn als kein Individuum, sondern als eine ganze Gattung betrachten; es ist nicht Harlekin, der heute im Timon, morgen im Falken, übermorgen in den falschen Vertraulichkeiten, wie ein wahrer Hans in allen Gassen, vorkömmt: sondern es sind Harlekine; die Gattung leidet tausend Varietäten; der im Timon ist nicht der im Falken; jener lebte in Griechenland, dieser in Frankreich; nur weil ihr Charakter einerlei Hauptzüge hat, hat man ihnen einerlei Namen gelassen. Warum wollen wir ekler, in unsern Vergnügungen wähliger und gegen kahle Vernünfteleien nachgebender sein, als — ich will nicht sagen, die Franzosen und Italiener sind — sondern, als selbst die Römer und Griechen waren? War ihr Parasit etwas anders als der Harlekin? Hatte er nicht auch seine eigene, besondere Tracht, in der er in einem Stücke über dem andern vorkam? Hatten die Griechen nicht ein eigenes Drama, in das jederzeit Satyri eingeflochten werden mußten, sie mochten sich nun in die Geschichte des Stücks schicken oder nicht?

Harlekin hat vor einigen Jahren seine Sache vor dem Richterstuhle der wahren Kritik mit eben so vieler Laune als Gründlichkeit verteidigt. Ich empfehle die Abhandlung des Herrn Möser über das Groteske-Komische allen meinen Lesern, die sie noch nicht kennen; die sie kennen, deren Stimme habe ich schon. Es wird darin beiläufig von einem gewissen Schriftsteller gesagt, daß er Einsicht genug besitze, dermaleins der Lobredner des Harlekin zu werden. Itzt ist er es geworden! wird man denken. Aber nein, er ist es immer gewesen. Den Einwurf, den ihm Herr Möser wider den Harlekin in den Mund legt, kann er sich nie gemacht, ja nicht einmal gedacht zu haben erinnern.

Außer dem Harlekin kömmt in den falschen Vertraulichkeiten noch ein anderer Bedienter vor, der die ganze Intrigue führet. Beide wurden sehr wohl gespielt; und unser Theater hat überhaupt an den Herren Henseln und Merschy ein Paar Acteurs, die man zu den Bedientenrollen kaum besser verlangen kann.

Den zweiundzwanzigsten Abend (Donnerstags, den 21. Mai) ward die Zelmire des Herrn Du Belloy aufgeführt.

Der Name Du Belloy kann niemanden unbekannt sein, der in der neuern französischen Litteratur nicht ganz ein Fremdling ist. Des Verfassers der Belagerung von Calais! Wenn es dieses Stück nicht verdiente, daß die Franzosen ein solches Lärmen damit machten, so gereicht doch dieses Lärmen selbst den Franzosen zur Ehre. Es zeigt sie als ein Volk, das auf seinen Ruhm eifersüchtig ist; auf das die großen Thaten seiner Vorfahren den Eindruck nicht verloren haben; das, von dem Werte eines Dichters und von dem Einflusse eines Theaters auf Tugend und Sitten überzeugt, jenen nicht zu seinen unnützen Gliedern rechnet, dieses nicht zu den Gegenständen zählet, um die sich nur geschäftige Müßiggänger bekümmern. Wie weit sind wir Deutsche in diesem Stücke noch hinter den Franzosen! Es gerade herauszusagen: wir sind gegen sie noch die wahren Barbaren! Barbarischer als unsere barbarischsten Voreltern, denen ein Liedersänger ein sehr schätzbarer Mann war und die, bei aller ihrer Gleichgültigkeit gegen Künste und Wissenschaften, die Frage: ob ein Barde, oder einer, der mit Bärfellen und Bernstein handelt, der nützlichere Bürger wäre? sicherlich für die Frage eines Narren gehalten hätten! — Ich mag mich in Deutschland umsehen, wo ich will, die Stadt soll noch gebauet werden, von der sich erwarten ließe, daß sie nur den tausendsten Teil der Achtung und Erkenntlichkeit gegen einen deutschen Dichter haben würde, die Calais gegen den Du Belloy gehabt hat. Man erkenne es immer für französische Eitelkeit: wie weit haben wir noch hin, ehe wir zu so einer Eitelkeit fähig sein werden! Was Wunder auch? Unsere Gelehrte selbst sind klein genug, die Nation in der Geringschätzigkeit alles dessen zu bestärken, was nicht geradezu den Beutel füllet. Man spreche von einem Werke des Genies, von welchem man will; man rede von der Aufmunterung der Künstler; man äußere den Wunsch, daß eine reiche, blühende Stadt der anständigsten Erholung für Männer, die in ihren Geschäften des Tages Last und Hitze getragen, und der nützlichsten Zeitverkürzung für andere, die gar keine Geschäfte haben wollen (das wird doch wenigstens das Theater sein?), durch ihre bloße Teilnehmung aufhelfen möge: — und sehe und höre um sich. „Dem Himmel sei Dank," ruft nicht bloß der Wucherer Albinus, „daß unsere Bürger wichtigere Dinge zu thun haben!"

— — — — — — — — — — — Eu!

Rem poteris servare tuam! — — — —

Wichtigere? Einträglichere; das gebe ich zu! Einträglich ist freilich unter uns nichts, was im geringsten mit den freien Künsten in Verbindung steht. Aber,

— — haec animos aerugo et cura peculi
Cum semel imbuerit — —

Doch ich vergesse mich. Wie gehört das alles zur Zelmire?

Du Bellon war ein junger Mensch, der sich auf die Rechte legen wollte oder sollte. Sollte, wird es wohl mehr gewesen sein. Denn die Liebe zum Theater behielt die Oberhand; er legte den Bartolus beiseite und ward Komödiant. Er spielte einige Zeit unter der französischen Truppe zu Braunschweig, machte verschiedene Stücke, kam wieder in sein Vaterland und ward geschwind durch ein paar Trauerspiele so glücklich und berühmt, als ihn nur immer die Rechtsgelehrsamkeit hätte machen können, wenn er auch ein Beaumont geworden wäre. Wehe dem jungen deutschen Genie, das diesen Weg einschlagen wollte! Verachtung und Bettelei würden sein gewissestes Los sein!

Das erste Trauerspiel des Du Bellon heißt Titus, und Zelmire war sein zweites. Titus fand keinen Beifall und ward nur ein einziges Mal gespielt. Aber Zelmire fand desto größern; es ward vierzehnmal hinter einander aufgeführt, und die Pariser hatten sich noch nicht daran satt gesehen. Der Inhalt ist von Dichters eigener Erfindung.

Ein französischer Kunstrichter*) nahm hiervon Gelegenheit, sich gegen die Trauerspiele von dieser Gattung überhaupt zu erklären: „Uns wäre," sagt er, „ein Stoff aus der Geschichte weit lieber gewesen. Die Jahrbücher der Welt sind an berüchtigten Verbrechen ja so reich; und die Tragödie ist ja ausdrücklich dazu, daß sie uns die großen Handlungen wirklicher Helden zur Bewunderung und Nachahmung vorstellen soll. Indem sie so den Tribut bezahlt, den die Nachwelt ihrer Asche schuldig ist, befeuert sie zugleich die Herzen der Itztlebenden mit der edlen Begierde, ihnen gleich zu werden. Man wende nicht ein, daß Zaire, Alzire, Mahomet doch auch nur Geburten der Erdichtung wären. Die Namen der beiden ersten sind erdichtet, aber der Grund der Begebenheiten ist historisch. Es hat wirklich Kreuzzüge gegeben, in welchen sich Christen und Türken zur Ehre Gottes, ihres gemeinschaftlichen Vaters, haßten und würgten. Bei der Eroberung von Mexiko haben sich notwendig die glücklichen und erhabenen Kontraste zwischen den europäischen und amerikanischen Sitten, zwischen der Schwärmerei und der wahren Religion äußern müssen. Und was den Mahomet anbelangt, so ist er der Auszug, die Quintessenz, so zu reden, aus dem ganzen Leben dieses Betrügers; der Fanatismus, in Handlung gezeigt; das schönste, philosophischste Gemälde, das jemals von diesem gefährlichen Ungeheuer gemacht worden."

*) Journal Encyclopédique. Juillet 1762.

Neunzehntes Stück.

Den 3. Julius 1767.

Es ist einem jeden vergönnt, seinen eigenen Geschmack zu haben; und es ist rühmlich, sich von seinem eigenen Geschmacke Rechenschaft zu geben suchen. Aber den Gründen, durch die man ihn rechtfertigen will, eine Allgemeinheit erteilen, die, wenn es seine Richtigkeit damit hätte, ihn zu dem einzigen wahren Geschmacke machen müßte, heißt aus den Grenzen des forschenden Liebhabers herausgehen und sich zu einem eigensinnigen Gesetzgeber aufwerfen. Der angeführte französische Schriftsteller fängt mit einem bescheidenen: „Uns wäre lieber gewesen" an und geht zu so allgemein verbindenden Aussprüchen fort, daß man glauben sollte, dieses Uns sei aus dem Munde der Kritik selbst gekommen. Der wahre Kunstrichter folgert keine Regeln aus seinem Geschmacke, sondern hat seinen Geschmack nach den Regeln gebildet, welche die Natur der Sache erfodert.

Nun hat es Aristoteles längst entschieden, wie weit sich der tragische Dichter um die historische Wahrheit zu bekümmern habe; nicht weiter, als sie einer wohleingerichteten Fabel ähnlich ist, mit der er seine Absichten verbinden kann. Er braucht eine Geschichte nicht darum, weil sie geschehen ist, sondern darum, weil sie so geschehen ist, daß er sie schwerlich zu seinem gegenwärtigen Zwecke besser erdichten könnte. Findet er diese Schicklichkeit von ohngefähr an einem wahren Falle, so ist ihm der wahre Fall willkommen; aber die Geschichtbücher erst lange darum nachzuschlagen, lohnt der Mühe nicht. Und wie viele wissen denn, was geschehen ist? Wenn wir die Möglichkeit, daß etwas geschehen kann, nur daher abnehmen wollen, weil es geschehen ist: was hindert uns, eine gänzlich erdichtete Fabel für eine wirklich geschehene Historie zu halten, von der wir nie etwas gehört haben? Was ist das erste, was uns eine Historie glaubwürdig macht? Ist es nicht ihre innere Wahrscheinlichkeit? Und ist es nicht einerlei, ob diese Wahrscheinlichkeit von gar keinen Zeugnissen und Ueberlieferungen bestätigt wird, oder von solchen, die zu unserer Wissenschaft noch nie gelangt sind? Es wird ohne Grund angenommen, daß es eine Bestimmung des Theaters mit sei, das Andenken großer Männer zu erhalten; dafür ist die Geschichte, aber nicht das Theater. Auf dem Theater sollen wir nicht lernen, was dieser oder jener einzelne Mensch gethan hat, sondern was ein jeder Mensch von einem gewissen Charakter unter gewissen gegebenen Umständen thun werde. Die Absicht der Tragödie ist weit philosophischer als die Absicht der Geschichte; und es heißt sie von ihrer wahren Würde herabsetzen, wenn man sie zu einem bloßen Panegyrikus berühmter Männer macht, oder sie gar den Nationalstolz zu nähren mißbraucht.

Die zweite Erinnerung des nämlichen französischen Kunst= richters gegen die Zelmire des Du Belloy ist wichtiger. Er tadelt, daß sie fast nichts als ein Gewebe mannigfaltiger wun= derbarer Zufälle sei, die, in den engen Raum von vierundzwanzig Stunden zusammengepreßt, aller Illusion unfähig würden. Eine seltsam ausgesparte Situation über die andere! ein Theaterstreich über den andern! Was geschieht nicht alles! was hat man nicht alles zu behalten! Wo sich die Begebenheiten so drängen, können schwerlich alle vorbereitet genug sein. Wo uns so vieles über= rascht, wird uns leicht manches mehr befremden, als überraschen. „Warum muß sich z. E. der Tyrann dem Rhamnes entdecken? Was zwingt den Antenor, ihm seine Verbrechen zu offenbaren? Fällt Ilus nicht gleichsam vom Himmel? Ist die Gemüts= änderung des Rhamnes nicht viel zu schleunig? Bis auf den Augenblick, da er den Antenor ersticht, nimmt er an den Ver= brechen seines Herrn auf die entschlossenste Weise teil; und wenn er einmal Reue zu empfinden geschienen, so hatte er sie sogleich wieder unterdrückt. Welche geringfügige Ursachen gibt hiernächst der Dichter nicht manchmal den wichtigsten Dingen! So muß Polidor, wenn er aus der Schlacht kömmt und sich wiederum in dem Grabmale verbergen will, der Zelmire den Rücken zukehren, und der Dichter muß uns sorgfältig diesen kleinen Umstand ein= schärfen. Denn, wenn Polidor anders ginge, wenn er der Prin= zessin das Gesicht anstatt den Rücken zuwendete, so würde sie ihn erkennen, und die folgende Szene, wo diese zärtliche Tochter unwissend ihren Vater seinen Henkern überliefert, diese so vor= stechende, auf alle Zuschauer so großen Eindruck machende Szene fiele weg. Wäre es gleichwohl nicht weit natürlicher gewesen, wenn Polidor, indem er wieder in das Grabmal flüchtet, die Zelmire bemerkt, ihr ein Wort zugerufen oder auch nur einen Wink gegeben hätte? Freilich wäre es so natürlicher gewesen, als daß die ganzen letzten Akte sich nunmehr auf die Art, wie Polidor geht, ob er seinen Rücken dahin oder dorthin kehret, gründen müssen. Mit dem Billet des Azor hat es nämliche Be= wandtnis: brachte es der Soldat im zweiten Akte gleich mit, so wie er es hätte mitbringen sollen, so war der Tyrann entlarvet, und das Stück hatte ein Ende.“

Die Uebersetzung der Zelmire ist nur in Prosa. Aber wer wird nicht lieber eine körnichte, wohlklingende Prosa hören wollen, als matte, geradebrechte Verse? Unter allen unsern gereimten Uebersetzungen werden kaum ein halbes Dutzend sein, die er= träglich sind. Und daß man mich ja nicht bei dem Worte nehme, sie zu nennen. Ich würde eher wissen, wo ich aufhören, als wo ich

anfangen sollte. Die beste ist an vielen Stellen dunkel und zwei=
deutig; der Franzose war schon nicht der größte Versifikateur,
sondern stümperte und flickte; der Deutsche war es noch weniger,
und indem er sich bemühte, die glücklichen und unglücklichen Zeilen
seines Originals gleich treu zu übersetzen, so ist es natürlich, daß
öfters, was dort nur Lückenbüßerei oder Tautologie war, hier
zu förmlichem Unsinne werden mußte. Der Ausdruck ist dabei
meistens so niedrig und die Konstruktion so verworren, daß der
Schauspieler allen seinen Abel nötig hat, jenem aufzuhelfen, und
allen seinen Verstand brauchet, diese nur nicht verfehlen zu lassen.
Ihm die Deklamation zu erleichtern, daran ist vollends gar nicht
gedacht worden!

Aber verlohnt es denn auch der Mühe, auf französische Verse
so viel Fleiß zu wenden, bis in unserer Sprache eben so wäßrig
korrekte, eben so grammatikalisch kalte Verse daraus werden?
Wenn wir hingegen den ganzen poetischen Schmuck der Fran=
zosen in unsere Prosa übertragen, so wird unsere Prosa dadurch
eben noch nicht sehr poetisch werden. Es wird der Zwitterton
noch lange nicht daraus entstehen, der aus den prosaischen Ueber=
setzungen englischer Dichter entstanden ist, in welchen der Ge=
brauch der kühnsten Tropen und Figuren, außer einer gebun=
denen kadenzierten Wortfügung, uns an Besoffene denken läßt,
die ohne Musik tanzen. Der Ausdruck wird sich höchstens über
die alltägliche Sprache nicht weiter erheben, als sich die theatra=
lische Deklamation über den gewöhnlichen Ton der gesellschaft=
lichen Unterhaltungen erheben soll. Und sonach wünschte ich
unserm prosaischen Uebersetzer recht viele Nachfolger, ob ich gleich
der Meinung des Houdar de la Motte gar nicht bin, daß das
Silbenmaß überhaupt ein kindischer Zwang sei, dem sich der dra=
matische Dichter am wenigsten Ursache habe zu unterwerfen.
Denn hier kömmt es bloß darauf an, unter zwei Uebeln das
kleinste zu wählen; entweder Verstand und Nachdruck der Versi=
fikation, oder diese jenen aufzuopfern. Dem Houdar de la Motte
war seine Meinung zu vergeben: er hatte eine Sprache in Ge=
danken, in der das Metrische der Poesie nur Kitzelung der Ohren
ist und zur Verstärkung des Ausdrucks nichts beitragen kann;
in der unsrigen hingegen ist es etwas mehr, und wir können der
griechischen ungleich näher kommen, die durch den bloßen Rhyth=
mus ihrer Versarten die Leidenschaften, die darin ausgedrückt
werden, anzudeuten vermag. Die französischen Verse haben nichts
als den Wert der überstandenen Schwierigkeit für sich; und
freilich ist dieses nur ein sehr elender Wert.

Die Rolle des Antenors hat Herr Borchers ungemein wohl
gespielt, mit aller der Besonnenheit und Heiterkeit, die einem
Bösewichte von großem Verstande so natürlich zu sein scheinen.

Kein mißlungener Anschlag wird ihn in Verlegenheit setzen; er
ist an immer neuen Ränken unerschöpflich; er besinnt sich kaum,
und der unerwartetste Streich, der ihn in seiner Blöße darzu-
stellen drohte, empfängt eine Wendung, die ihm die Larve nur
noch fester aufdrückt. Diesen Charakter nicht zu verderben, ist
von seiten des Schauspielers das getreueste Gedächtnis, die fer-
tigste Stimme, die freieste, nachlässigste Aktion unumgänglich
nötig. Herr Borchers hat überhaupt sehr viele Talente, und
schon das muß ein günstiges Vorurteil für ihn erwecken, daß er
sich in alten Rollen eben so gern übet als in jungen. Dieses
zeiget von seiner Liebe zur Kunst, und der Kenner unterscheidet
ihn sogleich von so vielen andern jungen Schauspielern, die nur
immer auf der Bühne glänzen wollen und deren kleine Eitelkeit,
sich in lauter galanten liebenswürdigen Rollen begaffen und bewundern zu lassen, ihr vornehmster, auch wohl öfters ihr einziger Beruf zum Theater ist.

Zwanzigstes Stück.
Den 7. Julius 1767.

Den dreiundzwanzigsten Abend (Freitags, den 22. Mai) ward
Cenie aufgeführt.

Dieses vortreffliche Stück der Graffigny mußte der Gottschedin zum Uebersetzen in die Hände fallen. Nach dem Bekennt-
nisse, welches sie von sich selbst ablegt, „daß sie die Ehre, welche
man durch Uebersetzung oder auch Verfertigung theatralischer
Stücke erwerben könne, allezeit nur für sehr mittelmäßig gehalten
habe,“ läßt sich leicht vermuten, daß sie, diese mittelmäßige Ehre
zu erlangen, auch nur sehr mittelmäßige Mühe werde angewendet
haben. Ich habe ihr die Gerechtigkeit widerfahren lassen, daß
sie einige lustige Stücke des Destouches eben nicht verdorben hat.
Aber wie viel leichter ist es, eine Schnurre zu übersetzen, als
eine Empfindung! Das Lächerliche kann der Witzige und Un-
witzige nachsagen; aber die Sprache des Herzens kann nur das
Herz treffen. Sie hat ihre eigene Regeln; und es ist ganz um
sie geschehen, sobald man diese verkennt und sie dafür den Regeln der Grammatik unterwerfen und ihr alle die kalte Vollständigkeit, alle die langweilige Deutlichkeit geben will, die wir
an einem logischen Satze verlangen. J. E. Dorimond hat dem
Mericourt eine ansehnliche Verbindung nebst dem vierten Teile
seines Vermögens zugedacht. Aber das ist das wenigste, worauf
Mericourt geht; er verweigert sich dem großmütigen Anerbieten
und will sich ihm aus Uneigennützigkeit verweigert zu haben

scheinen. „Wozu das?" sagt er. „Warum wollen Sie sich Ihres Vermögens berauben? Genießen Sie Ihrer Güter selbst; sie haben Ihnen Gefahr und Arbeit genug gekostet." J'en jouirai, je vous rendrai tous heureux, läßt die Graffigny den lieben gutherzigen Alten antworten. „Ich will ihrer genießen, ich will euch alle glücklich machen." Vortrefflich! Hier ist kein Wort zu viel! Die wahre nachlässige Kürze, mit der ein Mann, dem Güte zur Natur geworden ist, von seiner Güte spricht, wenn er davon sprechen muß! Seines Glückes genießen, andere glücklich machen: beides ist ihm nur eines; das eine ist ihm nicht bloß eine Folge des andern, ein Teil des andern; das eine ist ihm ganz das andere: und so wie sein Herz keinen Unterschied darunter kennet, so weiß auch sein Mund keinen darunter zu machen; er spricht, als ob er das nämliche zweimal spräche, als ob beide Sätze wahre tautologische Sätze, vollkommen identische Sätze wären, ohne das geringste Verbindungswort. O des Elenden, der die Verbindung nicht fühlt, dem sie eine Partikel erst fühlbar machen soll! Und dennoch, wie glaubt man wohl, daß die Gottschedin jene acht Worte übersetzt hat? „Alsdenn werde ich meiner Güter erst recht genießen, wenn ich euch beide dadurch werde glücklich gemacht haben." Unerträglich! Der Sinn ist vollkommen übergetragen, aber der Geist ist verflogen; ein Schwall von Worten hat ihn erstickt. Dieses Alsdenn mit seinem Schwanze von Wenn, dieses Erst, dieses Recht, dieses Dadurch: lauter Bestimmungen, die dem Ausbruche des Herzens alle Bedenklichkeiten der Ueberlegung geben und eine warme Empfindung in eine frostige Schlußrede verwandeln.

Denen, die mich verstehen, darf ich nur sagen, daß ungefähr auf diesen Schlag das ganze Stück übersetzt ist. Jede feinere Gesinnung ist in ihrem gesunden Menschenverstand paraphrasiert, jeder affektvolle Ausdruck in die toten Bestandteile seiner Bedeutung aufgelöset worden. Hierzu kömmt in vielen Stellen der häßliche Ton des Zeremoniells; verabredete Ehrenbenennungen kontrastieren mit den Ausrufungen der gerührten Natur auf die abscheulichste Weise. Indem Cenie ihre Mutter erkennt, ruft sie: „Frau Mutter! o, welch ein süßer Name!" Der Name Mutter ist süß; aber Frau Mutter ist wahrer Honig mit Zitronensaft! Der herbe Titel zieht das ganze, der Empfindung sich öffnende Herz wieder zusammen. Und in dem Augenblicke, da sie ihren Vater findet, wirft sie sich gar mit einem „Gnädiger Herr Vater! bin ich Ihrer Gnade wert!" ihm in die Arme. Mon père! auf deutsch: Gnädiger Herr Vater! Was für ein respektuöses Kind! Wenn ich Dorsainville wäre, ich hätte es eben so gern gar nicht wiedergefunden als mit dieser Anrede.

Madame Loewen spielt die Orphise; man kann sie nicht mit

mehrerer Würde und Empfindung spielen. Jede Miene spricht das ruhige Bewußtsein ihres verkannten Wertes; und sanfte Melancholie auszudrücken, kann nur ihrem Blicke, kann nur ihrem Tone gelingen.

Cenie ist Madame Hensel. Kein Wort fällt aus ihrem Munde auf die Erde. Was sie sagt, hat sie nicht gelernt, es kömmt aus ihrem eignen Kopfe, aus ihrem eignen Herzen. Sie mag sprechen, oder sie mag nicht sprechen, ihr Spiel geht ununterbrochen fort. Ich wüßte nur einen einzigen Fehler; aber es ist ein sehr seltner Fehler, ein sehr beneidenswürdiger Fehler. Die Actrice ist für die Rolle zu groß. Mich dünkt einen Riesen zu sehen, der mit dem Gewehre eines Kadetts exerziert. Ich möchte nicht alles machen, was ich vortrefflich machen könnte.

Herr Ekhof in der Rolle des Dorimond ist ganz Dorimond. Diese Mischung von Sanftmut und Ernst, von Weichherzigkeit und Strenge wird gerade in so einem Manne wirklich sein, oder sie ist es in keinem. Wann er zum Schlusse des Stücks vom Mericourt sagt: „Ich will ihm so viel geben, daß er in der großen Welt leben kann, die sein Vaterland ist; aber sehen mag ich ihn nicht mehr!" wer hat den Mann gelehrt, mit ein paar erhobenen Fingern, hierhin und dahin bewegt, mit einem einzigen Kopfdrehen uns auf einmal zu zeigen, was das für ein Land ist, dieses Vaterland des Mericourt? Ein gefährliches, ein böses Land!

Tot linguae, quot membra viro! — —

Den vierundzwanzigsten Abend (Montags, den 25. Mai) ward die Amalia des Herrn Weiß aufgeführt.

Amalia wird von Kennern für das beste Lustspiel dieses Dichters gehalten. Es hat auch wirklich mehr Interesse, ausgeführtere Charaktere und einen lebhaftern gedankenreichern Dialog als seine übrige komische Stücke. Die Rollen sind hier sehr wohl besetzt; besonders macht Madame Böck den Manley oder die verkleidete Amalia mit vieler Anmut und mit aller der ungezwungenen Leichtigkeit, ohne die wir es ein wenig sehr unwahrscheinlich finden würden, ein junges Frauenzimmer so lange verkannt zu sehen. Dergleichen Verkleidungen überhaupt geben einem dramatischen Stücke zwar ein romanenhaftes Ansehen; dafür kann es aber auch nicht fehlen, daß sie nicht sehr komische, auch wohl sehr interessante Szenen veranlassen sollten. Von dieser Art ist die fünfte des letzten Akts, in welcher ich meinem Freunde einige allzu kühn troquierte Pinselstriche zu lindern und mit dem übrigen in eine sanftere Haltung zu vertreiben wohl raten möchte. Ich weiß nicht, was in der Welt geschieht, ob man wirklich mit dem Frauenzimmer manchmal in diesem zubring-

lichen Tone spricht. Ich will nicht untersuchen, wie weit es mit
der weiblichen Bescheidenheit bestehen könne, gewisse Dinge, ob=
schon unter der Verkleidung, so zu brüskieren. Ich will die
Vermutung ungeäußert lassen, daß es vielleicht gar nicht einmal
die rechte Art sei, eine Madame Freeman ins Enge zu treiben;
daß ein wahrer Manley die Sache wohl hätte feiner anfangen
können; daß man über einen schnellen Strom nicht in gerader
Linie schwimmen zu wollen verlangen müsse; daß — Wie gesagt,
ich will diese Vermutungen ungeäußert lassen; denn es könnte
leicht bei einem solchen Handel mehr als eine rechte Art geben.
Nachdem nämlich die Gegenstände sind; obschon alsdenn noch
gar nicht ausgemacht ist, daß diejenige Frau, bei der die eine
Art fehlgeschlagen, auch allen übrigen Arten Obstand halten
werde. Ich will bloß bekennen, daß ich für mein Teil nicht Herz
genug gehabt hätte, eine dergleichen Szene zu bearbeiten. Ich
würde mich vor der einen Klippe, zu wenig Erfahrung zu zeigen,
eben so sehr gefürchtet haben, als vor der andern, allzu viele zu
verraten. Ja, wenn ich mir auch einer mehr als Crebillonschen
Fähigkeit bewußt gewesen wäre, mich zwischen beide Klippen
durchzustehlen, so weiß ich doch nicht, ob ich nicht viel lieber
einen ganz andern Weg eingeschlagen wäre. Besonders da sich
dieser andere Weg hier von selbst öffnet. Manley, oder Amalia,
wußte ja, daß Freemann mit seiner vorgeblichen Frau nicht ge=
setzmäßig verbunden sei. Warum konnte er also nicht dieses zum
Grunde nehmen, sie ihm gänzlich abspenstig zu machen und sich
ihr nicht als einen Galan, dem es nur um flüchtige Gunstbe=
zeigungen zu thun, sondern als einen ernsthaften Liebhaber an=
zutragen, der sein ganzes Schicksal mit ihr zu teilen bereit sei?
Seine Bewerbungen würden dadurch, ich will nicht sagen un=
sträflich, aber doch unsträflicher geworden sein; er würde, ohne
sie in ihren eigenen Augen zu beschimpfen, darauf haben bestehen
können; die Probe wäre ungleich verführischer und das Bestehen
in derselben ungleich entscheidender für ihre Liebe gegen Free=
mann gewesen. Man würde zugleich einen ordentlichen Plan
von seiten der Amalia dabei abgesehen haben, anstatt daß man
itzt nicht wohl erraten kann, was sie nun weiter thun können,
wenn sie unglücklicherweise in ihrer Verführung glücklich ge=
wesen wäre.

Nach der Amalia folgte das kleine Lustspiel des Saintfoir,
Der Finanzpachter. Es besteht ungefähr aus ein Dutzend
Szenen von der äußersten Lebhaftigkeit. Es dürfte schwer sein, in
einen so engen Bezirk mehr gesunde Moral, mehr Charaktere,
mehr Interesse zu bringen. Die Manier dieses liebenswürdigen
Schriftstellers ist bekannt. Nie hat ein Dichter ein kleineres
niedlicheres Ganze zu machen gewußt als er.

Den fünfundzwanzigsten Abend (Dienstags, den 26. Mai) ward die Zelmire des Du Belloy wiederholt.

Einundzwanzigstes Stück.
Den 10. Julius 1767.

Den sechsundzwanzigsten Abend (Freitags, den 29. Mai) ward Die Mütterschule des Nivelle de la Chaussee aufgeführt.

Es ist die Geschichte einer Mutter, die für ihre parteiische Zärtlichkeit gegen einen nichtswürdigen schmeichlerischen Sohn die verdiente Kränkung erhält. Marivaux hat auch ein Stück unter diesem Titel. Aber bei ihm ist es die Geschichte einer Mutter, die ihre Tochter, um ein recht gutes gehorsames Kind an ihr zu haben, in aller Einfalt erziehet, ohne alle Welt und Erfahrung läßt. Und wie geht es damit? Wie man leicht erraten kann. Das liebe Mädchen hat ein empfindliches Herz; sie weiß keiner Gefahr auszuweichen, weil sie keine Gefahr kennet; sie verliebt sich in den ersten, in den besten, ohne Mama darum zu fragen, und Mama mag dem Himmel danken, daß es noch so gut abläuft. In jener Schule gibt es eine Menge ernsthafte Betrachtungen anzustellen; in dieser setzt es mehr zu lachen. Die eine ist der Pendant der andern; und ich glaube, es müßte für Kenner ein Vergnügen mehr sein, beide an einem Abende hinter einander besuchen zu können. Sie haben hierzu auch alle äußere Schicklichkeit; das erste Stück ist von fünf Akten, das andere von einem.

Den siebenundzwanzigsten Abend (Montags, den 1. Junius) ward die Nanine des Herrn von Voltaire gespielt.

Nanine? fragten sogenannte Kunstrichter, als dieses Lustspiel im Jahre 1749 zuerst erschien. Was ist das für ein Titel? Was denkt man dabei? — Nicht mehr und nicht weniger, als man bei einem Titel denken soll. Ein Titel muß kein Küchenzettel sein. Je weniger er von dem Inhalte verrät, desto besser ist er. Dichter und Zuschauer finden ihre Rechnung dabei, und die Alten haben ihren Komödien selten andere als nichtsbedeutende Titel gegeben. Ich kenne kaum drei oder viere, die den Hauptcharakter anzeigten oder etwas von der Intrige verrieten. Hierunter gehöret des Plautus Miles gloriosus. Wie kömmt es, daß man noch nicht angemerket, daß dieser Titel dem Plautus nur zur Hälfte gehören kann? Plautus nannte sein Stück bloß Gloriosus; so wie er ein anderes Truculentus überschrieb. Miles muß der Zusatz eines Grammatikers sein. Es ist wahr, der Prahler, den Plautus schildert, ist ein Soldat; aber seine

Prahlereien beziehen sich nicht bloß auf seinen Stand und seine
kriegerischen Thaten. Er ist in dem Punkte der Liebe eben so
großsprecherisch; er rühmt sich, nicht allein der tapferste, sondern
auch der schönste und liebenswürdigste Mann zu sein. Beides
kann in dem Worte Gloriosus liegen; aber sobald man Miles
hinzufügt, wird das gloriosus nur auf das erstere eingeschränkt.
Vielleicht hat den Grammatiker, der diesen Zusatz machte, eine
Stelle des Cicero*) verführt; aber hier hätte ihm Plautus selbst
mehr als Cicero gelten sollen. Plautus selbst sagt:

> ALAZON graece huic nomen est Comoediae;
> Id nos latine GLORIOSUM dicimus — —

und in der Stelle des Cicero ist es noch gar nicht ausgemacht,
daß eben das Stück des Plautus gemeint sei. Der Charakter
eines großsprecherischen Soldaten kam in mehrern Stücken vor.
Cicero kann eben so wohl auf den Thraso des Terenz gezielet
haben. — Doch dieses beiläufig. Ich erinnere mich, meine Meinung von den Titeln der Komödien überhaupt schon einmal geäußert zu haben. Es könnte sein, daß die Sache so unbedeutend
nicht wäre. Mancher Stümper hat zu einem schönen Titel eine
schlechte Komödie gemacht, und bloß des schönen Titels wegen.
Ich möchte doch lieber eine gute Komödie mit einem schlechten
Titel. Wenn man nachfragt, was für Charaktere bereits bearbeitet worden, so wird kaum einer zu erdenken sein, nach welchem, besonders die Franzosen, nicht schon ein Stück genannt
hätten. Der ist längst dagewesen! ruft man. Der auch schon!
Dieser würde vom Molière, jener vom Destouches entlehnet
sein! Entlehnet? Das kömmt aus den schönen Titeln. Was
für ein Eigentumsrecht erhält ein Dichter auf einen gewissen
Charakter dadurch, daß er seinen Titel davon hergenommen?
Wenn er ihn stillschweigend gebraucht hätte, so würde ich ihn
wiederum stillschweigend brauchen dürfen, und niemand würde
mich darüber zum Nachahmer machen. Aber so wage es einer
einmal und mache z. E. einen neuen Misanthropen. Wann er
auch keinen Zug von dem Molièreschen nimmt, so wird sein
Misanthrop doch immer nur eine Kopie heißen. Genug, daß
Molière den Namen zuerst gebraucht hat. Jener hat unrecht,
daß er funfzig Jahr später lebt und daß die Sprache für die
unendlichen Varietäten des menschlichen Gemüts nicht auch un-
endliche Benennungen hat.

Wenn der Titel Nanine nichts sagt, so sagt der andere Titel
desto mehr: Nanine oder das besiegte Vorurteil. Und
warum soll ein Stück nicht zwei Titel haben? Haben wir Men-

---

*) De Officiis Lib. I. Cap. 38.

ischen doch auch zwei, drei Namen. Die Namen sind der Unter=
scheidung wegen; und mit zwei Namen ist die Verwechselung
schwerer als mit einem. Wegen des zweiten Titels scheinet der
Herr von Voltaire noch nicht recht einig mit sich gewesen zu sein.
In der nämlichen Ausgabe seiner Werke heißt er auf einem
Blatte: das besiegte Vorurteil, und auf dem andern: der Mann
ohne Vorurteil. Doch beides ist nicht weit aus einander. Es
ist von dem Vorurteile, daß zu einer vernünftigen Ehe die Gleich=
heit der Geburt und des Standes erforderlich sei, die Rede.
Kurz, die Geschichte der Nanine ist die Geschichte der Pamela.
Ohne Zweifel wollte der Herr von Voltaire den Namen Pamela
nicht brauchen, weil schon einige Jahre vorher ein paar Stücke
unter diesem Namen erschienen waren und eben kein großes
Glück gemacht hatten. Die Pamela des Boissy und des De
la Chaussee sind auch ziemlich kahle Stücke, und Voltaire
brauchte eben nicht Voltaire zu sein, etwas weit Besseres zu
machen.

Nanine gehört unter die rührenden Lustspiele. Es hat aber
auch sehr viele lächerliche Szenen, und nur insofern, als die
lächerlichen Szenen mit den rührenden abwechseln, will Voltaire
diese in der Komödie geduldet wissen. Eine ganz ernsthafte Ko=
mödie, wo man niemals lacht, auch nicht einmal lächelt, wo man
nur immer weinen möchte, ist ihm ein Ungeheuer. Hingegen
findet er den Uebergang von dem Rührenden zum Lächerlichen
und von dem Lächerlichen zum Rührenden sehr natürlich. Das
menschliche Leben ist nichts als eine beständige Kette solcher
Uebergänge, und die Komödie soll ein Spiegel des menschlichen
Lebens sein. „Was ist gewöhnlicher,“ sagt er, „als daß in dem
nämlichen Hause der zornige Vater poltert, die verliebte Tochter
seufzet, der Sohn sich über beide aufhält und jeder Anverwandte
bei der nämlichen Szene etwas anders empfindet? Man ver=
spottet in einer Stube sehr oft, was in der Stube nebenan
äußerst bewegt; und nicht selten hat eben dieselbe Person in eben
derselben Viertelstunde über eben dieselbe Sache gelacht und ge=
weinet. Eine sehr ehrwürdige Matrone saß bei einer von ihren
Töchtern, die gefährlich krank lag, am Bette, und die ganze Fa=
milie stand um ihr herum. Sie wollte in Thränen zerfließen,
sie rang die Hände und rief: O Gott! laß mir, laß mir dieses
Kind, nur dieses; magst du mir doch alle die andern dafür
nehmen! Hier trat ein Mann, der eine von ihren übrigen Töch=
tern geheiratet hatte, näher zu ihr hinzu, zupfte sie bei dem
Aermel und fragte: Madame, auch die Schwiegersöhne? Das
kalte Blut, der komische Ton, mit denen er diese Worte aus=
sprach, machten einen solchen Eindruck auf die betrübte Dame,
daß sie in vollem Gelächter herauslaufen mußte; alles folgte ihr

und lachte; die Kranke selbst, als sie es hörte, wäre vor Lachen fast erstickt."

"Homer," sagt er an einem andern Orte, "läßt sogar die Götter, indem sie das Schicksal der Welt entscheiden, über den possierlichen Anstand des Vulkans lachen. Hektor lacht über die Furcht seines kleinen Sohnes, indem Andromacha die heißesten Thränen vergießt. Es trifft sich wohl, daß mitten unter den Greueln einer Schlacht, mitten in den Schrecken einer Feuersbrunst oder sonst eines traurigen Verhängnisses ein Einfall, eine ungefähre Posse, trotz aller Beängstigung, trotz alles Mitleids, das unbändigste Lachen erregt. Man befahl in der Schlacht bei Speyern einem Regimente, daß es keinen Pardon geben sollte. Ein deutscher Offizier bat darum, und der Franzose, den er darum bat, antwortete: Bitten Sie, mein Herr, was Sie wollen; nur das Leben nicht; damit kann ich unmöglich dienen. Diese Naivetät ging sogleich von Mund zu Munde; man lachte und metzelte. Wie viel eher wird nicht in der Komödie das Lachen auf rührende Empfindungen folgen können? Bewegt uns nicht Alkmene? Macht uns nicht Sosias zu lachen? Welche elende und eitle Arbeit, wider die Erfahrung streiten zu wollen!"

Sehr wohl! Aber streitet nicht auch der Herr von Voltaire wider die Erfahrung, wenn er die ganz ernsthafte Komödie für eine ebenso fehlerhafte als langweilige Gattung erklärt? Vielleicht damals, als er schrieb, noch nicht. Damals war noch keine Cenie, noch kein Hausvater vorhanden; und vieles muß das Genie erst wirklich machen, wenn wir es für möglich erkennen sollen.

Zweiundzwanzigstes Stück.
Den 14. Julius 1767.

Den achtundzwanzigsten Abend (Dienstags, den 2. Junius) ward der Advokat Patelin wiederholt und mit der Kranken Frau des Herrn Gellert beschlossen.

Ohnstreitig ist unter allen unsern komischen Schriftstellern Herr Gellert derjenige, dessen Stücke das meiste ursprünglich Deutsche haben. Es sind wahre Familiengemälde, in denen man sogleich zu Hause ist; jeder Zuschauer glaubt, einen Vetter, einen Schwager, ein Mühmchen aus seiner eigenen Verwandtschaft darin zu erkennen. Sie beweisen zugleich, daß es an Originalnarren bei uns gar nicht mangelt und daß nur die Augen ein wenig selten sind, denen sie sich in ihrem wahren Lichte zeigen. Unsere Thorheiten sind bemerkbarer, als bemerkt; im gemeinen Leben sehen wir über viele aus Gutherzigkeit hinweg, und in der Nachahmung haben sich unsere Virtuosen an eine allzu flache Manier gewöhnt. Sie machen sie ähnlich, aber nicht hervorspringend. Sie treffen; aber da sie ihren Gegenstand nicht vorteilhaft genug zu beleuchten gewußt, so mangelt dem Bilde die Rundung, das Körperliche; wir sehen nur immer eine Seite, an der wir uns bald satt gesehen und deren allzu schneidende Außenlinien uns gleich an die Täuschung erinnern, wenn wir in Gedanken um die übrigen Seiten herumgehen wollen. Die Narren sind in der ganzen Welt platt und frostig und ekel; wann sie belustigen sollen, muß ihnen der Dichter etwas von dem Seinigen geben. Er muß sie nicht in ihrer Alltagskleidung, in der schmutzigen Nachlässigkeit auf das Theater bringen, in der sie innerhalb ihren vier Pfählen herumträumen. Sie müssen nichts von der engen Sphäre kümmerlicher Umstände verraten, aus der sich ein jeder gern herausarbeiten will. Er muß sie aufputzen; er muß ihnen Witz und Verstand leihen, das Armselige ihrer Thorheiten bemänteln zu können; er muß ihnen den Ehrgeiz geben, damit glänzen zu wollen.

„Ich weiß gar nicht," sagte eine von meinen Bekanntinnen, „was das für ein Paar zusammen ist, dieser Herr Stephan und diese Frau Stephan! Herr Stephan ist ein reicher Mann und ein guter Mann. Gleichwohl muß seine geliebte Frau Stephan um eine lumpige Adrienne so viel Umstände machen! Wir sind freilich sehr oft um ein Nichts krank, aber doch um ein so gar großes Nichts nicht. Eine neue Adrienne! Kann sie nicht hinschicken, und ausnehmen lassen, und machen lassen? Der Mann wird ja wohl bezahlen, und er muß ja wohl."

„Ganz gewiß!" sagte eine andere. „Aber ich habe noch etwas zu erinnern. Der Dichter schrieb zu den Zeiten unserer Mütter. Eine Adrienne! Welche Schneidersfrau trägt denn noch eine Adrienne? Es ist nicht erlaubt, daß die Actrice hier dem guten Manne nicht ein wenig nachgeholfen! Konnte sie nicht Roberonde, Benedictine, Respectueuse" — (ich habe die andern Namen vergessen, ich würde sie auch nicht zu schreiben wissen) — „dafür sagen! Mich in einer Adrienne zu denken; das allein könnte mich krank machen. Wenn es der neueste Stoff ist, wornach Madame Stephan lechzet, so muß es auch die neueste Tracht sein. Wie können wir es sonst wahrscheinlich finden, daß sie darüber krank geworden?"

„Und ich," sagte eine dritte (es war die gelehrteste), „finde es sehr unanständig, daß die Stephan ein Kleid anzieht, das nicht auf ihren Leib gemacht worden. Aber man sieht wohl, was den Verfasser zu dieser wie soll ich es nennen? — Verkennung unserer Delikatesse gezwungen hat. Die Einheit der Zeit! Das Kleid mußte fertig sein; die Stephan sollte es noch anziehen; und in vierundzwanzig Stunden wird nicht immer ein Kleid fertig. Ja, er durfte sich nicht einmal zu einem kleinen Nachspiele vierundzwanzig Stunden gar wohl erlauben. Denn Aristoteles sagt" — Hier ward meine Kunstrichterin unterbrochen.

Den neunundzwanzigsten Abend (Mittewochs, den 3. Junius) ward nach der Melanide des De la Chaussee Der Mann nach der Uhr, oder der ordentliche Mann, gespielet.

Der Verfasser dieses Stücks ist Herr Hippel in Danzig. Es ist reich an drolligen Einfällen; nur schade, daß ein jeder, sobald er den Titel hört, alle diese Einfälle voraussieht. National ist es auch genug, oder vielmehr provinzial. Und dieses könnte leicht das andere Extremum werden, in das unsere komischen Dichter verfielen, wenn sie wahre deutsche Sitten schildern wollten. Ich fürchte, daß jeder die armseligen Gewohnheiten des Winkels, in dem er geboren worden, für die eigentlichen Sitten des gemeinschaftlichen Vaterlandes halten dürfte. Wem aber liegt daran, zu erfahren, wie vielmal im Jahre man da oder dort grünen Kohl ißt?

Ein Lustspiel kann einen doppelten Titel haben; doch versteht sich, daß jeder etwas anders sagen muß. Hier ist das nicht; der Mann nach der Uhr, oder der ordentliche Mann, sagen ziemlich das nämliche, außer daß das erste ohngefähr die Karikatur von dem andern ist.

Den dreißigsten Abend (Donnerstags, den 4. Junius) ward der Graf von Essex, vom Thomas Corneille, aufgeführt.

Dieses Trauerspiel ist fast das einzige, welches sich aus der beträchtlichen Anzahl der Stücke des jüngern Corneille auf dem Theater erhalten hat. Und ich glaube, es wird auf den deutschen Bühnen noch öfterer wiederholt als auf den französischen. Es ist vom Jahre 1678, nachdem vierzig Jahre vorher bereits Calprenede die nämliche Geschichte bearbeitet hatte.

„Es ist gewiß," schreibt Corneille, „daß der Graf von Essex bei der Königin Elisabeth in besondern Gnaden gestanden. Er war von Natur sehr stolz. Die Dienste, die er England geleistet hatte, bliesen ihn noch mehr auf. Seine Feinde beschuldigten ihn eines Verständnisses mit dem Grafen von Tyrone, den die Rebellen in Irland zu ihrem Haupte erwählt hatten. Der Verdacht, der dieserwegen auf ihm blieb, brachte ihn um das Kommando der Armee. Er ward erbittert, kam nach London, wiegelte das Volk auf, ward in Verhaft gezogen, verurteilt und, nachdem er durchaus nicht um Gnade bitten wollen, den 25. Februar 1601 enthauptet. So viel hat mir die Historie an die Hand gegeben. Wenn man mir aber zur Last legt, daß ich sie in einem wichtigen Stücke verfälscht hätte, weil ich mich des Vorfalles mit dem Ringe nicht bedienet, den die Königin dem Grafen zum Unterpfande ihrer unfehlbaren Begnadigung, falls er sich jemals eines Staatsverbrechens schuldig machen sollte, gegeben habe, so muß mich dieses sehr befremden. Ich bin versichert, daß dieser Ring eine Erfindung des Calprenede ist; wenigstens habe ich in keinem Geschichtschreiber das Geringste davon gelesen."

Allerdings stand es Corneillen frei, diesen Umstand mit dem Ringe zu nutzen, oder nicht zu nutzen; aber darin ging er zu weit, daß er ihn für eine poetische Erfindung erklärte. Seine historische Richtigkeit ist neuerlich fast außer Zweifel gesetzt worden; und die bedächtlichsten, skeptischsten Geschichtschreiber, Hume und Robertson, haben ihn in ihre Werke aufgenommen.

Wenn Robertson in seiner Geschichte von Schottland von der Schwermut redet, in welche Elisabeth vor ihrem Tode verfiel, so sagt er: „Die gemeinste Meinung damaliger Zeit, und vielleicht die wahrscheinlichste, war diese, daß dieses Uebel aus einer betrübten Reue wegen des Grafen von Essex entstanden sei. Sie hatte eine ganz außerordentliche Achtung für das Andenken dieses unglücklichen Herrn; und wiewohl sie oft über seine Hartnäckigkeit klagte, so nannte sie doch seinen Namen selten ohne Thränen. Kurz vorher hatte sich ein Vorfall zugetragen, der ihre Neigung mit neuer Zärtlichkeit belebte und ihre Betrübnis noch mehr vergällte. Die Gräfin von Nottingham, die auf ihrem Todbette lag, wünschte die Königin zu sehen und ihr ein Geheimniß zu offenbaren, dessen Verhehlung sie nicht ruhig würde sterben lassen. Wie die Königin in ihr Zimmer kam, sagte ihr die Gräfin, Essex habe, nachdem ihm das Todesurteil gesprochen worden, gewünscht, die Königin um Vergebung zu bitten, und zwar auf die Art, die Ihro Majestät ihm ehemals selbst vorgeschrieben. Er habe ihr nämlich den Ring zuschicken wollen, den sie ihm zur Zeit der Huld mit der Versicherung geschenkt, daß, wenn er ihr denselben bei einem etwanigen Unglücke als ein Zeichen senden würde, er sich ihrer völligen Gnaden wiederum versichert halten sollte. Lady Scroop sei die Person, durch welche er ihn habe übersenden wollen; durch ein Versehen aber sei er nicht in der Lady Scroop, sondern in ihre Hände geraten. Sie habe ihrem Gemahl die Sache erzählt (er war einer von den unversöhnlichsten Feinden des Essex), und der habe ihr verboten, den Ring weder der Königin zu geben, noch dem Grafen zurückzusenden. Wie die Gräfin der Königin ihr Geheimnis entdeckt hatte, bat sie dieselbe um Vergebung; allein Elisabeth, die nunmehr sowohl die Bosheit der Feinde des Grafen, als ihre eigene Ungerechtigkeit einsah, daß sie ihn im Verdacht eines unbändigen Eigensinnes gehabt, antwortete: Gott mag Euch vergeben; ich kann es nimmermehr! Sie verließ das Zimmer in großer Entsetzung, und von dem Augenblicke an sanken ihre Lebensgeister

gänzlich. Sie nahm weder Speise noch Trank zu sich; sie ver=
weigerte sich allen Arzeneien; sie kam in kein Bette; sie blieb
zehn Tage und zehn Nächte auf einem Polster, ohne ein Wort
zu sprechen, in Gedanken sitzen, einen Finger im Munde, mit
offenen, auf die Erde geschlagenen Augen, bis sie endlich, von
innerlicher Angst der Seelen und von so langem Fasten ganz
entkräftet, den Geist aufgab."

Dreiundzwanzigstes Stück.

Den 17. Julius 1767.

Der Herr von Voltaire hat den Essex auf eine sonderbare
Weise kritisiert. Ich möchte nicht gegen ihn behaupten, daß Essex
ein vorzüglich gutes Stück sei; aber das ist leicht zu erweisen,
daß viele von den Fehlern, die er daran tadelt, teils sich nicht
darin finden, teils unerhebliche Kleinigkeiten sind, die seinerseits
eben nicht den richtigsten und würdigsten Begriff von der Tra=
gödie voraussetzen.

Es gehört mit unter die Schwachheiten des Herrn von Vol=
taire, daß er ein sehr profunder Historikus sein will. Er schwang
sich also auch bei dem Essex auf dieses sein Streitroß und tum=
melte es gewaltig herum. Schade nur, daß alle die Thaten, die
er darauf verrichtet, des Staubes nicht wert sind, den er erregt.

Thomas Corneille hat ihm von der englischen Geschichte nur
wenig gewußt, und zum Glücke für den Dichter war das da=
malige Publikum noch unwissender. "Itzt," sagt er, "kennen wir
die Königin Elisabeth und den Grafen Essex besser; itzt würden
einem Dichter dergleichen grobe Verstoßungen wider die historische
Wahrheit schärfer aufgenutzet werden."

Und welches sind denn diese Verstoßungen? Voltaire hat
ausgerechnet, daß die Königin damals, als sie dem Grafen den
Prozeß machen ließ, achtundsechzig Jahr alt war. Es wäre also
lächerlich, sagt er, wenn man sich einbilden wollte, daß die Liebe
den geringsten Anteil an dieser Begebenheit könne gehabt haben.
Warum das? Geschieht nichts Lächerliches in der Welt? Sich
etwas Lächerliches als geschehen denken, ist das so lächerlich?
"Nachdem das Urteil über den Essex abgegeben war," sagt Hume,
"fand sich die Königin in der äußersten Unruhe und in der grau=
samsten Ungewißheit. Rache und Zuneigung, Stolz und Mit=
leiden, Sorge für ihre eigene Sicherheit und Bekümmernis um
das Leben ihres Lieblings stritten unaufhörlich in ihr; und
vielleicht, daß sie in diesem quälenden Zustande mehr zu be=

klagen war, als Essex selbst. Sie unterzeichnete und widerrufte
den Befehl zu seiner Hinrichtung einmal über das andere; itzt
war sie fast entschlossen, ihn dem Tode zu überliefern; den
Augenblick darauf erwachte ihre Zärtlichkeit aufs neue, und er
sollte leben. Die Feinde des Grafen ließen sie nicht aus den
Augen; sie stellten ihr vor, daß er selbst den Tod wünsche, daß
er selbst erkläret habe, wie sie doch anders keine Ruhe vor ihm
haben würde. Wahrscheinlicherweise that diese Aeußerung von
Reue und Achtung für die Sicherheit der Königin, die der Graf
sonach lieber durch seinen Tod befestigen wollte, eine ganz andere
Wirkung, als sich seine Feinde davon versprochen hatten. Sie
sachte das Feuer einer alten Leidenschaft, die sie so lange für
den unglücklichen Gefangnen genährt hatte, wieder an. Was
aber dennoch ihr Herz gegen ihn verhärtete, war die vermeint
liche Halsstarrigkeit, durchaus nicht um Gnade zu bitten. Sie
versahe sich dieses Schrittes von ihm alle Stunden, und nur aus
Verdruß, daß er nicht erfolgen wollte, ließ sie dem Rechte endlich
seinen Lauf.“

Warum sollte Elisabeth nicht noch in ihrem achtundsechzigsten
Jahre geliebt haben, sie, die sich so gern lieben ließ? Sie, der
es so sehr schmeichelte, wenn man ihre Schönheit rühmte? Sie,
die es so wohl aufnahm, wenn man ihre Kette zu tragen schien?
Die Welt muß in diesem Stücke keine eitlere Frau jemals gesehen haben. Ihre Höflinge stellten sich daher alle in sie verliebt und bedienten sich gegen Ihro Majestät, mit allem Anscheine
des Ernstes, des Stils der lächerlichsten Galanterie. Als Raleigh
in Ungnade fiel, schrieb er an seinen Freund Cecil einen Brief,
ohne Zweifel damit er ihn weisen sollte, in welchem ihm die
Königin eine Venus, eine Diane, und ich weiß nicht was, war.
Gleichwohl war diese Göttin damals schon sechzig Jahr alt.
Fünf Jahr darauf führte Heinrich Unton, ihr Abgesandter in
Frankreich, die nämliche Sprache mit ihr. Kurz, Corneille ist
hinlänglich berechtiget gewesen, ihr alle die verliebte Schwachheit
beizulegen, durch die er das zärtliche Weib mit der stolzen Königin
in einen so interessanten Streit bringet.

Eben so wenig hat er den Charakter des Essex verstellet
oder verfälschet. Essex, sagt Voltaire, war der Held gar nicht,
zu dem ihn Corneille macht: er hat nie etwas Merkwürdiges
gethan. Aber, wenn er es nicht war, so glaubte er es doch zu
sein. Die Vernichtung der spanischen Flotte, die Eroberung von
Cadix, an der ihm Voltaire wenig oder gar kein Teil läßt, hielt
er so sehr für sein Werk, daß er es durchaus nicht leiden wollte,
wenn sich jemand die geringste Ehre davon anmaßte. Er erbot
sich, es mit dem Degen in der Hand gegen den Grafen von
Nottingham, unter dem er kommandiert hatte, gegen seinen

Sohn, gegen jeden von seinen Anverwandten zu beweisen, daß
sie ihm allein zugehöre.

Corneille läßt den Grafen von seinen Feinden, namentlich
vom Raleigh, vom Cecil, vom Cobham, sehr verächtlich sprechen.
Auch das will Voltaire nicht gutheißen. Es ist nicht erlaubt,
sagt er, eine so neue Geschichte so gröblich zu verfälschen und
Männer von so vornehmer Geburt, von so großen Verdiensten
so unwürdig zu mißhandeln. Aber hier kömmt es ja gar nicht
darauf an, was diese Männer waren, sondern wofür sie Essex
hielt; und Essex war auf seine eigene Verdienste stolz genug,
um ihnen ganz und gar keine einzuräumen.

Wenn Corneille den Essex sagen läßt, daß es nur an seinem
Willen gemangelt, den Thron selbst zu besteigen, so läßt er ihn
freilich etwas sagen, was noch weit von der Wahrheit entfernt
war. Aber Voltaire hätte darum doch nicht ausrufen müssen:
„Wie? Essex auf dem Throne? mit was für Recht? unter was
für Vorwande? wie wäre das möglich gewesen?" Denn Voltaire
hätte sich erinnern sollen, daß Essex von mütterlicher Seite aus
dem königlichen Hause abstammte, und daß es wirklich Anhänger
von ihm gegeben, die unbesonnen genug waren, ihn mit unter
diejenigen zu zählen, die Ansprüche auf die Krone machen könnten.
Als er daher mit dem Könige Jakob von Schottland in geheime
Unterhandlung trat, ließ er das Erste sein, ihn zu versichern,
daß er selbst dergleichen ehrgeizige Gedanken nie gehabt habe.
Was er hier von sich ablehnte, ist nicht viel weniger, als was
ihn Corneille voraussetzen läßt.

Indem also Voltaire durch das ganze Stück nichts als
historische Unrichtigkeiten findet, begeht er selbst nicht geringe.
Ueber eine hat sich Walpole*) schon lustig gemacht. Wenn nämlich
Voltaire die erstern Lieblinge der Königin Elisabeth nennen will,
so nennt er den Robert Dudley und den Grafen von Leicester.
Er wußte nicht, daß beide nur eine Person waren, und daß man
mit eben dem Rechte den Poeten Arouet und den Kammerherrn
von Voltaire zu zwei verschiedenen Personen machen könnte.
Eben so unverzeihlich ist das Hysteronproteron, in welches er
mit der Ohrfeige verfällt, die die Königin dem Essex gab. Es
ist falsch, daß er sie nach seiner unglücklichen Expedition in Ir=
land bekam; er hatte sie lange vorher bekommen; und es ist so
wenig wahr, daß er damals den Zorn der Königin durch die
geringste Erniedrigung zu besänftigen gesucht, daß er vielmehr
auf die lebhafteste und edelste Art mündlich und schriftlich seine
Empfindlichkeit darüber ausließ. Er that zu seiner Begnadigung
auch nicht wieder den ersten Schritt; die Königin mußte ihn thun.

---

*) Le Château d'Otrante, Préf. p. XIV.

Aber was geht mich hier die historische Unwissenheit des Herrn von Voltaire an? Eben so wenig, als ihn die historische Unwissenheit des Corneille hätte angehen sollen. Und eigentlich will ich mich auch nur dieser gegen ihn annehmen.

Die ganze Tragödie des Corneille sei ein Roman: wenn er rührend ist, wird er dadurch weniger rührend, weil der Dichter sich wahrer Namen bedient hat?

Weswegen wählt der tragische Dichter wahre Namen? Nimmt er seine Charaktere aus diesen Namen; oder nimmt er diese Namen, weil die Charaktere, welche ihnen die Geschichte beilegt, mit den Charakteren, die er in Handlung zu zeigen sich vorgenommen, mehr oder weniger Gleichheit haben? Ich rede nicht von der Art, wie die meisten Trauerspiele vielleicht entstanden sind, sondern wie sie eigentlich entstehen sollten. Oder, mich mit der gewöhnlichen Praxi der Dichter übereinstimmender auszudrücken: sind es die bloßen Fakta, die Umstände der Zeit und des Orts, oder sind es die Charaktere der Personen, durch welche die Fakta wirklich geworden, warum der Dichter lieber diese als eine andere Begebenheit wählet? Wenn es die Charaktere sind, so ist die Frage gleich entschieden, wie weit der Dichter von der historischen Wahrheit abgehen könne? In allem, was die Charaktere nicht betrifft, so weit er will. Nur die Charaktere sind ihm heilig; diese zu verstärken, diese in ihrem besten Lichte zu zeigen, ist alles, was er von dem Seinigen dabei hinzuthun darf; die geringste wesentliche Veränderung würde die Ursache aufheben, warum sie diese und nicht andere Namen führen; und nichts ist anstößiger, als wovon wir uns keine Ursache geben können.

Vierundzwanzigstes Stück.
Den 21. Julius 1767.

Wenn der Charakter der Elisabeth des Corneille das poetische Ideal von dem wahren Charakter ist, den die Geschichte der Königin dieses Namens beilegt; wenn wir in ihr die Unentschlüssigkeit, die Widersprüche, die Beängstigung, die Reue, die Verzweiflung, in die ein stolzes und zärtliches Herz, wie das Herz der Elisabeth, ich will nicht sagen, bei diesen und jenen Umständen wirklich verfallen ist, sondern auch nur verfallen zu können vermuten lassen, mit wahren Farben geschildert finden: so hat der Dichter alles gethan, was ihm als Dichter zu thun obliegt. Sein Werk mit der Chronologie in der Hand untersuchen, ihn vor den Richterstuhl der Geschichte führen, um ihn da jedes Datum, jede beiläufige Erwähnung, auch wohl solcher

Perſonen, über welche die Geſchichte ſelbſt in Zweifel iſt, mit
Zeugniſſen belegen zu laſſen: heißt ihn und ſeinen Beruf ver=
kennen, heißt von dem, dem man dieſe Verkennung nicht zu=
trauen kann, mit einem Worte, ſchikanieren.

Zwar bei dem Herrn von Voltaire könnte es leicht weder
Verkennung noch Schikane ſein. Denn Voltaire iſt ſelbſt ein tra=
giſcher Dichter, und ohnſtreitig ein weit größerer als der jüngere
Corneille. Es wäre denn, daß man ein Meiſter in einer Kunſt
ſein und doch falſche Begriffe von der Kunſt haben könnte. Und
was die Schikane anbelangt, die iſt, wie die ganze Welt weiß,
ſein Werk nun gar nicht. Was ihr in ſeinen Schriften hier und
da ähnlich ſieht, iſt nichts als Laune; aus bloßer Laune ſpielt
er dann und wann in der Poetik den Hiſtorikus, in der Hiſtorie
den Philoſophen und in der Philoſophie den witzigen Kopf.

Sollte er umſonſt wiſſen, daß Eliſabeth achtundſechzig Jahr
alt war, als ſie den Grafen köpfen ließ? Im achtundſechzigſten
Jahre noch verliebt, noch eiferſüchtig! Die große Naſe der Eli=
ſabeth dazu genommen, was für luſtige Einfälle muß das geben!
Freilich ſtehen dieſe luſtigen Einfälle in dem Kommentare über
eine Tragödie; alſo da, wo ſie nicht hingehören. Der Dichter
hätte recht, zu ſeinem Kommentator zu ſagen: „Mein Herr No=
tenmacher, dieſe Schwänke gehören in Eure allgemeine Geſchichte,
nicht unter meinen Text. Denn es iſt falſch, daß meine Eliſa=
beth achtundſechzig Jahr alt iſt. Weiſet mir doch, wo ich das
ſage. Was iſt in meinem Stücke, das Euch hinderte, ſie nicht
ungefähr mit dem Eſſex von gleichem Alter anzunehmen? Ihr
ſagt: Sie war aber nicht von gleichem Alter. Welche Sie? Eure
Eliſabeth im Rapin de Thoyras; das kann ſein. Aber warum
habt Ihr den Rapin de Thoyras geleſen? Warum ſeid Ihr ſo
gelehrt? Warum vermengt Ihr dieſe Eliſabeth mit meiner?
Glaubt Ihr im Ernſt, daß die Erinnerung bei dem und jenem
Zuſchauer, der den Rapin de Thoyras auch einmal geleſen hat,
lebhafter ſein werde als der ſinnliche Eindruck, den eine wohl=
gebildete Actrice in ihren beſten Jahren auf ihn macht? Er
ſieht ja meine Eliſabeth; und ſeine eigene Augen überzeugen ihn,
daß es nicht Eure achtundſechzigjährige Eliſabeth iſt. Oder wird
er dem Rapin de Thoyras mehr glauben als ſeinen eigenen
Augen?" —

So ungefähr könnte ſich auch der Dichter über die Rolle
des Eſſex erklären. „Euer Eſſex im Rapin de Thoyras," könnte
er ſagen, „iſt nur der Embryo von dem meinigen. Was ſich
jener zu ſein dünkte, iſt meiner wirklich. Was jener unter glück=
lichern Umſtänden für die Königin vielleicht gethan hätte, hat
meiner gethan. Ihr hört ja, daß es ihm die Königin ſelbſt zu=
geſteht; wollt Ihr meiner Königin nicht eben ſo viel glauben

als dem Rapin de Thoyras? Mein Essex ist ein verdienter und
großer, aber stolzer und unbiegsamer Mann. Eurer war in der
That weder so groß, noch so unbiegsam; desto schlimmer für ihn.
Genug für mich, daß er doch immer noch groß und unbiegsam
genug war, um meinem von ihm abgezogenen Begriffe seinen
Namen zu lassen."

Kurz, die Tragödie ist keine dialogierte Geschichte; die Ge=
schichte ist für die Tragödie nichts als ein Repertorium von
Namen, mit denen wir gewisse Charaktere zu verbinden gewohnt
sind. Findet der Dichter in der Geschichte mehrere Umstände
zur Ausschmückung und Individualisierung seines Stoffes bequem:
wohl, so brauche er sie. Nur daß man ihm hieraus eben so
wenig ein Verdienst, als aus dem Gegenteile ein Verbrechen
mache!

Diesen Punkt von der historischen Wahrheit abgerechnet,
bin ich sehr bereit, das übrige Urteil des Herrn von Voltaire
zu unterschreiben. Essex ist ein mittelmäßiges Stück, sowohl in
Ansehung der Intrigue als des Stils. Den Grafen zu einem
seufzenden Liebhaber einer Irton zu machen, ihn mehr aus Ver=
zweiflung, daß er der ihrige nicht sein kann, als aus edelmütigem
Stolze, sich nicht zu Entschuldigungen und Bitten herab zu lassen,
auf das Schafott zu führen: das war der unglücklichste Einfall,
den Thomas nur haben konnte, den er aber als ein Franzose
wohl haben mußte. Der Stil ist in der Grundsprache schwach;
in der Uebersetzung ist er oft kriechend geworden. Aber überhaupt
ist das Stück nicht ohne Interesse und hat hier und da glückliche
Verse, die aber im Französischen glücklicher sind als im Deutschen.
„Die Schauspieler," setzt der Herr von Voltaire hinzu, „besonders
die in der Provinz, spielen die Rolle des Essex gar zu gern, weil
sie in einem gestickten Bande unter dem Knie und mit einem
großen blauen Bande über die Schulter darin erscheinen können.
Der Graf ist ein Held von der ersten Klasse, den der Neid ver=
folgt: das macht Eindruck. Uebrigens ist die Zahl der guten
Tragödien bei allen Nationen in der Welt so klein, daß die,
welche nicht ganz schlecht sind, noch immer Zuschauer an sich
ziehen, wenn sie von guten Acteurs nur aufgestutzet werden."

Er bestätiget dieses allgemeine Urteil durch verschiedene ein=
zelne Anmerkungen, die eben so richtig als scharfsinnig sind und
deren man sich vielleicht bei einer wiederholten Vorstellung mit
Vergnügen erinnern dürfte. Ich teile die vorzüglichsten also hier
mit, in der festen Ueberzeugung, daß die Kritik dem Genusse
nicht schadet und daß diejenigen, welche ein Stück am schärfsten
zu beurteilen gelernt haben, immer diejenigen sind, welche das
Theater am fleißigsten besuchen.

„Die Rolle des Cecils ist eine Nebenrolle, und eine sehr

frostige Nebenrolle. Solche kriechende Schmeichler zu malen, muß
man die Farben in seiner Gewalt haben, mit welchen Racine
den Narzissus geschildert hat."

„Die vorgebliche Herzogin von Irton ist eine vernünftige,
tugendhafte Frau, die sich durch ihre Liebe zu dem Grafen weder
die Ungnade der Elisabeth zuziehen, noch ihren Liebhaber heiraten wollen. Dieser Charakter würde sehr schön sein, wenn er
mehr Leben hätte und wenn er zur Verwickelung etwas beitrüge;
aber hier vertritt sie bloß die Stelle eines Freundes. Das ist
für das Theater nicht hinlänglich."

„Mich dünkt, daß alles, was die Personen in dieser Tragödie sagen und thun, immer noch sehr schielend, verwirret und
unbestimmet ist. Die Handlung muß deutlich, der Knoten verständlich und jede Gesinnung plan und natürlich sein: das sind
die ersten, wesentlichsten Regeln. Aber was will Esser? Was
will Elisabeth? Worin besteht das Verbrechen des Grafen? Ist
er schuldig, oder ist er fälschlich angeklagt? Wenn ihn die Königin für unschuldig hält, so muß sie sich seiner annehmen. Ist
er aber schuldig, so ist es sehr unvernünftig, die Vertraute sagen
zu lassen, daß er nimmermehr um Gnade bitten werde, daß er
viel zu stolz dazu sei. Dieser Stolz schickt sich sehr wohl für
einen tugendhaften, unschuldigen Helden, aber für keinen Mann,
der des Hochverrats überwiesen ist. Er soll sich unterwerfen,
sagt die Königin. Ist das wohl die eigentliche Gesinnung, die
sie haben muß, wenn sie ihn liebt? Wenn er sich nun unterworfen, wenn er nun ihre Verzeihung angenommen hat, wird
Elisabeth darum von ihm mehr geliebt als zuvor? Ich liebe ihn
hundertmal mehr als mich selbst, sagt die Königin. Ah, Madame, wenn es so weit mit Ihnen gekommen ist, wenn Ihre
Leidenschaft so heftig geworden, so untersuchen Sie doch die Be-
schuldigungen Ihres Geliebten selbst und verstatten nicht, daß
ihn seine Feinde unter Ihrem Namen so verfolgen und unter-
drücken, wie es durch das ganze Stück, obwohl ganz ohne Grund,
heißt."

„Auch aus dem Freunde des Grafen, dem Salisbury, kann
man nicht klug werden, ob er ihn für schuldig oder für unschuldig hält. Er stellt der Königin vor, daß der Anschein öfters
betrüge, daß man alles von der Parteilichkeit und Ungerechtigkeit seiner Richter zu besorgen habe. Gleichwohl nimmt er seine
Zuflucht zur Gnade der Königin. Was hatte er dieses nötig,
wenn er seinen Freund nicht strafbar glaubte? Aber was soll
der Zuschauer glauben? Der weiß eben so wenig, woran er mit
der Verschwörung des Grafen, als woran er mit der Zärtlichkeit
der Königin gegen ihn ist."

„Salisbury sagt der Königin, daß man die Unterschrift des

Grafen nachgemacht habe. Aber die Königin läßt sich im geringsten nicht einfallen, einen so wichtigen Umstand näher zu untersuchen. Gleichwohl war sie als Königin und als Geliebte dazu verbunden. Sie antwortet nicht einmal auf diese Eröffnung, die sie doch begierigst hätte ergreifen müssen. Sie erwidert bloß mit andern Worten, daß der Graf allzu stolz sei und daß sie durchaus wolle, er solle um Gnade bitten."

„Aber warum sollte er um Gnade bitten, wenn seine Unterschrift nachgemacht war?"

Fünfundzwanzigstes Stück.

Den 21. Julius 1767.

„Essex selbst beteuert seine Unschuld; aber will er lieber sterben, als die Königin davon überzeugen? Seine Feinde haben ihn verleumdet; er kann sie mit einem einzigen Worte zu Boden schlagen, und er thut es nicht. Ist das dem Charakter eines so stolzen Mannes gemäß? Soll er aus Liebe zur Irton so widersinnig handeln, so hätte ihn der Dichter durch das ganze Stück von seiner Leidenschaft mehr bemeistert zeigen müssen. Die Heftigkeit des Affekts kann alles entschuldigen; aber in dieser Heftigkeit sehen wir ihn nicht."

„Der Stolz der Königin streitet unaufhörlich mit dem Stolze des Essex; ein solcher Streit kann leicht gefallen. Aber wenn allein dieser Stolz sie handeln läßt, so ist er bei der Elisabeth sowohl als bei dem Grafen bloßer Eigensinn. Er soll mich um Gnade bitten; ich will sie nicht um Gnade bitten; das ist die ewige Leier. Der Zuschauer muß vergessen, daß Elisabeth entweder sehr abgeschmackt oder sehr ungerecht ist, wenn sie verlangt, daß der Graf sich ein Verbrechen soll vergeben lassen, welches er nicht begangen, oder sie nicht untersucht hat. Er muß es vergessen, und er vergißt es wirklich, um sich bloß mit den Gesinnungen des Stolzes zu beschäftigen, der dem menschlichen Herze so schmeichelhaft ist."

„Mit einem Worte: keine einzige Rolle dieses Trauerspiels ist, was sie sein sollte; alle sind verfehlt, und gleichwohl hat es gefallen. Woher dieses Gefallen? Offenbar aus der Situation der Personen, die für sich selbst rührend ist. — Ein großer Mann, den man auf das Schafott führt, wird immer interessieren; die Vorstellung seines Schicksals macht auch ohne alle Hilfe der Poesie Eindruck, ungefähr eben den Eindruck, den die Wirklichkeit selbst machen würde."

So viel liegt für den tragischen Dichter an der Wahl des

Stoffes. Durch diese allein können die schwächsten, verwirrtesten Stücke eine Art von Glück machen; und ich weiß nicht, wie es kömmt, daß es immer solche Stücke sind, in welchen sich gute Acteurs am vorteilhaftesten zeigen. Selten wird ein Meisterstück so meisterhaft vorgestellt, als es geschrieben ist; das Mittelmäßige fährt mit ihnen immer besser. Vielleicht, weil sie in dem Mittelmäßigen mehr von dem Ihrigen hinzuthun können; vielleicht, weil uns das Mittelmäßige mehr Zeit und Ruhe läßt, auf ihr Spiel aufmerksam zu sein: vielleicht, weil in dem Mittelmäßigen alles nur auf einer oder zwei hervorstechenden Personen beruht, anstatt daß in einem vollkommenern Stücke öfters eine jede Person ein Hauptacteur sein müßte, und wenn sie es nicht ist, indem sie ihre Rolle verhunzt, zugleich auch die übrigen verderben hilft.

Beim Essex können alle diese und mehrere Ursachen zusammenkommen. Weder der Graf noch die Königin sind von dem Dichter mit der Stärke geschildert, daß sie durch die Aktion nicht noch weit stärker werden könnten. Essex spricht so stolz nicht, daß ihn der Schauspieler nicht in jeder Stellung, in jeder Gebärde, in jeder Miene noch stolzer zeigen könnte. Es ist sogar dem Stolze wesentlich, daß er sich weniger durch Worte als durch das übrige Betragen äußert. Seine Worte sind öfters bescheiden, und es läßt sich nur sehen, nicht hören, daß es eine stolze Bescheidenheit ist. Diese Rolle muß also notwendig in der Vorstellung gewinnen. Auch die Nebenrollen können keinen übeln Einfluß auf ihn haben; je subalterner Cecil und Salisbury gespielt worden, desto mehr ragt Essex hervor. Ich darf es also nicht erst lange sagen, wie vortrefflich ein Ekhof das machen muß, was auch der gleichgültigste Acteur nicht ganz verderben kann.

Mit der Rolle der Elisabeth ist es nicht völlig so; aber doch kann sie auch schwerlich ganz verunglücken. Elisabeth ist so zärtlich als stolz; ich glaube ganz gern, daß ein weibliches Herz beides zugleich sein kann; aber wie eine Actrice beides gleich gut vorstellen könne, das begreife ich nicht recht. In der Natur selbst trauen wir einer stolzen Frau nicht viel Zärtlichkeit und einer zärtlichen nicht viel Stolz zu. Wir trauen es ihr nicht zu, sage ich: denn die Kennzeichen des einen widersprechen den Kennzeichen des andern. Es ist ein Wunder, wenn ihr beide gleich geläufig sind; hat sie aber nur die einen vorzüglich in ihrer Gewalt, so kann sie die Leidenschaft, die sie durch die andern ausdrückt, zwar empfinden, aber schwerlich werden wir ihr glauben, daß sie dieselbe so lebhaft empfindet, als sie sagt. Wie kann eine Actrice nun weiter gehen als die Natur? Ist sie von einem majestätischen Wuchse, tönt ihre Stimme voller und männlicher, ist ihr Blick dreist, ist ihre Bewegung schnell und herzhaft: so

werden ihr die stolzen Stellen vortrefflich gelingen; aber wie
steht es mit den zärtlichen? Ist ihre Figur hingegen weniger
imponierend, herrscht in ihren Mienen Sanftmut, in ihren Augen
ein bescheidenes Feuer, in ihrer Stimme mehr Wohlklang als
Nachdruck, ist in ihrer Bewegung mehr Anstand und Würde als
Kraft und Geist: so wird sie den zärtlichen Stellen die völligste
Genüge leisten; aber auch den stolzen? Sie wird sie nicht verderben, ganz gewiß nicht; sie wird sie noch genug absetzen; wir
werden eine beleidigte zürnende Liebhaberin in ihr erblicken, nur
keine Elisabeth nicht, die Manns genug war, ihren General und
Geliebten mit einer Ohrfeige nach Hause zu schicken. Ich meine
also, die Aktricen, welche die ganze doppelte Elisabeth uns gleich
täuschend zu zeigen vermögend wären, dürften noch seltner sein
als die Elisabeths selber; und wir können und müssen uns begnügen, wenn eine Hälfte nur recht gut gespielt und die andere
nicht ganz verwahrloset wird.

Madame Loewen hat in der Rolle der Elisabeth sehr gefallen, aber, jene allgemeine Anmerkung nunmehr auf sie anzuwenden, uns mehr die zärtliche Frau als die stolze Monarchin
sehen und hören lassen. Ihre Bildung, ihre Stimme, ihre bescheidene Aktion ließen es nicht anders erwarten; und mich dünkt,
unser Vergnügen hat dabei nichts verloren. Denn wenn notwendig eine die andere verfinstert, wenn es kaum anders sein
kann, als daß nicht die Königin unter der Liebhaberin, oder
diese unter jener leiden sollte, so glaube ich, ist es zuträglicher,
wenn eher etwas von dem Stolze und der Königin als von der
Liebhaberin und der Zärtlichkeit verloren geht.

Es ist nicht bloß eigensinniger Geschmack, wenn ich so urteile; noch weniger ist es meine Absicht, einem Frauenzimmer
ein Kompliment damit zu machen, die noch immer eine Meisterin
in ihrer Kunst sein würde, wenn ihr diese Rolle auch gar nicht
gelungen wäre. Ich weiß einem Künstler, er sei von meinem
oder dem andern Geschlechte, nur eine einzige Schmeichelei zu
machen; und diese besteht darin, daß ich annehme, er sei von
aller eiteln Empfindlichkeit entfernt, die Kunst gehe bei ihm über
alles, er höre gern frei und laut über sich urteilen und wolle
sich lieber auch dann und wann falsch als seltner beurteilt wissen.
Wer diese Schmeichelei nicht versteht, bei dem erkenne ich mich
gar bald irre, und er ist es nicht wert, daß wir ihn studieren.
Der wahre Virtuose glaubt es nicht einmal, daß wir seine Vollkommenheit einsehen und empfinden, wenn wir auch noch so viel
Geschrei davon machen, ehe er nicht merkt, daß wir auch Augen
und Gefühl für seine Schwäche haben. Er spottet bei sich über
jede uneingeschränkte Bewunderung, und nur das Lob desjenigen
kitzelt ihn, von dem er weiß, daß er auch das Herz hat, ihn zu tadeln.

Ich wollte ſagen, daß ſich Gründe anführen laſſen, warum
es beſſer iſt, wenn die Actrice mehr die zärtliche als die ſtolze
Eliſabeth ausdrückt. Stolz muß ſie ſein, das iſt ausgemacht;
und daß ſie es iſt, das hören wir. Die Frage iſt nun, ob ſie
zärtlicher als ſtolz, oder ſtolzer als zärtlich ſcheinen ſoll; ob man,
wenn man unter zwei Actricen zu wählen hätte, lieber die zur
Eliſabeth nehmen ſollte, welche die beleidigte Königin mit allem
drohenden Ernſte, mit allen Schrecken der rächeriſchen Majeſtät
auszudrücken vermöchte, oder die, welcher die eiferſüchtige Lieb=
haberin mit allen kränkenden Empfindungen der verſchmähten
Liebe, mit aller Bereitwilligkeit, dem teuern Frevler zu vergeben,
mit aller Beängſtigung über ſeine Hartnäckigkeit, mit allem Jam=
mer über ſeinen Verluſt angemeſſener wäre? Und ich ſage: dieſe.

Denn erſtlich wird dadurch die Verdopplung des nämlichen
Charakters vermieden. Eſſex iſt ſtolz; und wenn Eliſabeth auch
ſtolz ſein ſoll, ſo muß ſie es wenigſtens auf eine andere Art ſein.
Wenn bei dem Grafen die Zärtlichkeit nicht anders, als dem
Stolze untergeordnet ſein kann, ſo muß bei der Königin die
Zärtlichkeit den Stolz überwiegen. Wenn der Graf ſich eine
höhere Miene gibt, als ihm zukömmt, ſo muß die Königin etwas
weniger zu ſein ſcheinen, als ſie iſt. Beide auf Stelzen, mit der
Naſe nur immer in der Luft einhertreten, beide mit Verachtung
auf alles, was um ſie iſt, herabblicken laſſen, würde die ekelſte
Einförmigkeit ſein. Man muß nicht glauben können, daß Eli=
ſabeth, wenn ſie an des Eſſex Stelle wäre, eben ſo wie Eſſex
handeln würde. Der Ausgang weiſet es, daß ſie nachgebender
iſt, als er; ſie muß alſo gleich von Anfange nicht ſo hoch daher=
fahren, als er. Wer ſich durch äußere Macht emporzuhalten ver=
mag, braucht weniger Anſtrengung, als der es durch eigene innere
Kraft thun muß. Wir wiſſen darum doch, daß Eliſabeth die
Königin iſt, wenn ſich gleich Eſſex das königlichere Anſehen gibt.

Zweitens iſt es in dem Trauerſpiele ſchicklicher, daß die
Perſonen in ihren Geſinnungen ſteigen, als daß ſie fallen. Es
iſt ſchicklicher, daß ein zärtlicher Charakter Augenblicke des Stolzes
hat, als daß ein Stolzer von der Zärtlichkeit ſich fortreißen läßt.
Jener ſcheint ſich zu erheben, dieſer zu ſinken. Eine ernſthafte
Königin mit gerunzelter Stirne, mit einem Blicke, der alles
ſcheu und zitternd macht, mit einem Tone der Stimme, der allein
ihr Gehorſam verſchaffen könnte, wenn die zu verliebten Klagen
gebracht wird und nach den kleinen Bedürfniſſen ihrer Leiden=
ſchaft ſeufzet, iſt faſt, faſt lächerlich. Eine Geliebte hingegen,
die ihre Eiferſucht erinnert, daß ſie Königin iſt, erhebt ſich über
ſich ſelbſt, und ihre Schwachheit wird fürchterlich.

Sechsundzwanzigstes Stück.

Den 28. Julius 1767.

Den einunddreißigsten Abend (Mittewochs, den 10. Junius) ward das Lustspiel der Madame Gottsched: Die Hausfran= zösin, oder die Mamsell, aufgeführt.

Dieses Stück ist eines von den sechs Originalen, mit wel= chen 1744 unter Gottschedischer Geburtshilfe Deutschland im fünften Bande der Schaubühne beschenkt ward. Man sagt, es sei zur Zeit seiner Neuheit hier und da mit Beifall gespielt worden. Man wollte versuchen, welchen Beifall es noch erhalten würde, und es erhielt den, den es verdienet: gar keinen. „Das Testament", von eben derselben Verfasserin, ist noch so etwas; aber die Hausfranzösin ist ganz und gar nichts. Noch weniger als nichts; denn sie ist nicht allein niedrig und platt und kalt, sondern noch oben darein schmutzig, ekel und im höchsten Grade beleidigend. Es ist mir unbegreiflich, wie eine Dame solches Zeug schreiben können. Ich will hoffen, daß man mir den Be= weis von diesem allen schenken wird. —

Den zweiunddreißigsten Abend (Donnerstags, den 11. Junius) ward die Semiramis des Herrn von Voltaire wiederholt.

Da das Orchester bei unsern Schauspielen gewissermaßen die Stelle der alten Chöre vertritt, so haben Kenner schon längst gewünscht, daß die Musik, welche vor und zwischen und nach dem Stücke gespielt wird, mit dem Inhalte desselben mehr überein= stimmen möchte. Herr Scheibe ist unter den Musicis derjenige, welcher zuerst hier ein ganz neues Feld für die Kunst bemerkte. Da er einsahe, daß, wenn die Rührung des Zuschauers nicht auf eine unangenehme Art geschwächt und unterbrochen werden sollte, ein jedes Schauspiel seine eigene musikalische Begleitung erfordere: so machte er nicht allein bereits 1738 mit dem Polyeukt und Mithridat den Versuch, besondere, diesen Stücken entspre= chende Symphonien zu verfertigen, welche bei der Gesellschaft der Neuberin hier in Hamburg, in Leipzig und anderwärts auf= geführt wurden; sondern ließ sich auch in einem besondern Blatte seines kritischen Musikus*) umständlich darüber aus, was über= haupt der Komponist zu beobachten habe, der in dieser neuen Gattung mit Ruhm arbeiten wolle.

„Alle Symphonien," sagt er, „die zu einem Schauspiele ver= fertiget werden, sollen sich auf den Inhalt und die Beschaffenheit desselben beziehen. Es gehören also zu den Trauerspielen eine andere Art von Symphonien als zu den Lustspielen. So ver=

---

*) Stück 67.

schieden die Tragödien und Komödien unter sich selbst sind, so verschieden muß auch die dazu gehörige Musik sein. Insbesondere aber hat man auch wegen der verschiedenen Abteilungen der Musik in den Schauspielen auf die Beschaffenheit der Stellen, zu welchen eine jede Abteilung gehört, zu sehen. Daher muß die Anfangssymphonie sich auf den ersten Aufzug des Stückes beziehen; die Symphonien aber, die zwischen den Aufzügen vorkommen, müssen teils mit dem Schlusse des vorhergehenden Aufzuges, teils aber mit dem Anfange des folgenden Aufzuges übereinkommen; so wie die letzte Symphonie dem Schlusse des letzten Aufzuges gemäß sein muß.

„Alle Symphonien zu Trauerspielen müssen prächtig, feurig und geistreich gesetzt sein. Insonderheit aber hat man den Charakter der Hauptpersonen und den Hauptinhalt zu bemerken und darnach seine Erfindung einzurichten. Dieses ist von keiner gemeinen Folge. Wir finden Tragödien, da bald diese, bald jene Tugend eines Helden oder einer Heldin der Stoff gewesen ist. Man halte einmal den Polyeukt gegen den Brutus, oder auch die Alzire gegen den Mithridat, so wird man gleich sehen, daß sich keineswegs einerlei Musik dazu schicket. Ein Trauerspiel, in welchem die Religion und Gottesfurcht den Helden oder die Heldin in allen Zufällen begleiten, erfordert auch solche Symphonien, die gewissermaßen das Prächtige und Ernsthafte der Kirchenmusik beweisen. Wenn aber die Großmut, die Tapferkeit oder die Standhaftigkeit in allerlei Unglücksfällen im Trauerspiele herrschen, so muß auch die Musik weit feuriger und lebhafter sein. Von dieser letztern Art sind die Trauerspiele Cato, Brutus, Mithridat. Alzire aber und Zaire erfordern hingegen schon eine etwas veränderte Musik, weil die Begebenheiten und die Charaktere in diesen Stücken von einer andern Beschaffenheit sind und mehr Veränderung der Affekten zeigen.

„Eben so müssen die Komödiensymphonien überhaupt frei, fließend und zuweilen auch scherzhaft sein, insbesondere aber sich nach dem eigentümlichen Inhalte einer jeden Komödie richten. So wie die Komödie bald ernsthafter, bald verliebter, bald scherzhafter ist, so muß auch die Symphonie beschaffen sein. Z. E. die Komödien ‚Der Falke‘ und ‚Die beiderseitige Unbeständigkeit‘ würden ganz andere Symphonien erfordern als ‚Der verlorne Sohn‘. So würden sich auch nicht die Symphonien, die sich zum ‚Geizigen‘ oder zum ‚Kranken in der Einbildung‘ sehr wohl schicken möchten, zum ‚Unentschlüssigen‘ oder zum ‚Zerstreuten‘ schicken. Jene müssen schon lustiger und scherzhafter sein, diese aber verdrießlicher und ernsthafter.

„Die Anfangssymphonie muß sich auf das ganze Stück beziehen; zugleich aber muß sie auch den Anfang desselben vorbereiten und folglich mit dem ersten Auftritte übereinkommen. Sie kann aus zwei oder drei Sätzen bestehen, so wie es der Komponist für gut findet. — Die Symphonien zwischen den Aufzügen aber, weil sie sich nach dem Schlusse des vorhergehenden Aufzuges und nach dem Anfange des folgenden richten sollen, werden am natürlichsten zwei Sätze haben können. Im ersten kann man mehr auf das Vorhergegangene, im zweiten aber mehr auf das Folgende sehen. Doch ist solches nur allein nötig, wenn die Affekten einander allzu sehr entgegen sind; sonst kann man auch wohl nur einen Satz machen, wenn er nur die gehörige Länge erhält, damit die Bedürfnisse der Vorstellung, als Licht= putzen, Umkleiden u. s. w., indes besorget werden können. — Die Schlußsymphonie endlich muß mit dem Schlusse des Schau= spiels auf das genaueste übereinstimmen, um die Begebenheit den Zuschauern desto nachdrücklicher zu machen. Was ist lächer= licher, als wenn der Held auf eine unglückliche Weise sein Leben verloren hat, und es folgt eine lustige und lebhafte Symphonie darauf? Und was ist abgeschmackter, als wenn sich die Komödie auf eine fröhliche Art endigt, und es folgt eine traurige und bewegliche Symphonie darauf? — —

„Da übrigens die Musik zu den Schauspielen bloß allein aus Instrumenten bestehet, so ist eine Veränderung derselben sehr nötig, damit die Zuhörer desto gewisser in der Aufmerk= samkeit erhalten werden, die sie vielleicht verlieren möchten, wenn sie immer einerlei Instrumente hören sollten. Es ist aber bei= nahe eine Notwendigkeit, daß die Anfangssymphonie sehr stark und vollständig ist und also desto nachdrücklicher ins Gehör falle. Die Veränderung der Instrumente muß also vornehmlich in den Zwischensymphonien erscheinen. Man muß aber wohl urteilen, welche Instrumente sich am besten zur Sache schicken und womit man dasjenige am gewissesten ausdrücken kann, was man aus= drücken soll. Es muß also auch hier eine vernünftige Wahl ge= troffen werden, wenn man seine Absicht geschickt und sicher er= reichen will. Sonderlich aber ist es nicht allzu gut, wenn man in zwei auf einander folgenden Zwischensymphonien einerlei Ver= änderung der Instrumente anwendet. Es ist allemal besser und angenehmer, wenn man diesen Uebelstand vermeidet.“

Dieses sind die wichtigsten Regeln, um auch hier die Ton= kunst und Poesie in eine genauere Verbindung zu bringen. Ich habe sie lieber mit den Worten eines Tonkünstlers, und zwar desjenigen vortragen wollen, der sich die Ehre der Erfindung anmaßen kann, als mit meinen. Denn die Dichter und Kunst= richter bekommen nicht selten von den Musicis den Vorwurf, daß sie weit mehr von ihnen erwarten und verlangen, als die Kunst zu leisten imstande sei. Die mehresten müssen es von ihren

Kunstverwandten erst hören, daß die Sache zu bewerkstelligen ist, ehe sie die geringste Aufmerksamkeit darauf wenden.

Zwar die Regeln selbst waren leicht zu machen; sie lehren nur, was geschehen soll, ohne zu sagen, wie es geschehen kann. Der Ausdruck der Leidenschaften, auf welchen alles dabei ankömmt, ist noch einzig das Werk des Genies. Denn ob es schon Tonkünstler gibt und gegeben, die bis zur Bewunderung darin glücklich sind, so mangelt es doch unstreitig noch an einem Philosophen, der ihnen die Wege abgelernt und allgemeine Grundsätze aus ihren Beispielen hergeleitet hätte. Aber je häufiger diese Beispiele werden, je mehr sich die Materialien zu dieser Herleitung sammeln, desto eher können wir sie uns versprechen; und ich müßte mich sehr irren, wenn nicht ein großer Schritt durch die Beeiferung der Tonkünster in dergleichen dramatischen Symphonien geschehen könnte. In der Vokalmusik hilft der Text dem Ausdrucke allzu sehr nach: der schwächste und schwankendste wird durch die Worte bestimmt und verstärkt; in der Instrumentalmusik hingegen fällt diese Hilfe weg, und sie sagt gar nichts, wenn sie das, was sie sagen will, nicht rechtschaffen sagt. Der Künstler wird also hier seine äußerste Stärke anwenden müssen; er wird unter den verschiedenen Folgen von Tönen, die eine Empfindung ausdrücken können, nur immer diejenigen wählen, die sie am deutlichsten ausdrücken; wir werden diese öfterer hören, wir werden sie mit einander öfterer vergleichen und durch die Bemerkung dessen, was sie beständig gemein haben, hinter das Geheimnis des Ausdrucks kommen.

Welchen Zuwachs unser Vergnügen im Theater dadurch erhalten würde, begreift jeder von selbst. Gleich vom Anfange der neuen Verwaltung unsers Theaters hat man sich daher nicht nur überhaupt bemüht, das Orchester in einen bessern Stand zu setzen, sondern es haben sich auch würdige Männer bereit finden lassen, die Hand an das Werk zu legen und Muster in dieser Art von Komposition zu machen, die über alle Erwartung ausgefallen sind. Schon zu Cronegks Olint und Sophronia hatte Herr Hertel eigene Symphonien verfertiget; und bei der zweiten Aufführung der Semiramis wurden dergleichen von dem Herrn Agricola in Berlin aufgeführt.

Siebenundzwanzigstes Stück.

Den 31. Julius 1767.

Ich will es versuchen, einen Begriff von der Musik des Herrn Agricola zu machen. Nicht zwar nach ihren Wirkungen —

denn je lebhafter und feiner ein sinnliches Vergnügen ist, desto weniger läßt es sich mit Worten beschreiben; man kann nicht wohl anders, als in allgemeine Lobsprüche, in unbestimmte Ausrufungen, in kreischende Bewunderung damit verfallen; und diese sind eben so ununterrichtend für den Liebhaber als ekelhaft für den Virtuosen, den man zu ehren vermeinet — sondern bloß nach den Absichten, die ihr Meister dabei gehabt, und nach den Mitteln überhaupt, deren er sich zu Erreichung derselben bedienen wollen.

Die Anfangssymphonie bestehet aus drei Sätzen. Der erste Satz ist ein Largo, nebst den Violinen, mit Hoboen und Flöten; der Grundbaß ist durch Fagotte verstärkt. Sein Ausdruck ist lebhaft, manchmal gar wild und stürmisch; der Zuhörer soll vermuten, daß er ein Schauspiel ungefähr dieses Inhalts zu erwarten habe. Doch nicht dieses Inhalts allein; Zärtlichkeit, Reue, Gewissensangst, Unterwerfung nehmen ihr Teil daran; und der zweite Satz, ein Andante mit gedämpften Violinen und konzertierenden Fagotten, beschäftiget sich also mit dunkeln und mitleidigen Klagen. In dem dritten Satze vermischen sich die beweglichen Tonwendungen mit stolzen; denn die Bühne eröffnet sich mit mehr als gewöhnlicher Pracht; Semiramis nahet sich dem Ende ihrer Herrlichkeit; wie diese Herrlichkeit das Auge spüren muß, soll sie auch das Ohr vernehmen. Der Charakter ist Allegretto, und die Instrumente sind wie in dem ersten, außer daß die Hoboen, Flöten und Fagotte mit einander einige besondere kleinere Sätze haben.

Die Musik zwischen den Alten hat durchgängig nur einen einzigen Satz, dessen Ausdruck sich auf das Vorhergehende beziehet. Einen zweiten, der sich auf das Folgende bezöge, scheinet Herr Agricola also nicht zu billigen. Ich würde hierin sehr seines Geschmacks sein. Denn die Musik soll dem Dichter nichts verderben; der tragische Dichter liebt das Unerwartete, das Ueberraschende mehr als ein anderer; er läßt seinen Gang nicht gern voraus verraten, und die Musik würde ihn verraten, wenn sie die folgende Leidenschaft angeben wollte. Mit der Anfangssymphonie ist es ein anders; sie kann auf nichts Vorhergehendes gehen; und doch muß auch sie nur den allgemeinen Ton des Stücks angeben, und nicht stärker, nicht bestimmter, als ihn ungefähr der Titel angibt. Man darf dem Zuhörer wohl das Ziel zeigen, wohin man ihn führen will; aber die verschiedenen Wege, auf welchen er dahin gelangen soll, müssen ihm gänzlich verborgen bleiben. Dieser Grund wider einen zweiten Satz zwischen den Alten ist aus dem Vorteile des Dichters hergenommen, und er wird durch einen andern, der sich aus den Schranken der Musik ergibt, bestärkt. Denn gesetzt, daß die Leidenschaften, welche in zwei auseinander folgenden Akten herrschen, einander ganz ent-

gegen wären, ſo würden notwendig auch die beiden Sätze von
eben ſo widriger Beſchaffenheit ſein müſſen. Nun begreife ich
ſehr wohl, wie uns der Dichter aus einer jeden Leidenſchaft zu
der ihr entgegenſtehenden, zu ihrem völligen Widerſpiele, ohne
unangenehme Gewaltſamkeit bringen kann; er thut es nach
und nach, gemach und gemach; er ſteigt die ganze Leiter von
Sproſſe zu Sproſſe, entweder hinauf oder hinab, ohne irgendwo
den geringſten Sprung zu thun. Aber kann dieſes auch der
Muſikus? Es ſei, daß er es in einem Stücke von der erforderlichen Länge eben ſo wohl thun könne; aber in zwei beſondern,
von einander gänzlich abgeſetzten Stücken muß der Sprung z. E.
aus dem Ruhigen in das Stürmiſche, aus dem Zärtlichen in das
Grauſame notwendig ſehr merklich ſein und alle das Beleidigende
haben, was in der Natur jeder plötzliche Uebergang aus einem
Aeußerſten in das andere, aus der Finſternis in das Licht, aus
der Kälte in die Hitze, zu haben pflegt. Jetzt zerſchmelzen wir
in Wehmut, und auf einmal ſollen wir raſen. Wie? warum?
wider wen? wider eben den, für den unſere Seele ganz mit-
leidiges Gefühl war? oder wider einen andern? Alles das kann
die Muſik nicht beſtimmen; ſie läßt uns in Ungewißheit und
Verwirrung; wir empfinden, ohne eine richtige Folge unſerer
Empfindungen wahrzunehmen; wir empfinden wie im Traume,
und alle dieſe unordentliche Empfindungen ſind mehr abmattend
als ergötzend. Die Poeſie hingegen läßt uns den Faden unſerer
Empfindungen nie verlieren; hier wiſſen wir nicht allein, was
wir empfinden ſollen, ſondern auch, warum wir es empfinden
ſollen; und nur dieſes Warum macht die plötzlichſten Uebergänge
nicht allein erträglich, ſondern auch angenehm. In der That
iſt dieſe Motivierung der plötzlichen Uebergänge einer der größten
Vorteile, den die Muſik aus der Vereinigung mit der Poeſie
ziehet, ja vielleicht der allergrößte. Denn es iſt bei weitem nicht
ſo notwendig, die allgemeinen, unbeſtimmten Empfindungen der
Muſik, z. E. der Freude, durch Worte auf einen gewiſſen einzeln
Gegenſtand der Freude einzuſchränken, weil auch jene dunkeln,
ſchwanken Empfindungen noch immer ſehr angenehm ſind, als
notwendig es iſt, abſtechende, widerſprechende Empfindungen
durch deutliche Begriffe, die nur Worte gewähren können, zu
verbinden, um ſie durch dieſe Verbindung in ein Ganzes zu ver-
weben, in welchem man nicht allein Mannigfaltiges, ſondern auch
Uebereinſtimmung des Mannigfaltigen bemerke. Nun aber würde
bei dem doppelten Satze zwiſchen den Akten eines Schauſpiels
dieſe Verbindung erſt hintennach kommen; wir würden es erſt
hintennach erfahren, warum wir aus einer Leidenſchaft in eine
ganz entgegengeſetzte überſpringen müſſen: und das iſt für die
Muſik ſo gut, als erführen wir es gar nicht. Der Sprung hat

einmal seine üble Wirkung gethan, und er hat uns darum nicht weniger beleidiget, weil wir nun einsehen, daß er uns nicht hätte beleidigen sollen. Man glaube aber nicht, daß sonach überhaupt alle Symphonien verwerflich sein müßten, weil alle aus mehrern Sätzen bestehen, die von einander unterschieden sind und deren jeder etwas anders ausdrückt als der andere. Sie drücken etwas anders aus, aber nicht etwas verschiednes; oder vielmehr, sie drücken das nämliche, und nur auf eine andere Art aus. Eine Symphonie, die in ihren verschiednen Sätzen verschiedne, sich widersprechende Leidenschaften ausdrückt, ist ein musikalisches Un= geheuer; in e i n e r Symphonie muß nur e i n e Leidenschaft herr= schen, und jeder besondere Satz muß eben dieselbe Leidenschaft, bloß mit verschiednen Abänderungen, es sei nun nach den Graden ihrer Stärke und Lebhaftigkeit, oder nach den mancherlei Ver= mischungen mit andern verwandten Leidenschaften, ertönen lassen und in uns zu erwecken suchen. Die Anfangssymphonie war vollkommen von dieser Beschaffenheit; das Ungestüme des ersten Satzes zerfließt in das Klagende des zweiten, welches sich in dem dritten zu einer Art von feierlichen Würde erhebet. Ein Ton= künstler, der sich in seinen Symphonien mehr erlaubt, der mit jedem Satze den Affekt abbricht, um mit dem folgenden einen neuen, ganz verschiednen Affekt anzuheben, und auch diesen fahren läßt, um sich in einen dritten eben so verschiednen zu werfen, kann viel Kunst ohne Nutzen verschwendet haben, kann überraschen, kann betäuben, kann kitzeln, nur rühren kann er nicht. Wer mit unserm Herzen sprechen und sympathetische Regungen in ihm er= wecken will, muß eben so wohl Zusammenhang beobachten, als wer unsern Verstand zu unterhalten und zu belehren denkt. Ohne Zusammenhang, ohne die innigste Verbindung aller und jeder Teile ist die beste Musik ein eitler Sandhaufen, der keines dauer= haften Eindruckes fähig ist; nur der Zusammenhang macht sie zu einem festen Marmor, an dem sich die Hand des Künstlers verewigen kann.

Der Satz nach dem ersten Akte sucht also lediglich die Be= sorgnisse der Semiramis zu unterhalten, denen der Dichter diesen Akt gewidmet hat, Besorgnisse, die noch mit einiger Hoffnung vermischt sind: ein Andante mesto, bloß mit gedämpften Violinen und Bratsche.

In dem zweiten Akte spielt Assur eine zu wichtige Rolle, als daß er nicht den Ausdruck der darauf folgenden Musik be= stimmen sollte. Ein Allegro assai aus dem G dur, mit Wald= hörnern, durch Flöten und Hoboen, auch den Grundbaß mitspie= lende Fagotte verstärkt, druckt den durch Zweifel und Furcht unterbrochenen, aber immer noch sich wieder erholenden Stolz dieses treulosen und herrschsüchtigen Ministers aus.

In dem dritten Akte erscheinet das Gespenst. Ich habe bei Gelegenheit der ersten Vorstellung bereits angemerkt, wie wenig Eindruck Voltaire diese Erscheinung auf die Anwesenden machen läßt. Aber der Tonkünstler hat sich, wie billig, daran nicht gekehrt; er holt es nach, was der Dichter unterlassen hat, und ein Allegro aus dem E moll, mit der nämlichen Instrumentenbesetzung des vorhergehenden, nur daß E=Hörner mit G=Hörnern verschiedentlich abwechseln, schildert kein stummes und träges Erstaunen, sondern die wahre wilde Bestürzung, welche eine dergleichen Erscheinung unter dem Volke verursachen muß.

Die Beängstigung der Semiramis im vierten Aufzuge erweckt unser Mitleid; wir bedauern die Reuende, so schuldig wir auch die Verbrecherin wissen. Bedauern und Mitleid läßt also auch die Musik ertönen: in einem Larghetto aus dem A moll, mit gedämpften Violinen und Bratsche und einer konzertierenden Hoboe.

Endlich folget auch auf den fünften Akt nur ein einziger Satz, ein Adagio aus dem E dur, nächst den Violinen und der Bratsche, mit Hörnern, mit verstärkenden Hoboen und Flöten, und mit Fagotten, die mit dem Grundbasse gehen. Der Ausdruck ist den Personen des Trauerspiels angemessene und ins Erhabene gezogene Betrübnis, mit einiger Rücksicht, wie mich deucht, auf die vier letzten Zeilen, in welchen die Wahrheit ihre warnende Stimme gegen die Großen der Erde eben so würdig als mächtig erhebt.

Die Absichten eines Tonkünstlers merken, heißt ihm zugestehen, daß er sie erreicht hat. Sein Werk soll kein Rätsel sein, dessen Deutung eben so mühsam als schwankend ist. Was ein gesundes Ohr am geschwindesten in ihm vernimmt, das und nichts anders hat er sagen wollen; sein Lob wächst mit seiner Verständlichkeit; je leichter, je allgemeiner diese, desto verdienter jenes. — Es ist kein Ruhm für mich, daß ich recht gehört habe; aber für den Hrn. Agricola ist es ein so viel größerer, daß in dieser seiner Komposition niemand etwas anders gehört hat als ich.

Achtundzwanzigstes Stück.

Den 4. August 1767.

Den dreiunddreißigsten Abend (Freitags, den 12. Junius) ward die Nanine wiederholt, und den Beschluß machte: Der Bauer mit der Erbschaft, aus dem Französischen des Marivaux.

Dieses kleine Stück ist hier Ware für den Platz und macht

daher allezeit viel Vergnügen. Jürge kömmt aus der Stadt zurück, wo er einen reichen Bruder begraben lassen, von dem er hunderttausend Mark geerbt. Glück ändert Stand und Sitten; nun will er leben, wie vornehme Leute leben, erhebt seine Lise zur Madame, findet geschwind für seinen Hans und für seine Grete eine ansehnliche Partie, alles ist richtig; aber der hinkende Bote kömmt nach. Der Makler, bei dem die hunderttausend Mark gestanden, hat Bankerott gemacht, Jürge ist wieder nichts wie Jürge, Hans bekömmt den Korb, Grete bleibt sitzen, und der Schluß würde traurig genug sein, wenn das Glück mehr nehmen könnte, als es gegeben hat; gesund und vergnügt waren sie, gesund und vergnügt bleiben sie.

Diese Fabel hätte jeder erfinden können; aber wenige würden sie so unterhaltend zu machen gewußt haben als Marivaux. Die drolligste Laune, der schnurrigste Witz, die schalkischste Satire lassen uns vor Lachen kaum zu uns selbst kommen; und die naive Bauernsprache gibt allem eine ganz eigene Würze. Die Übersetzung ist von Kriegern, der das französische Patois in den hiesigen platten Dialekt meisterhaft zu übertragen gewußt hat. Es ist nur schade, daß verschiedene Stellen höchst fehlerhaft und verstümmelt abgedruckt worden. Einige müßten notwendig in der Vorstellung berichtigt und ergänzt werden. Z. E. folgende, gleich in der ersten Szene:

Jürge. He, he, he! Giv mie doch sief Schillink kleen Geld, if hev niks as Gullen un Dahlers.

Lise. He, he, he! Segge doch, hest du Schrullen med dienen sief Schillink kleen Geld? wat wist du damed maaken?

Jürge. He, he, he, he! Giv mie sief Schillink kleen Geld, seg it die.

Lise. Woto denn, Hans Narr?

Jürge. För düssen Jungen, de mie mienen Bündel op der Reise bed in unse Dörp dragen hed, un if bün ganß licht un sacht hergahn.

Lise. Büst du to Foote hergahn?

Jürge. Ja. Wiel't veel kummoder is.

Lise. Da hest du een Maark.

Jürge. Dat is doch noch resnabel. Wo veel maalt't? So veel is dat. Een Maark hed je mie dahn: ba, ba is't. Nehmt't hen; so is't richdig.

Lise. Un du verdeihst sief Schillink an een Jungen, de die dat Pak dragen hed?

Jürge. Ja! if mot ehm doch een Drankgeld geven.

Valentin. Sollen die fünf Schilling für mich, Herr Jürge?

Jürge. Ja, mien Fründ!

Valentin. Fünf Schilling? ein reicher Erbe! fünf Schil=

linge? ein Mann von Ihrem Stande! Und wo bleibt die Hoheit
der Seele?

Jürge. O! et kumt mie even darop nich an, Iy dörft't
man seggen. Maake, Fro, smiet ehm noch cen Schillink hen; by
uns regnet man so.

Wie ist das? Jürge ist zu Fuße gegangen, weil es kommo=
der ist? Er fodert fünf Schillinge, und seine Frau gibt ihm
ein Mark, die ihm fünf Schillinge nicht geben wollte? Die Frau
soll dem Jungen noch einen Schilling hinschmeißen? warum
thut er es nicht selbst? Von dem Marke blieb ihm ja noch übrig.
Ohne das Französische wird man sich schwerlich aus dem Hause
finden. Jürge war nicht zu Fuße gekommen, sondern mit der
Kutsche; und darauf geht sein „Wiel't veel kummober is." Aber
die Kutsche ging vielleicht bei seinem Dorfe nur vorbei, und von da,
wo er abstieg, ließ er sich bis zu seinem Hause das Bündel nach=
tragen. Dafür gibt er dem Jungen die fünf Schillinge; das
Mark gibt ihm nicht die Frau, sondern das hat er für die Kutsche
bezahlen müssen, und er erzählt ihr nur, wie geschwind er mit
dem Kutscher darüber fertig geworden.*)

Den vierunddreißigsten Abend (Montags, den 29. Junius)
ward Der Zerstreute des Regnard aufgeführt.

Ich glaube schwerlich, daß unsere Großväter den deutschen
Titel dieses Stücks verstanden hätten. Noch Schlegel übersetzte
Distrait durch Träumer. Zerstreut sein, ein Zerstreuter, ist
lediglich nach der Analogie des Französischen gemacht. Wir wollen
nicht untersuchen, wer das Recht hatte, diese Worte zu machen;
sondern wir wollen sie brauchen, nachdem sie einmal gemacht
sind. Man versteht sie nunmehr, und das ist genug.

---

*) *Blaise.* Eh! eh! eh! baille-moi cinq sols de monnoye, je
n'ons que de grosses pièces.
Claudine (le contrefaisant). Eh! eh! eh! di donc, Nicaise, avec
tes cinq sols de monnoye, qu'est-ce que t'en veux faire?
Blaise. Eh! eh! eh! baille-moi cinq sols de monnoye, te dis-je.
Claudine. Pourquoi donc, Nicodème?
Blaise. Pour ce garçon qui apporte mon paquet depis la voi-
ture jusqu'à cheux nous, pendant que je marchois tout bellement
et à mon aise.
Claudine. T'es venu dans la voiture?
Blaise. Oui, parce que cela est plus commode.
Claudine. T'a baillé un écu?
Blaise. Oh bian noblement. Combien faut-il? ai-je fait. Un
écu, ce m'a-t-on fait. Tenez, le vela, prenez. Tout commo ça.
Claudine. Et tu dépenses cinq sols en porteurs de paquets?
Blaise. Oui, par manière de recréation.
Arlequin. Est-ce pour mois les cinq sols, Monsieur Blaise?
Blaise. Oui, mon ami. &c.

Regnard brachte seinen Zerstreuten im Jahre 1697 aufs
Theater, und er fand nicht den geringsten Beifall. Aber vier-
unddreißig Jahr darauf, als ihn die Komödianten wieder vor-
suchten, fand er einen so viel größern. Welches Publikum hatte
nun recht? Vielleicht hatten sie beide nicht unrecht. Jenes strenge
Publikum verwarf das Stück als eine gute förmliche Komödie,
wofür es der Dichter ohne Zweifel ausgab. Dieses geneigtere
nahm es für nichts mehr auf, als es ist: für eine Farce, für ein
Possenspiel, das zu lachen machen soll; man lachte und war
dankbar. Jenes Publikum dachte:

> — — non satis est risu diducere rictum
> Auditoris — — — — — —

und dieses:

> et est quaedam tamen hic quoque virtus.

Außer der Versifikation, die noch dazu sehr fehlerhaft und
nachlässig ist, kann dem Regnard dieses Lustspiel nicht viel
Mühe gemacht haben. Den Charakter seiner Hauptperson fand
er bei dem La Bruyère völlig entworfen. Er hatte nichts zu
thun, als die vornehmsten Züge teils in Handlung zu bringen,
teils erzählen zu lassen. Was er von dem Seinigen hinzufügte,
will nicht viel sagen.

Wider dieses Urteil ist nichts einzuwenden; aber wieder
eine Kritik, die den Dichter auf der Seite der Moralität fassen
will, desto mehr. Ein Zerstreuter soll kein Vorwurf für die
Komödie sein. Warum nicht? Zerstreut sein, sagt man, sei
eine Krankheit, ein Unglück, und kein Laster. Ein Zerstreuter
verdiene eben so wenig, ausgelacht zu werden, als einer, der
Kopfschmerzen hat. Die Komödie müsse sich nur mit Fehlern
abgeben, die sich verbessern lassen. Wer aber von Natur zerstreut
sei, der lasse sich durch Spöttereien eben so wenig bessern als
ein Hinkender.

Aber ist es denn wahr, daß die Zerstreuung ein Gebrechen
der Seele ist, dem unsere besten Bemühungen nicht abhelfen
können? Sollte sie wirklich mehr natürliche Verwahrlosung als
üble Angewohnheit sein? Ich kann es nicht glauben. Sind
wir nicht Meister unserer Aufmerksamkeit? Haben wir es nicht
in unserer Gewalt, sie anzustrengen, sie abzuziehen, wie wir
wollen? Und was ist die Zerstreuung anders als ein unrechter
Gebrauch unserer Aufmerksamkeit? Der Zerstreute denkt, und
denkt nur das nicht, was er seinen itzigen sinnlichen Eindrücken
zufolge denken sollte. Seine Seele ist nicht entschlummert, nicht
betäubt, nicht außer Thätigkeit gesetzt; sie ist nur abwesend, sie
ist nur anderwärts thätig. Aber so gut sie dort sein kann, so

gut kann sie auch hier sein; es ist ihr natürlicher Beruf, bei den sinnlichen Veränderungen ihres Körpers gegenwärtig zu sein; es kostet Mühe, sie dieses Berufs zu entwöhnen, und es sollte unmöglich sein, ihr ihn wieder geläufig zu machen?

Doch es sei; die Zerstreuung sei unheilbar: wo steht es denn geschrieben, daß wir in der Komödie nur über moralische Fehler, nur über verbesserliche Untugenden lachen sollen? Jede Ungereimtheit, jeder Kontrast von Mangel und Realität ist lächerlich. Aber lachen und verlachen ist sehr weit aus einander. Wir können über einen Menschen lachen, bei Gelegenheit seiner lachen, ohne ihn im geringsten zu verlachen. So unstreitig, so bekannt dieser Unterschied ist, so sind doch alle Schikanen, welche noch neuerlich Rousseau gegen den Nutzen der Komödie gemacht hat, nur daher entstanden, weil er ihn nicht gehörig in Er= wägung gezogen. „Molière," sagt er z. E., „macht uns über den Misanthropen zu lachen, und doch ist der Misanthrop der ehrliche Mann des Stücks; Molière beweiset sich also als einen Feind der Tugend, indem er den Tugendhaften verächtlich macht." Nicht doch; der Misanthrop wird nicht verächtlich, er bleibt, wer er ist, und das Lachen, welches aus den Situationen entspringt, in die ihn der Dichter setzt, benimmt ihm von unserer Hoch= achtung nicht das geringste. Der Zerstreute gleichfalls; wir lachen über ihn, aber verachten wir ihn darum?. Wir schätzen seine übrige guten Eigenschaften, wie wir sie schätzen sollen; ja, ohne sie würden wir nicht einmal über seine Zerstreuung lachen können. Man gebe diese Zerstreuung einem boshaften, nichts= würdigen Manne, und sehe, ob sie noch lächerlich sein wird? Widrig, ekel, häßlich wird sie sein, nicht lächerlich.

Neunundzwanzigstes Stück.

Den 7. August 1767.

Die Komödie will durch Lachen bessern, aber nicht eben durch Verlachen; nicht gerade diejenigen Unarten, über die sie zu lachen macht, noch weniger bloß und allein die, an welchen sich diese lächerlichen Unarten finden. Ihr wahrer allgemeiner Nutzen liegt in dem Lachen selbst; in der Uebung unserer Fähig= keit, das Lächerliche zu bemerken; es unter allen Bemäntelungen der Leidenschaft und der Mode, es in allen Vermischungen mit noch schlimmern oder mit guten Eigenschaften, sogar in den Runzeln des feierlichen Ernstes, leicht und geschwind zu bemerken. Zugegeben, daß der Geizige des Molière nie einen Geizigen, der Spieler des Regnard nie einen Spieler gebessert habe; ein=

geräumet, daß das Lachen diese Thoren gar nicht bessern könne:
desto schlimmer für sie, aber nicht für die Komödie. Ihr ist
genug, wenn sie keine verzweifelte Krankheiten heilen kann, die
Gesunden in ihrer Gesundheit zu befestigen. Auch dem Frei=
gebigen ist der Geizige lehrreich; auch dem, der gar nicht spielt,
ist der Spieler unterrichtend; die Thorheiten, die sie nicht haben,
haben andere, mit welchen sie leben müssen; es ist ersprießlich,
diejenigen zu kennen, mit welchen man in Kollision kommen
kann, ersprießlich, sich wider alle Eindrücke des Beispiels zu
verwahren. Ein Präservativ ist auch eine schätzbare Arzenei,
und die ganze Moral hat ein kräftigers, wirksamers als das
Lächerliche. —

Das Rätsel, oder was den Damen am meisten ge=
fällt, ein Lustspiel in einem Aufzuge von Herrn Loewen, machte
diesen Abend den Beschluß.

Wenn Marmontel und Voltaire nicht Erzählungen und
Märchen geschrieben hätten, so würde das französische Theater
eine Menge Neuigkeiten haben entbehren müssen. Am meisten
hat sich die komische Oper aus diesen Quellen bereichert. Des
letztern Ce qui plaît aux Dames gab den Stoff zu einem mit
Arien untermengten Lustspiele von vier Aufzügen, welches, unter
dem Titel La Fée Urgèle, von den italienischen Komödianten
zu Paris im Dezember 1765 aufgeführet ward. Herr Loewen
scheint nicht sowohl dieses Stück als die Erzählung des Voltaire
selbst vor Augen gehabt zu haben. Wenn man bei Beurteilung
einer Bildsäule mit auf den Marmorblock zu sehen hat, aus
welchem sie gemacht worden; wenn die primitive Form dieses
Blockes es zu entschuldigen vermag, daß dieses oder jenes Glied
zu kurz, diese oder jene Stellung zu gezwungen geraten, so ist
die Kritik auf einmal abgewiesen, die den Herrn Loewen wegen
der Einrichtung seines Stücks in Anspruch nehmen wollte. Mache
aus einem Hexenmärchen etwas Wahrscheinlichers, wer da kann!
Herr Loewen selbst gibt sein Rätsel für nichts anders als für
eine kleine Plaisanterie, die auf dem Theater gefallen kann, wenn
sie gut gespielt wird. Verwandlung und Tanz und Gesang kon=
kurrieren zu dieser Absicht, und es wäre bloßer Eigensinn, an
keinem Belieben zu finden. Die Laune des Pedrillo ist zwar
nicht original, aber doch gut getroffen. Nur dünkt mich, daß
ein Waffenträger oder Stallmeister, der das Abgeschmackte und
Wahnsinnige der irrenden Ritterschaft einsieht, sich nicht so recht
in eine Fabel passen will, die sich auf die Wirklichkeit der Zau=
berei gründet und ritterliche Abenteuer als rühmliche Hand=
lungen eines vernünftigen und tapfern Mannes annimmt. Doch,
wie gesagt, es ist eine Plaisanterie; und Plaisanterien muß man
nicht zergliedern wollen.

Den fünfunddreißigsten Abend (Mittewochs, den 1. Julius)
ward, in Gegenwart Sr. Königl. Majestät von Dänemark, die
Rodogune des Peter Corneille aufgeführt.

Corneille bekannte, daß er sich auf dieses Trauerspiel das
meiste einbilde, daß er es weit über seinen Cinna und Cid setze,
daß seine übrige Stücke wenig Vorzüge hätten, die in diesem
nicht vereint anzutreffen wären; ein glücklicher Stoff, ganz neue
Erdichtungen, starke Verse, ein gründliches Raisonnement, heftige Leidenschaften, ein von Akt zu Akt immer wachsendes Interesse. —

Es ist billig, daß wir uns bei dem Meisterstücke dieses großen
Mannes verweilen.

Die Geschichte, auf die es gebauet ist, erzählt Appianus
Alexandrinus gegen das Ende seines Buchs von den syrischen
Kriegen. „Demetrius, mit dem Zunamen Nicanor, unternahm
einen Feldzug gegen die Parther und lebte als Kriegsgefangner
einige Zeit an dem Hofe ihres Königes Phraates, mit dessen
Schwester Rodogune er sich vermählte. Inzwischen bemächtigte
sich Diodotus, der den vorigen Königen gedienet hatte, des syrischen Thrones und erhob ein Kind, den Sohn des Alexander
Nothus, darauf, unter dessen Namen er als Vormund anfangs die
Regierung führte. Bald aber schaffte er den jungen König aus
dem Wege, setzte sich selbst die Krone auf und gab sich den
Namen Tryphon. Als Antiochus, der Bruder des gefangenen
Königs, das Schicksal desselben und die darauf erfolgten Unruhen des Reichs zu Rhodus, wo er sich aufhielt, hörte, kam er
nach Syrien zurück, überwand mit vieler Mühe den Tryphon
und ließ ihn hinrichten. Hierauf wandte er seine Waffen gegen
den Phraates und forderte die Befreiung seines Bruders.
Phraates, der sich des Schlimmsten besorgte, gab den Demetrius
auch wirklich los; aber nichtsdestoweniger kam es zwischen ihm
und dem Antiochus zum Treffen, in welchem dieser den kürzern
zog und sich aus Verzweiflung selbst entleibte. Demetrius, nachdem er wieder in sein Reich gekehret war, ward von seiner Gemahlin Kleopatra, aus Haß gegen die Rodogune, umgebracht,
obschon Kleopatra selbst, aus Verdruß über diese Heirat, sich
mit dem nämlichen Antiochus, seinem Bruder, vermählet hatte.
Sie hatte von dem Demetrius zwei Söhne, wovon sie den ältesten, mit Namen Seleukus, der nach dem Tode seines Vaters
den Thron bestieg, eigenhändig mit einem Pfeile erschoß; es sei
nun, weil sie besorgte, er möchte den Tod seines Vaters an ihr
rächen, oder weil sie sonst ihre grausame Gemütsart dazu veranlaßte. Der jüngste Sohn hieß Antiochus; er folgte seinem Bruder
in der Regierung und zwang seine abscheuliche Mutter, daß sie
den Giftbecher, den sie ihm zugedacht hatte, selbst trinken mußte.“

In dieser Erzählung lag Stoff zu mehr als einem Trauerspiele. Es würde Corneillen eben nicht viel mehr Erfindung gekostet haben, einen Tryphon, einen Antiochus, einen Demetrius, einen Seleukus daraus zu machen, als es ihm, eine Rodogune daraus zu erschaffen, kostete. Was ihn aber vorzüglich darin reizte, war die beleidigte Ehefrau, welche die usurpierten Rechte ihres Ranges und Bettes nicht grausam genug rächen zu können glaubet. Diese also nahm er heraus; und es ist unstreitig, daß sonach sein Stück nicht Rodogune, sondern Kleopatra heißen sollte. Er gestand es selbst, und nur weil er besorgte, daß die Zuhörer diese Königin von Syrien mit jener berühmten letzten Königin von Aegypten gleiches Namens verwechseln dürften, wollte er lieber von der zweiten als von der ersten Person den Titel hernehmen. „Ich glaubte mich," sagt er, „dieser Freiheit um so eher bedienen zu können, da ich angemerkt hatte, daß die Alten selbst es nicht für notwendig gehalten, ein Stück eben nach seinem Helden zu benennen, sondern es ohne Bedenken auch wohl nach dem Chore benannt haben, der an der Handlung doch weit weniger teil hat und weit episodischer ist als Rodogune; so hat z. E. Sophokles eines seiner Trauerspiele ‚Die Trachinerinnen' genannt, welches man itziger Zeit schwerlich anders als den sterbenden Herkules nennen würde." Diese Bemerkung ist an und für sich sehr richtig: die Alten hielten den Titel für ganz unerheblich; sie glaubten im geringsten nicht, daß er den Inhalt angeben müsse; genug, wenn dadurch ein Stück von dem andern unterschieden ward, und hiezu ist der kleinste Umstand hinlänglich). Allein gleichwohl glaube ich schwerlich, daß Sophokles das Stück, welches er „Die Trachinerinnen" überschrieb, würde haben „Dejanira" nennen wollen. Er stand nicht an, ihm einen nichtsbedeutenden Titel zu geben; aber ihm einen verführerischen Titel zu geben, einen Titel, der unsere Aufmerksamkeit auf einen falschen Punkt richtet, dessen möchte er sich ohne Zweifel mehr bedacht haben. Die Besorgnis des Corneille ging hiernächst zu weit; wer die ägyptische Kleopatra kennet, weiß auch, daß Syrien nicht Aegypten ist, weiß, daß mehr Könige und Königinnen einerlei Namen geführt haben; wer aber jene nicht kennt, kann sie auch mit dieser nicht verwechseln. Wenigstens hätte Corneille in dem Stück selbst den Namen Kleopatra nicht so sorgfältig vermeiden sollen; die Deutlichkeit hat in dem ersten Akte darunter gelitten, und der deutsche Uebersetzer that daher sehr wohl, daß er sich über diese kleine Bedenklichkeit wegsetzte. Kein Skribent, am wenigsten ein Dichter, muß seine Leser oder Zuhörer so gar unwissend annehmen; er darf auch gar wohl manchmal denken: was sie nicht wissen, das mögen sie fragen!

Dreißigstes Stück.

Den 11. August 1767.

Kleopatra, in der Geschichte, ermordet ihren Gemahl, er=
schießt den einen von ihren Söhnen und will den andern mit
Gift vergeben. Ohne Zweifel folgte ein Verbrechen aus dem
andern, und sie hatten alle im Grunde nur eine und eben die=
selbe Quelle. Wenigstens läßt es sich mit Wahrscheinlichkeit an=
nehmen, daß die einzige Eifersucht ein wütendes Eheweib zu
einer eben so wütenden Mutter machte. Sich eine zweite Ge=
mahlin an die Seite gestellt zu sehen, mit dieser die Liebe ihres
Gatten und die Hoheit ihres Ranges zu teilen, brachte ein em=
pfindliches und stolzes Herz leicht zu dem Entschlusse, das gar
nicht zu besitzen, was es nicht allein besitzen konnte. Demetrius
muß nicht leben, weil er für Kleopatra nicht allein leben will.
Der schuldige Gemahl fällt; aber in ihm fällt auch ein Vater,
der rächende Söhne hinterläßt. An diese hatte die Mutter in
der Hitze ihrer Leidenschaft nicht gedacht, oder nur als an ihre
Söhne gedacht, von deren Ergebenheit sie versichert sei, oder deren
kindlicher Eifer doch, wenn er unter Eltern wählen müßte, ohn=
fehlbar sich für den zuerst beleidigten Teil erklären würde. Sie
fand es aber so nicht; der Sohn ward König, und der König
sahe in der Kleopatra nicht die Mutter, sondern die Königs=
mörderin. Sie hatte alles von ihm zu fürchten, und von dem
Augenblicke an er alles von ihr. Noch kochte die Eifersucht in
ihrem Herzen; noch war der treulose Gemahl in seinen Söhnen
übrig; sie fing an, alles zu hassen, was sie erinnern mußte, ihn
einmal geliebt zu haben; die Selbsterhaltung stärkte diesen Haß;
die Mutter war fertiger als der Sohn, die Beleidigerin fertiger
als der Beleidigte; sie beging den zweiten Mord, um den ersten
ungestraft begangen zu haben; sie beging ihn an ihrem Sohne
und beruhigte sich mit der Vorstellung, daß sie ihn nur an dem
begehe, der ihr eignes Verderben beschlossen habe, daß sie eigent=
lich nicht morde, daß sie ihrer Ermordung nur zuvorkomme.
Das Schicksal des ältern Sohnes wäre auch das Schicksal des
jüngern geworden; aber dieser war rascher, oder war glücklicher.
Er zwingt die Mutter, das Gift zu trinken, das sie ihm bereitet
hat; ein unmenschliches Verbrechen rächet das andere, und es
kömmt bloß auf die Umstände an, auf welcher Seite wir mehr
Verabscheuung oder mehr Mitleid empfinden sollen.

Dieser dreifache Mord würde nur eine Handlung ausmachen,
die ihren Anfang, ihr Mittel und ihr Ende in der nämlichen
Leidenschaft der nämlichen Person hätte. Was fehlt ihr also
noch zum Stoffe einer Tragödie? Für das Genie fehlt ihr nichts,

für den Stümper alles. Da ist keine Liebe, da ist keine Ver=
wicklung, keine Erkennung, kein unerwarteter wunderbarer Zwischen=
fall; alles geht seinen natürlichen Gang. Dieser natürliche Gang
reizt das Genie, und den Stümper schrecket er ab. Das Genie
können nur Begebenheiten beschäftigen, die in einander gegründet
sind, nur Ketten von Ursachen und Wirkungen. Diese auf jene
zurückzuführen, jene gegen diese abzuwägen, überall das Unge=
fähr auszuschließen, alles, was geschieht, so geschehen zu lassen,
daß es nicht anders geschehen können: das ist seine Sache, wenn
es in dem Felde der Geschichte arbeitet, um die unnützen Schätze
des Gedächtnisses in Nahrungen des Geistes zu verwandeln.
Der Witz hingegen, als der nicht auf das in einander Gegrün=
dete, sondern nur auf das Aehnliche oder Unähnliche gehet, wenn
er sich an Werke waget, die dem Genie allein vorgesparet bleiben
sollten, hält sich bei Begebenheiten auf, die weiter nichts mit
einander gemein haben, als daß sie zugleich geschehen. Diese
mit einander zu verbinden, ihre Fäden so durch einander zu
flechten und zu verwirren, daß wir jeden Augenblick den einen
unter dem andern verlieren, aus einer Befremdung in die andere
gestürzt werden: das kann er, der Witz, und nur das. Aus der
beständigen Durchkreuzung solcher Fäden von ganz verschiednen
Farben entstehet denn eine Kontextur, die in der Kunst eben das
ist, was die Weberei Changeant nennt: ein Stoff, von dem man
nicht sagen kann, ob er blau oder rot, grün oder gelb ist, der
beides ist, der von dieser Seite so, von der andern anders er=
scheint; ein Spielwerk der Mode, ein Gaukelputz für Kinder.
    Nun urteile man, ob der große Corneille seinen Stoff mehr
als ein Genie oder als ein witziger Kopf bearbeitet habe. Es
bedarf zu dieser Beurteilung weiter nichts als die Anwendung
eines Satzes, den niemand in Zweifel zieht: das Genie liebt
Einfalt, der Witz Verwicklung.
    Kleopatra bringt, in der Geschichte, ihren Gemahl aus Eifer=
sucht um. Aus Eifersucht? dachte Corneille: das wäre ja eine
ganz gemeine Frau; nein, meine Kleopatra muß eine Heldin
sein, die noch wohl ihren Mann gern verloren hätte, aber durch=
aus nicht den Thron; daß ihr Mann Rodogunen liebt, muß sie
nicht so sehr schmerzen, als daß Rodogune Königin sein soll, wie
sie; das ist weit erhabner. —
    Ganz recht; weit erhabner und — weit unnatürlicher. Denn
einmal ist der Stolz überhaupt ein unnatürliches, ein gekünstel=
teres Laster als die Eifersucht. Zweitens ist der Stolz eines
Weibes noch unnatürlicher als der Stolz eines Mannes. Die
Natur rüstete das weibliche Geschlecht zur Liebe, nicht zu Ge=
waltsamkeiten aus; es soll Zärtlichkeit, nicht Furcht erwecken;
nur durch Liebkosungen soll es herrschen, und soll nicht mehr

beherrschen wollen, als es genießen kann. Eine Frau, der das
Herrschen bloß des Herrschens wegen gefällt, bei der alle Neigungen dem Ehrgeize untergeordnet sind, die keine andere Glückseligkeit kennet, als zu gebieten, zu tyrannisieren und ihren Fuß
ganzen Völkern auf den Nacken zu setzen: so eine Frau kann wohl
einmal, auch mehr als einmal, wirklich gewesen sein; aber sie ist
dem ohngeachtet eine Ausnahme, und wer eine Ausnahme schildert, schildert ohnstreitig das minder Natürliche. Die Kleopatra
des Corneille, die so eine Frau ist, die, ihren Ehrgeiz, ihren beleidigten Stolz zu befriedigen, sich alle Verbrechen erlaubt, die
mit nichts als mit machiavellischen Maximen um sich wirft, ist
ein Ungeheuer ihres Geschlechts, und Medea ist gegen ihr tugendhaft und liebenswürdig. Denn alle die Grausamkeiten, welche
Medea begeht, begeht sie aus Eifersucht. Einer zärtlichen, eifersüchtigen Frau will ich noch alles vergeben; sie ist das, was sie
sein soll, nur zu heftig. Aber gegen eine Frau, die aus kaltem
Stolze, aus überlegtem Ehrgeize Frevelthaten verübet, empört
sich das ganze Herz, und alle Kunst des Dichters kann sie uns
nicht interessant machen. Wir staunen sie an, wie wir ein Mon-
strum anstaunen; und wenn wir unsere Neugierde gesättiget
haben, so danken wir dem Himmel, daß sich die Natur nur alle
tausend Jahre einmal so verirret, und ärgern uns über den
Dichter, der uns dergleichen Mißgeschöpfe für Menschen verkaufen
will, deren Kenntnis uns ersprießlich sein könnte. Man gehe die
ganze Geschichte durch: unter funfzig Frauen, die ihre Männer
vom Throne gestürzet und ermordet haben, ist kaum eine, von
der man nicht beweisen könnte, daß nur beleidigte Liebe sie zu
diesem Schritte bewogen. Aus bloßem Regierungsneide, aus
bloßem Stolze, das Zepter selbst zu führen, welches ein lieb-
reicher Ehemann führte, hat sich schwerlich eine so weit ver-
gangen. Viele, nachdem sie als beleidigte Gattinnen die Regierung an sich gerissen, haben diese Regierung hernach mit allem
männlichen Stolze verwaltet, das ist wahr. Sie hatten bei ihren
kalten, mürrischen, treulosen Gatten alles, was die Unterwürfig-
keit Kränkendes hat, zu sehr erfahren, als daß ihnen nachher ihre
mit der äußersten Gefahr erlangte Unabhängigkeit nicht um so viel
schätzbarer hätte sein sollen. Aber sicherlich hat keine das bei sich
gedacht und empfunden, was Corneille seine Kleopatra selbst von
sich sagen läßt, die unsinnigsten Bravaden des Lasters. Der
größte Bösewicht weiß sich vor sich selbst zu entschuldigen, sucht
sich selbst zu überreden, daß das Laster, welches er begeht, kein
so großes Laster sei, oder daß ihn die unvermeidliche Notwendigkeit es zu begehen zwinge. Es ist wider alle Natur, daß er sich
des Lasters als Lasters rühmet, und der Dichter ist äußerst zu
tadeln, der aus Begierde, etwas Glänzendes und Starkes zu

jagen, uns das menschliche Herz so verkennen läßt, als ob seine Grundneigungen auf das Böse als auf das Böse gehen könnten.

Dergleichen mißgeschilderte Charaktere, dergleichen schaudernde Tiraden sind indes bei keinem Dichter häufiger als bei Corneillen, und es könnte leicht sein, daß sich zum Teil sein Beiname des Großen mit darauf gründe. Es ist wahr, alles atmet bei ihm Heroismus; aber auch das, was keines fähig sein sollte und wirklich auch keines fähig ist: das Laster. Den Ungeheuern, den Gigantischen hätte man ihn nennen sollen, aber nicht den Großen. Denn nichts ist groß, was nicht wahr ist.

Einunddreißigstes Stück.
Den 14. August 1767.

In der Geschichte rächt sich Kleopatra bloß an ihrem Gemahle; an Rodogunen konnte oder wollte sie sich nicht rächen. Bei dem Dichter ist jene Rache längst vorbei; die Ermordung des Demetrius wird bloß erzählt, und alle Handlung des Stücks geht auf Rodogunen. Corneille will seine Kleopatra nicht auf halbem Wege stehen lassen; sie muß sich noch gar nicht gerächet zu haben glauben, wenn sie sich nicht auch an Rodogunen rächet. Einer Eifersüchtigen ist es allerdings natürlich, daß sie gegen ihre Nebenbuhlerin noch unversöhnlicher ist als gegen ihren treulosen Gemahl. Aber die Kleopatra des Corneille, wie gesagt, ist wenig oder gar nicht eifersüchtig; sie ist bloß ehrgeizig, und die Rache einer Ehrgeizigen sollte nie der Rache einer Eifersüchtigen ähnlich sein. Beide Leidenschaften sind zu sehr unterschieden, als daß ihre Wirkungen die nämlichen sein könnten. Der Ehrgeiz ist nie ohne eine Art von Edelmut, und die Rache streitet mit dem Edelmute zu sehr, als daß die Rache des Ehrgeizigen ohne Maß und Ziel sein sollte. So lange er seinen Zweck verfolgt, kennet sie keine Grenzen; aber kaum hat er diesen erreicht, kaum ist seine Leidenschaft befriediget, als auch seine Rache kälter und überlegender zu werden anfängt. Er proportioniert sie nicht sowohl nach dem erlittenen Nachteile, als vielmehr nach dem noch zu besorgenden. Wer ihm nicht weiter schaden kann, von dem vergißt er es auch wohl, daß er ihm geschadet hat. Wen er nicht zu fürchten hat, den verachtet er; und wen er verachtet, der ist weit unter seiner Rache. Die Eifersucht hingegen ist eine Art von Neid; und Neid ist ein kleines, kriechendes Laster, das keine andere Befriedigung kennt als das gänzliche Verderben seines Gegenstandes. Sie tobet in einem Feuer fort; nichts kann sie versöhnen; da die Beleidigung, die

fie erwecket hat, nie aufhöret, die nämliche Beleidigung zu fein,
und immer wächfet, je länger fie dauert, fo kann auch ihr Durft
nach Rache nie erlöfchen, die fie fpat oder früh, immer mit
gleichem Grimme vollziehen wird. Gerade fo ift die Rache der
Kleopatra beim Corneille; und die Mißhelligkeit, in der diefe
Rache alfo mit ihrem Charakter ftehet, kann nicht anders als
äußerft beleidigend fein. Ihre ftolzen Gefinnungen, ihr un-
bändiger Trieb nach Ehre und Unabhängigkeit laffen fie uns als
eine große, erhabne Seele betrachten, die alle unfere Bewunderung
verdienet. Aber ihr tückifcher Groll, ihre hämifche Rachfucht gegen
eine Perfon, von der ihr weiter nichts zu befürchten ftehet, die
fie in ihrer Gewalt hat, der fie bei dem geringften Funken von
Edelmute vergeben müßte, ihr Leichtfinn, mit dem fie nicht allein
felbft Verbrechen begeht, mit dem fie auch andern die unfinnigften
fo plump und geradehin zumutet: machen fie uns wiederum fo
klein, daß wir fie nicht genug verachten zu können glauben.
Endlich muß diefe Verachtung notwendig jene Bewunderung auf-
zehren, und es bleibt in der ganzen Kleopatra nichts übrig als
ein häßliches, abfcheuliches Weib, das immer fprudelt und rafet
und die erfte Stelle im Tollhaufe verdienet.

Aber nicht genug, daß Kleopatra fich an Rodogunen rächet:
der Dichter will, daß fie es auf eine ganz ausnehmende Weife
thun foll. Wie fängt er diefes an? Wenn Kleopatra felbft Rodogunen aus dem Wege fchafft, fo ift das Ding viel zu natürlich;
denn was ift natürlicher, als feine Feindin hinzurichten? Ginge
es nicht an, daß zugleich eine Liebhaberin in ihr hingerichtet
würde? Und daß fie von ihrem Liebhaber hingerichtet würde?
Warum nicht? Laßt uns erdichten, daß Rodogune mit dem
Demetrius noch nicht völlig vermählet gewefen; laßt uns erdichten, daß nach feinem Tode fich die beiden Söhne in die Braut
des Vaters verliebt haben; laßt uns erdichten, daß die beiden
Söhne Zwillinge find, daß dem älteften der Thron gehört, daß
die Mutter es aber beftändig verborgen gehalten, welcher von
ihnen der ältefte fei; laßt uns erdichten, daß fich endlich die
Mutter entfchloffen, diefes Geheimnis zu entdecken oder vielmehr
nicht zu entdecken, fondern an deffen Statt denjenigen für den
älteften zu erklären und ihn dadurch auf den Thron zu fetzen,
welcher eine gewiffe Bedingung eingehen wolle; laßt uns erdichten, daß diefe Bedingung der Tod der Rodogune fei. Nun
hätten wir ja, was wir haben wollten: beide Prinzen find in
Rodogunen fterblich verliebt; wer von beiden feine Geliebte umbringen will, der foll regieren.

Schön; aber könnten wir den Handel nicht noch mehr verwickeln? Könnten wir die guten Prinzen nicht noch in größere
Verlegenheit fetzen? Wir wollen verfuchen. Laßt uns alfo weiter

erdichten, daß Rodogune den Anſchlag der Kleopatra erfährt;
laßt uns weiter erdichten, daß ſie zwar einen von den Prinzen
vorzüglich liebt, aber es ihm nicht bekannt hat, auch ſonſt keinem
Menſchen es bekannt hat, noch bekennen will, daß ſie feſt ent-
ſchloſſen iſt, unter den Prinzen weder dieſen geliebtern, noch
den, welchem der Thron heimfallen dürfte, zu ihrem Gemahle
zu wählen, daß ſie allein den wählen wolle, welcher ſich ihr am
würdigſten erzeigen werde; Rodogune muß gerächet ſein wollen,
muß an der Mutter der Prinzen gerächet ſein wollen; Rodogune muß ihnen erklären: wer mich von euch haben will, der
ermorde ſeine Mutter!

Bravo! Das nenne ich doch noch eine Intrigue! Dieſe
Prinzen ſind gut angekommen! Die ſollen zu thun haben, wenn
ſie ſich herauswickeln wollen! Die Mutter ſagt zu ihnen: wer
von euch regieren will, der ermorde ſeine Geliebte! Und die
Geliebte ſagt: wer mich haben will, ermorde ſeine Mutter! Es
verſteht ſich, daß es ſehr tugendhafte Prinzen ſein müſſen, die
einander von Grund der Seele lieben, die viel Reſpekt für den
Teufel von Mama und eben ſo viel Zärtlichkeit für eine lieb-
äugelnde Furie von Gebieterin haben. Denn wenn ſie nicht beide
ſehr tugendhaft ſind, ſo iſt die Verwicklung ſo arg nicht, als es
ſcheinet; oder ſie iſt zu arg, daß es gar nicht möglich iſt, ſie
wieder aufzuwickeln. Der eine geht hin und ſchlägt die Prinzeſſin tot, um den Thron zu haben; damit iſt es aus. Oder der
andere geht hin und ſchlägt die Mutter tot, um die Prinzeſſin
zu haben; damit iſt es wieder aus. Oder ſie gehen beide hin
und ſchlagen die Geliebte tot, und wollen beide den Thron haben;
ſo kann es gar nicht aus werden. Oder ſie ſchlagen beide die
Mutter tot, und wollen beide das Mädchen haben; und ſo kann
es wiederum nicht aus werden. Aber wenn ſie beide fein tugendhaft ſind, ſo will keiner weder die eine noch die andere tot-
ſchlagen; ſo ſtehen ſie beide hübſch und ſperren das Maul auf
und wiſſen nicht, was ſie thun ſollen; und das iſt eben die
Schönheit davon. Freilich wird das Stück dadurch ein ſehr
ſonderbares Anſehen bekommen, daß die Weiber darin ärger als
raſende Männer, und die Männer weibiſcher als die armſeligſten
Weiber handeln; aber was ſchadet das? Vielmehr iſt dieſes ein
Vorzug des Stückes mehr; denn das Gegenteil iſt ſo gewöhnlich,
ſo abgedroſchen! -

Doch im Ernſte: ich weiß nicht, ob es viel Mühe koſtet, dergleichen Erdichtungen zu machen; ich habe es nie verſucht, ich
möchte es auch ſchwerlich jemals verſuchen. Aber das weiß ich,
daß es einem ſehr ſauer wird, dergleichen Erdichtungen zu ver-
dauen.

Nicht zwar, weil es bloße Erdichtungen ſind, weil nicht die

mindeſte Spur in der Geſchichte davon zu finden. Dieſe Be=
denklichkeit hätte ſich Corneille immer erſparen können. „Viel=
leicht," ſagt er, „dürfte man zweifeln, ob ſich die Freiheit der
Poeſie ſo weit erſtrecket, daß ſie unter bekannten Namen eine
ganze Geſchichte erdenken darf; ſo wie ich es hier gemacht habe,
wo nach der Erzählung im erſten Afte, welche die Grundlage
des folgenden iſt, bis zu den Wirkungen im fünften nicht das
Geringſte vorkömmt, welches einigen hiſtoriſchen Grund hätte.
Doch," fährt er fort, „mich dünkt, wenn wir nur das Reſultat
einer Geſchichte beibehalten, ſo ſind alle vorläufige Umſtände,
alle Einleitungen zu dieſem Reſultate in unſerer Gewalt. Wenig=
ſtens wüßte ich mich keiner Regel dawider zu erinnern, und die
Ausübung der Alten iſt völlig auf meiner Seite. Denn man
vergleiche nur einmal die Elektra des Sophokles mit der Elektra
des Euripides und ſehe, ob ſie mehr mit einander gemein haben
als das bloße Reſultat, die letzten Wirkungen in den Begegniſſen
ihrer Heldin, zu welchen jeder auf einem beſondern Wege durch
ihm eigentümliche Mittel gelanget, ſo daß wenigſtens eine davon
notwendig ganz und gar die Erfindung ihres Verfaſſers ſein
muß. Oder man werfe nur die Augen auf die Iphigenia in
Taurika, die uns Ariſtoteles zum Muſter einer vollkommenen
Tragödie gibt und die doch ſehr darnach ausſieht, daß ſie weiter
nichts als eine Erdichtung iſt, indem ſie ſich bloß auf das Vor=
geben gründet, daß Diana die Iphigenia in einer Wolke von
dem Altare, auf welchem ſie geopfert werden ſollte, entrückt und
ein Reh an ihrer Stelle untergeſchoben habe. Vornehmlich aber
verdient die Helena des Euripides bemerkt zu werden, wo ſo=
wohl die Haupthandlung als die Epiſoden, ſowohl der Knoten
als die Auflöſung, gänzlich erdichtet ſind und aus der Hiſtorie
nichts als die Namen haben."

Allerdings durfte Corneille mit den hiſtoriſchen Umſtänden
nach Gutdünken verfahren. Er durfte z. E. Rodogunen ſo jung
annehmen, als er wollte; und Voltaire hat ſehr unrecht, wenn
er auch hier wiederum aus der Geſchichte nachrechnet, daß Rodo=
gune ſo jung nicht könne geweſen ſein; ſie habe den Demetrius
geheiratet, als die beiden Prinzen, die itzt doch wenigſtens zwanzig
Jahre haben müßten, noch in ihrer Kindheit geweſen wären. Was
geht das dem Dichter an? Seine Rodogune hat den Demetrius
gar nicht geheiratet; ſie war ſehr jung, als ſie der Vater heiraten
wollte, und nicht viel älter, als ſich die Söhne in ſie verliebten.
Voltaire iſt mit ſeiner hiſtoriſchen Kontrolle ganz unleidlich.
Wenn er doch lieber die Data in ſeiner allgemeinen Weltgeſchichte
dafür verifizieren wollte!

Zweiunddreißigstes Stück.

Den 18. August 1767.

Mit den Beispielen der Alten hätte Corneille noch weiter zurückgehen können. Viele stellen sich vor, daß die Tragödie in Griechenland wirklich zur Erneuerung des Andenkens großer und sonderbarer Begebenheiten erfunden worden, daß ihre erste Bestimmung also gewesen, genau in die Fußstapfen der Geschichte zu treten und weder zur Rechten noch zur Linken auszuweichen. Aber sie irren sich. Denn schon Thespis ließ sich um die historische Richtigkeit ganz unbekümmert.*) Es ist wahr, er zog sich darüber einen harten Verweis von dem Solon zu. Doch ohne zu sagen, daß Solon sich besser auf die Gesetze des Staats als der Dichtkunst verstanden, so läßt sich den Folgerungen, die man aus seiner Mißbilligung ziehen könnte, auf eine andere Art ausweichen. Die Kunst bediente sich unter dem Thespis schon aller Vorrechte, als sie sich von seiten des Nutzens ihrer noch nicht würdig erzeigen konnte. Thespis ersann, erdichtete, ließ die bekanntesten Personen sagen und thun, was er wollte; aber er wußte seine Erdichtungen vielleicht weder wahrscheinlich noch lehrreich zu machen. Solon bemerkte in ihnen also nur das Unwahre, ohne die geringste Vermutung von dem Nützlichen zu haben. Er eiferte wider ein Gift, welches, ohne sein Gegengift mit sich zu führen, leicht von übeln Folgen sein könnte.

Ich fürchte sehr, Solon dürfte auch die Erdichtungen des großen Corneille nichts als leidige Lügen genannt haben. Denn wozu alle diese Erdichtungen? Machen sie in der Geschichte, die er damit überladet, das geringste wahrscheinlicher? Sie sind nicht einmal für sich selbst wahrscheinlich. Corneille prahlte damit als mit sehr wunderbaren Anstrengungen der Erdichtungskraft; und er hätte doch wohl wissen sollen, daß nicht das bloße Erdichten, sondern das zweckmäßige Erdichten einen schöpferischen Geist beweise.

Der Poet findet in der Geschichte eine Frau, die Mann und Söhne mordet; eine solche That kann Schrecken und Mitleid erwecken, und er nimmt sich vor, sie in einer Tragödie zu behandeln. Aber die Geschichte sagt ihm weiter nichts als das bloße Faktum, und dieses ist eben so gräßlich als außerordentlich. Es gibt höchstens drei Szenen, und da es von allen nähern Umständen entblößt ist, drei unwahrscheinliche Szenen. — Was thut also der Poet?

So wie er diesen Namen mehr oder weniger verdient, wird

---

*) Diogenes Laërtius, Lib. I. §. 59.

ihm entweder die Unwahrscheinlichkeit oder die magere Kürze der größere Mangel seines Stückes scheinen.

Ist er in dem erstern Falle, so wird er vor allen Dingen bedacht sein, eine Reihe von Ursachen und Wirkungen zu erfinden, nach welcher jene unwahrscheinliche Verbrechen nicht wohl anders, als geschehen müssen. Unzufrieden, ihre Möglichkeit bloß auf die historische Glaubwürdigkeit zu gründen, wird er suchen, die Charaktere seiner Personen so anzulegen; wird er suchen, die Vorfälle, welche diese Charaktere in Handlung setzen, so notwendig einen aus dem andern entspringen zu lassen; wird er suchen, die Leidenschaften nach eines jeden Charakter so genau abzumessen; wird er suchen, diese Leidenschaften durch so allmähliche Stufen durchzuführen, daß wir überall nichts als den natürlichsten, ordentlichsten Verlauf wahrnehmen; daß wir bei jedem Schritte, den er seine Personen thun läßt, bekennen müssen, wir würden ihn in dem nämlichen Grade der Leidenschaft, bei der nämlichen Lage der Sachen selbst gethan haben; daß uns nichts dabei befremdet als die unmerkliche Annäherung eines Zieles, vor dem unsere Vorstellungen zurückbeben und an dem wir uns endlich, voll des innigsten Mitleids gegen die, welche ein so fataler Strom dahinreißt, und voll Schrecken über das Bewußtsein befinden, auch uns könne ein ähnlicher Strom dahinreißen, Dinge zu begehen, die wir bei kaltem Geblüte noch so weit von uns entfernt zu sein glauben. — Und schlägt der Dichter diesen Weg ein, sagt ihm sein Genie, daß er darauf nicht schimpflich ermatten werde, so ist mit eins auch jene magere Kürze seiner Fabel verschwunden; es bekümmert ihn nun nicht mehr, wie er mit so wenigen Vorfällen fünf Akte füllen wolle; ihm ist nur bange, daß fünf Akte alle den Stoff nicht fassen werden, der sich unter seiner Bearbeitung aus sich selbst immer mehr und mehr vergrößert, wenn er einmal der verborgnen Organisation desselben auf die Spur gekommen und sie zu entwickeln versteht.

Hingegen dem Dichter, der diesen Namen weniger verdienet, der weiter nichts als ein witziger Kopf, als ein guter Versifikateur ist, dem, sage ich, wird die Unwahrscheinlichkeit seines Vorwurfs so wenig anstößig sein, daß er vielmehr eben hierin das Wunderbare desselben zu finden vermeinet, welches er auf keine Weise vermindern dürfe, wenn er sich nicht selbst des sichersten Mittels berauben wolle, Schrecken und Mitleid zu erregen. Denn er weiß so wenig, worin eigentlich dieses Schrecken und dieses Mitleid bestehet, daß er, um jenes hervorzubringen, nicht sonderbare, unerwartete, unglaubliche, ungeheure Dinge genug häufen zu können glaubt und, um dieses zu erwecken, nur immer seine Zuflucht zu den außerordentlichsten, gräßlichsten Unglücksfällen und Frevelthaten nehmen zu müssen vermeinet. Kaum hat er

also in der Geschichte eine Kleopatra, eine Mörderin ihres Gemahls und ihrer Söhne, aufgejagt, so sieht er, um eine Tragödie
daraus zu machen, weiter nichts dabei zu thun, als die Lücken
zwischen beiden Verbrechen auszufüllen, und sie mit Dingen auszufüllen, die wenigstens eben so befremdend sind als diese Verbrechen selbst. Alles dieses, seine Erfindungen und die historischen
Materialien, knetet er denn in einen sein langen, sein schwer zu
fassenden Roman zusammen; und wenn er es so gut zusammen-
geknetet hat, als sich nur immer Häcksel und Mehl zusammen-
kneten lassen, so bringt er seinen Teig auf das Drahtgeripple
von Akten und Szenen, läßt erzählen und erzählen, läßt rasen
und reimen, — und in vier, sechs Wochen, nachdem ihm das
Reimen leichter oder saurer ankömmt, ist das Wunder fertig;
es heißt ein Trauerspiel, — wird gedruckt und aufgeführet, —
gelesen und angesehen, — bewundert oder ausgepfiffen, — beibehalten oder vergessen, — so wie es das liebe Glück will. Denn
et habent sua fata libelli.

Darf ich es wagen, die Anwendung hiervon auf den großen
Corneille zu machen? Oder brauche ich sie noch lange zu machen?
— Nach dem geheimnisvollen Schicksale, welches die Schriften
so gut als die Menschen haben, ist seine Rodogune nun länger
als hundert Jahr als das größte Meisterstück des größten tragischen Dichters von ganz Frankreich, und gelegentlich mit von
ganz Europa, bewundert worden. Kann eine hundertjährige Bewunderung wohl ohne Grund sein? Wo haben die Menschen
so lange ihre Augen, ihre Empfindung gehabt? War es von
1644 bis 1767 allein dem Hamburgischen Dramaturgisten auf-
behalten, Flecken in der Sonne zu sehen und ein Gestirn auf
ein Meteor herabzusetzen?

O nein! Schon im vorigen Jahrhunderte saß einmal ein
ehrlicher Hurone in der Bastille zu Paris; dem ward die Zeit
lang, ob er schon in Paris war; und vor Langerweile studierte
er die französischen Poeten; diesem Huronen wollte die Rodogune
gar nicht gefallen. Hernach lebte, zu Anfange des itzigen Jahrhunderts, irgendwo in Italien ein Pedant, der hatte den Kopf
von den Trauerspielen der Griechen und seiner Landesleute des sechzehnten Säkuli voll, und der fand an der Rodogune gleichfalls
vieles auszusetzen. Endlich kam vor einigen Jahren sogar auch
ein Franzose, sonst ein gewaltiger Verehrer des Corneilleschen
Namens (denn weil er reich war und ein sehr gutes Herz hatte,
so nahm er sich einer armen verlaßnen Enkelin dieses großen
Dichters an, ließ sie unter seinen Augen erziehen, lehrte sie hübsche
Verse machen, sammelte Almosen für sie, schrieb zu ihrer Aus-
steuer einen großen einträglichen Kommentar über die Werke
ihres Großvaters u. s. w.); aber gleichwohl erklärte er die Rodo-

gune für ein sehr ungereimtes Gedicht und wollte sich des Todes
verwundern, wie ein so großer Mann, als der große Corneille,
solch widersinniges Zeug habe schreiben können. — Bei einem
von diesen ist der Dramaturgist ohnstreitig in die Schule gegangen, und aller Wahrscheinlichkeit nach bei dem letztern; denn
es ist doch gemeiniglich ein Franzose, der den Ausländern über
die Fehler eines Franzosen die Augen eröffnet. Diesem ganz
gewiß betet er nach; — oder ist es nicht diesem, wenigstens dem
Welschen, — wo nicht gar dem Huronen. Von einem muß er
es doch haben. Denn daß ein Deutscher selbst dächte, von selbst
die Kühnheit hätte, an der Vortrefflichkeit eines Franzosen zu
zweifeln, wer kann sich das einbilden?

Ich rede von diesen meinen Vorgängern mehr; bei der
nächsten Wiederholung der Rodogune. Meine Leser wünschen
aus der Stelle zu kommen, und ich mit ihnen. Itzt nur noch
ein Wort von der Uebersetzung, nach welcher dieses Stück aufgeführet worden. Es war nicht die alte Wolfenbüttelsche vom
Bressand, sondern eine ganz neue, hier verfertigte, die noch un-
gedruckt lieget, in gereimten Alexandrinern. Sie darf sich gegen
die beste von dieser Art nicht schämen und ist voller starken, glücklichen Stellen. Der Verfasser aber, weiß ich, hat zu viel Einsicht und Geschmack, als daß er sich einer so undankbaren Arbeit
noch einmal unterziehen wollte. Corneillen gut zu übersetzen,
muß man bessere Verse machen können als er selbst.

Dreiunddreißigstes Stück.
Den 21. August 1767.

Den sechsunddreißigsten Abend (Freitags, den 3. Julius)
ward das Lustspiel des Herrn Favart: Soliman der Zweite,
ebenfalls in Gegenwart Sr. Königl. Majestät von Dänemark,
aufgeführet.

Ich mag nicht untersuchen, wie weit es die Geschichte bestätiget, daß Soliman II. sich in eine europäische Sklavin verliebt habe, die ihn so zu fesseln, so nach ihrem Willen zu lenken
gewußt, daß er wider alle Gewohnheit seines Reiches sich förm-
lich mit ihr verbinden und sie zur Kaiserin erklären müssen.
Genug, daß Marmontel hierauf eine von seinen moralischen Erzählungen gegründet, in der er aber jene Sklavin, die eine Ita-
lienerin soll gewesen sein, zu einer Französin macht; ohne Zweifel,
weil er es ganz unwahrscheinlich gefunden, daß irgend eine andere Schöne als eine französische einen so seltnen Sieg über einen
Großtürken erhalten können.

Ich weiß nicht, was ich eigentlich zu der Erzählung des Marmontel sagen soll; nicht, daß sie nicht mit vielem Witze angelegt, mit allen den feinen Kenntnissen der großen Welt, ihrer Eitelkeit und ihres Lächerlichen ausgeführet und mit der Eleganz und Anmut geschrieben wäre, welche diesem Verfasser so eigen sind; von dieser Seite ist sie vortrefflich, allerliebst. Aber es soll eine moralische Erzählung sein, und ich kann nur nicht finden, wo ihr das Moralische sitzt. Allerdings ist sie nicht so schlüpfrig, so anstößig als eine Erzählung des La Fontaine oder Grecourt; aber ist sie darum moralisch, weil sie nicht ganz unmoralisch ist?

Ein Sultan, der in dem Schoße der Wollüste gähnet, dem sie der alltägliche und durch nichts erschwerte Genuß unschmackhaft und ekel gemacht hat, der seine schlaffen Nerven durch etwas ganz Neues, ganz Besonderes wieder gespannet und gereizet wissen will, um den sich die feinste Sinnlichkeit, die raffinierteste Zärtlichkeit umsonst bewirbt, vergebens erschöpft: dieser kranke Wollüstling ist der leidende Held in der Erzählung. Ich sage, der leidende: der Lecker hat sich mit zu viel Süßigkeiten den Magen verdorben; nichts will ihm mehr schmecken, bis er endlich auf etwas verfällt, was jedem gesunden Magen Abscheu erwecken würde, auf faule Eier, auf Katzenschwänze und Raupenpasteten; die schmecken ihm. Die edelste, bescheidenste Schönheit, mit dem schmachtendsten Auge, groß und blau, mit der unschuldigsten, empfindlichsten Seele, beherrscht den Sultan, — bis sie gewonnen ist. Eine andere, majestätischer in ihrer Form, blendender von Kolorit, blühende Suada auf ihren Lippen, und in ihrer Stimme das ganze liebliche Spiel bezaubernder Töne, eine wahre Muse, nur verführerischer, wird — genossen und vergessen. Endlich erscheinet ein weibliches Ding, flüchtig, unbedachtsam, wild, witzig bis zur Unverschämtheit, lustig bis zum Tollen, viel Physiognomie, wenig Schönheit, niedlicher als wohlgestaltet, Taille, aber keine Figur; dieses Ding, als es den Sultan erblickt, fällt mit der plumpesten Schmeichelei wie mit der Thüre ins Haus: Grâces au ciel, voici une figure humaine! — (Eine Schmeichelei, die nicht bloß dieser Sultan, auch mancher deutscher Fürst, dann und wann etwas feiner, dann und wann aber auch wohl noch plumper, zu hören bekommen und mit der unter zehnen neune, so gut wie der Sultan, vorlieb genommen, ohne die Beschimpfung, die sie wirklich enthält, zu fühlen.) Und so wie dieses Eingangskompliment, so das übrige — Vous êtes beaucoup mieux, qu'il n'appartient à un Turc: vous avez même quelque chose d'un François — En vérité ces Turcs sont plaisans — Je me charge d'apprendre à vivre à ce Turc — Je ne désespère pas d'en faire quelque jour un François. — Dennoch

gelingt es dem Dinge! Es lacht und schilt, es droht und spottet,
es liebäugelt und mault, bis der Sultan, nicht genug, ihm zu
gefallen, dem Seraglio eine neue Gestalt gegeben zu haben, auch
Reichsgesetze abändern und Geistlichkeit und Pöbel wider sich auf=
zubringen Gefahr laufen muß, wenn er anders mit ihr eben so
glücklich sein will, als schon der und jener, wie sie ihm selbst
bekennet, in ihrem Vaterlande mit ihr gewesen. Das verlohnte
sich wohl der Mühe!

Marmontel fängt seine Erzählung mit der Betrachtung an,
daß große Staatsveränderungen oft durch sehr geringfügige
Kleinigkeiten veranlaßt worden, und läßt den Sultan mit der
heimlichen Frage an sich selbst schließen: wie ist es möglich, daß
eine kleine aufgestülpte Nase die Gesetze eines Reiches umstoßen
können? Man sollte also fast glauben, daß er bloß diese Be=
merkung, dieses anscheinende Mißverhältnis zwischen Ursache und
Wirkung, durch ein Exempel erläutern wollen. Doch diese Lehre
wäre unstreitig zu allgemein, und er entdeckt uns in der Vor=
rede selbst, daß er eine ganz andere und weit speziellere dabei zur
Absicht gehabt. „Ich nahm mir vor,“ sagt er, „die Thorheit
derjenigen zu zeigen, welche ein Frauenzimmer durch Ansehen
und Gewalt zur Gefälligkeit bringen wollen; ich wählte also zum
Beispiele einen Sultan und eine Sklavin, als die zwei Extrema
der Herrschaft und Abhängigkeit.“ Allein Marmontel muß sicher=
lich auch diesen seinen Vorsatz während der Ausarbeitung ver=
gessen haben; fast nichts zielet dahin ab; man sieht nicht den
geringsten Versuch einiger Gewaltsamkeit von seiten des Sultans;
er ist gleich bei den ersten Insolenzen, die ihm die galante Fran=
zösin sagt, der zurückhaltendste, nachgebendste, gefälligste, folg=
samste, unterthänigste Mann, la meilleure pâte de mari, als
kaum in Frankreich zu finden sein würde. Also nur gerade
heraus; entweder es liegt gar keine Moral in dieser Erzählung
des Marmontel, oder es ist die, auf welche ich oben bei dem
Charakter des Sultans gewiesen: der Käfer, wenn er alle Blumen
durchschwärmt hat, bleibt endlich auf dem Miste liegen.

Doch Moral oder keine Moral; dem dramatischen Dichter
ist es gleichviel, ob sich aus seiner Fabel eine allgemeine Wahrheit
folgern läßt oder nicht; und also war die Erzählung des Mar=
montel darum nichts mehr und nichts weniger geschickt, auf das
Theater gebracht zu werden. Das that Favart, und sehr glücklich.
Ich rate allen, die unter uns das Theater aus ähnlichen Er=
zählungen bereichern wollen, die Favartsche Ausführung mit dem
Marmontelschen Urstoffe zusammenzuhalten. Wenn sie die Gabe,
zu abstrahieren, haben, so werden ihnen die geringsten Verände=
rungen, die dieser gelitten und zum Teil leiden müssen, lehr=
reich sein, und ihre Empfindung wird sie auf manchen Handgriff

leiten, der ihrer bloßen Spekulation wohl unentdeckt geblieben
wäre, den noch kein Kritikus zur Regel generalisieret hat, ob er
es schon verdiente, und der öfters mehr Wahrheit, mehr Leben
in ihr Stück bringen wird als alle die mechanischen Gesetze, mit
denen sich kahle Kunstrichter herumschlagen und deren Beobach=
tung sie lieber, dem Genie zum Trotze, zur einzigen Quelle der
Vollkommenheit eines Drama machen möchten.

Ich will nur bei einer von diesen Veränderungen stehen
bleiben. Aber ich muß vorher das Urteil anführen, welches Fran=
zosen selbst über das Stück gefällt haben.*) Anfangs äußern sie
ihre Zweifel gegen die Grundlage des Marmontels. „Soliman
der Zweite,“ sagen sie, „war einer von den größten Fürsten
seines Jahrhunderts; die Türken haben keinen Kaiser, dessen
Andenken ihnen teurer wäre als dieses Solimans; seine Siege,
seine Talente und Tugenden machten ihn selbst bei den Feinden
verehrungswürdig, über die er siegte; aber welche kleine, jämmer=
liche Rolle läßt ihn Marmontel spielen? Roxelane war nach der
Geschichte eine verschlagene, ehrgeizige Frau, die, ihren Stolz zu
befriedigen, der kühnsten, schwärzesten Streiche fähig war, die den
Sultan durch ihre Ränke und falsche Zärtlichkeit so weit zu bringen
wußte, daß er wider sein eigenes Blut wütete, daß er seinen
Ruhm durch die Hinrichtung eines unschuldigen Sohnes befleckte;
und diese Roxelane ist bei dem Marmontel eine kleine närrische
Kokette, wie nur immer eine in Paris herumflattert, den Kopf
voller Wind, doch das Herz mehr gut als böse. Sind dergleichen
Verkleidungen,“ fragen sie, „wohl erlaubt? Darf ein Poet oder
ein Erzähler, wenn man ihm noch so viel Freiheit verstattet,
diese Freiheit wohl bis auf die allerbekanntesten Charaktere er=
strecken? Wenn er Fakta nach seinem Gutdünken verändern darf,
darf er auch eine Lucretia verbuhlt und einen Sokrates galant
schildern?“

Das heißt einem mit aller Bescheidenheit zu Leibe gehen.
Ich möchte die Rechtfertigung des Herrn Marmontel nicht über=
nehmen; ich habe mich vielmehr schon dahin geäußert, daß die
Charaktere dem Dichter weit heiliger sein müssen als die Fakta.
Einmal, weil, wenn jene genau beobachtet werden, diese, insofern
sie eine Folge von jenen sind, von selbst nicht viel anders aus=
fallen können; dahingegen einerlei Faktum sich aus ganz ver=
schiedenen Charakteren herleiten läßt. Zweitens, weil das Lehr=
reiche nicht in den bloßen Faktis, sondern in der Erkenntnis besteht,
daß diese Charaktere unter diesen Umständen solche Fakta pflegen
und hervorbringen müssen. (Gleichwohl hat es Marmontel ge=
rade umgekehrt. Daß es einmal in dem Seraglio eine euro=

päische Sklavin gegeben, die sich zur gesetzmäßigen Gemahlin
des Kaisers zu machen gewußt, das ist das Faktum. Die Charaktere dieser Sklavin und dieses Kaisers bestimmen die Art
und Weise, wie dieses Faktum wirklich geworden; und da es
durch mehr als eine Art von Charakteren wirklich werden können,
so steht es freilich bei dem Dichter, als Dichter, welche von diesen
Arten er wählen will; ob die, welche die Historie bestätiget, oder
eine andere, so wie der moralischen Absicht, die er mit seiner
Erzählung verbindet, das eine oder das andere gemäßer ist.
Nur sollte er sich, im Fall daß er andere Charaktere als die
historischen, oder wohl gar diesen völlig entgegengesetzte wählet,
auch der historischen Namen enthalten und lieber ganz unbekannten Personen das bekannte Faktum beilegen, als bekannten
Personen nicht zukommende Charaktere andichten. Jenes vermehret unsere Kenntnis oder scheinet sie wenigstens zu vermehren und ist dadurch angenehm. Dieses widerspricht der
Kenntnis, die wir bereits haben, und ist dadurch unangenehm.
Die Fakta betrachten wir als etwas Zufälliges, als etwas, das
mehrern Personen gemein sein kann; die Charaktere hingegen
als etwas Wesentliches und Eigentümliches. Mit jenen lassen
wir den Dichter umspringen, wie er will, so lange er sie nur
nicht mit den Charakteren in Widerspruch setzt; diese hingegen
darf er wohl ins Licht stellen, aber nicht verändern; die geringste Veränderung scheinet uns die Individualität aufzuheben
und andere Personen unterzuschieben, betrügerische Personen, die
fremde Namen usurpieren und sich für etwas ausgeben, was sie
nicht sind.

Vierunddreißigstes Stück.

Den 25. August 1767.

Aber dennoch dünkt es mich immer ein weit verzeihlicherer
Fehler, seinen Personen nicht die Charaktere zu geben, die ihnen
die Geschichte gibt, als in diesen freiwillig gewählten Charakteren
selbst, es sei von seiten der innern Wahrscheinlichkeit oder von
seiten des Unterrichtenden, zu verstoßen. Denn jener Fehler kann
vollkommen mit dem Genie bestehen, nicht aber dieser. Dem
Genie ist es vergönnt, tausend Dinge nicht zu wissen, die jeder
Schulknabe weiß; nicht der erworbene Vorrat seines Gedächtnisses, sondern das, was es aus sich selbst, aus seinem eigenen
Gefühl hervorzubringen vermag, macht seinen Reichtum aus;[*)]
was es gehört oder gelesen, hat es entweder wieder vergessen,

---

*) Pindarus, Olymp. II. str. 5. v. 10.

ober mag es weiter nicht wissen, als insofern es in seinen Kram
taugt; es verstößt also, bald aus Sicherheit bald aus Stolz, bald
mit bald ohne Vorsatz, so oft, so gröblich, daß wir andern guten
Leute uns nicht genug darüber verwundern können; wir stehen
und staunen und schlagen die Hände zusammen und rufen: „Aber,
wie hat ein so großer Mann nicht wissen können! — wie ist es
möglich, daß ihm nicht beifiel! — überlegte er denn nicht?" O,
laßt uns ja schweigen; wir glauben ihn zu demütigen, und wir
machen uns in seinen Augen lächerlich; alles, was wir besser
wissen als er, beweiset bloß, daß wir fleißiger zur Schule gegangen als er, und das hatten wir leider nötig, wenn wir nicht
vollkommene Dummköpfe bleiben wollten.

Marmontels Soliman hätte daher meinetwegen immer ein
ganz anderer Soliman und seine Roxelane eine ganz andere
Roxelane sein mögen, als mich die Geschichte kennen lehret; wenn
ich nur gefunden hätte, daß, ob sie schon nicht aus dieser wirklichen Welt sind, sie dennoch zu einer andern Welt gehören könnten,
zu einer Welt, deren Zufälligkeiten in einer andern Ordnung
verbunden, aber doch eben so genau verbunden sind als in dieser;
zu einer Welt, in welcher Ursachen und Wirkungen zwar in
einer andern Reihe folgen, aber doch zu eben der allgemeinen
Wirkung des Guten abzwecken; kurz, zu der Welt eines Genies,
das — (es sei mir erlaubt, den Schöpfer ohne Namen durch sein
edelstes Geschöpf zu bezeichnen!) das, sage ich, um das höchste
Genie im kleinen nachzuahmen, die Teile der gegenwärtigen Welt
versetzet, vertauscht, verringert, vermehret, um sich ein eigenes
Ganze daraus zu machen, mit dem er seine eigene Absichten verbindet. Doch da ich dieses in dem Werke des Marmontels nicht
finde, so kann ich es zufrieden sein, daß man ihm auch jenes
nicht für genossen ausgehen läßt. Wer uns nicht schadlos halten
kann oder will, muß uns nicht vorsätzlich beleidigen. Und hier
hat es wirklich Marmontel, es sei nun nicht gekonnt, oder nicht
gewollt.

Denn nach dem angedeuteten Begriffe, den wir uns von
dem Genie zu machen haben, sind wir berechtigt, in allen Charakteren, die der Dichter ausbildet oder sich schaffet, Uebereinstimmung und Absicht zu verlangen, wenn er von uns verlangt,
in dem Lichte eines Genies betrachtet zu werden.

Uebereinstimmung: — Nichts muß sich in den Charakteren
widersprechen; sie müssen immer einförmig, immer sich selbst
ähnlich bleiben; sie dürfen sich itzt stärker, itzt schwächer äußern,
nachdem die Umstände auf sie wirken; aber keine von diesen Umständen müssen mächtig genug sein können, sie von Schwarz auf
Weiß zu ändern. Ein Türk und Despot muß, auch wenn er
verliebt ist, noch Türk und Despot sein. Dem Türken, der nur

die ſinnliche Liebe kennt, müſſen keine von den Raffinements
beifallen, die eine verwöhnte europäiſche Einbildungskraft damit
verbindet. „Ich bin dieſer liebkoſenden Maſchinen ſatt; ihre
weiche Gelehrigkeit hat nichts Anzügliches, nichts Schmeichel=
haftes; ich will Schwierigkeiten zu überwinden haben, und wenn
ich ſie überwunden habe, durch neue Schwierigkeiten in Atem
erhalten ſein:" ſo kann ein König von Frankreich denken, aber
kein Sultan. Es iſt wahr, wenn man einem Sultan dieſe Den=
kungsart einmal gibt, ſo kömmt der Despot nicht mehr in Be=
trachtung: er entäußert ſich ſeines Despotismus ſelbſt, um einer
freiern Liebe zu genießen; aber wird er deswegen auf einmal
der zahme Affe ſein, den eine dreiſte Gauklerin kann tanzen
laſſen, wie ſie will? Marmontel ſagt: „Soliman war ein zu
großer Mann, als daß er die kleinen Angelegenheiten ſeines
Seraglio auf den Fuß wichtiger Staatsgeſchäfte hätte treiben
ſollen." Sehr wohl; aber ſo hätte er auch am Ende wichtige
Staatsgeſchäfte nicht auf den Fuß der kleinen Angelegenheiten
ſeines Seraglio treiben müſſen. Denn zu einem großen Manne
gehört beides: Kleinigkeiten als Kleinigkeiten, und wichtige Dinge
als wichtige Dinge zu behandeln. Er ſuchte, wie ihn Marmontel
ſelbſt ſagen läßt, freie Herzen, die ſich aus bloßer Liebe zu ſeiner
Perſon die Sklaverei gefallen ließen; er hatte ein ſolches Herz
an der Elmire gefunden; aber weiß er, was er will? Die zärt=
liche Elmire wird von einer wollüſtigen Delia verdrängt, bis
ihm eine Unbeſonnene den Strick über die Hörner wirft, der
er ſich ſelbſt zum Sklaven machen muß, ehe er die zweideutige
Gunſt genießet, die bisher immer der Tod ſeiner Begierden ge=
weſen. Wird ſie es nicht auch hier ſein? Ich muß lachen über
den guten Sultan, und er verdiente doch mein herzliches Mit=
leid. Wenn Elmire und Delia nach dem Genuſſe auf einmal
alles verlieren, was ihn vorher entzückte: was wird denn Roxelane
nach dieſem kritiſchen Augenblicke für ihn noch behalten? Wird
er es acht Tage nach ihrer Krönung noch der Mühe wert halten,
ihr dieſes Opfer gebracht zu haben? Ich fürchte ſehr, daß er
ſchon den erſten Morgen, ſobald er ſich den Schlaf aus den
Augen gewiſcht, in ſeiner verehelichten Sultane weiter nichts
ſieht als ihre zuverſichtliche Frechheit und ihre aufgeſtülpte Naſe.
Mich dünkt, ich höre ihn ausrufen: Beim Mahomet, wo habe
ich meine Augen gehabt!

Ich leugne nicht, daß bei alle den Widerſprüchen, die uns
dieſen Soliman ſo armſelig und verächtlich machen, er nicht wirk=
lich ſein könnte. Es gibt Menſchen genug, die noch kläglichere
Widerſprüche in ſich vereinigen. Aber dieſe können auch eben
darum keine Gegenſtände der poetiſchen Nachahmung ſein. Sie
ſind unter ihr; denn ihnen fehlet das Unterrichtende; es wäre

denn, daß man ihre Widersprüche selbst, das Lächerliche oder die unglücklichen Folgen derselben zum Unterrichtenden machte, welches jedoch Marmontel bei seinem Soliman zu thun offenbar weit entfernt gewesen. Einem Charakter aber, dem das Unterrichtende fehlet, dem fehlet die

Absicht. — Mit Absicht handeln, ist das, was den Menschen über geringere Geschöpfe erhebt; mit Absicht dichten, mit Absicht nachahmen, ist das, was das Genie von den kleinen Künstlern unterscheidet, die nur dichten, um zu dichten, die nur nachahmen, um nachzuahmen, die sich mit dem geringen Vergnügen befriedigen, das mit dem Gebrauche ihrer Mittel verbunden ist, die diese Mittel zu ihrer ganzen Absicht machen und verlangen, daß auch wir uns mit dem eben so geringen Vergnügen befriedigen sollen, welches aus dem Anschauen ihres kunstreichen, aber absichtslosen Gebrauches ihrer Mittel entspringet. Es ist wahr, mit dergleichen leidigen Nachahmungen fängt das Genie an, zu lernen; es sind seine Vorübungen; auch braucht es sie in größern Werken zu Füllungen, zu Ruhepunkten unserer wärmern Teilnehmung; allein mit der Anlage und Ausbildung seiner Hauptcharaktere verbindet es weitere und größere Absichten: die Absicht, uns zu unterrichten, was wir zu thun oder zu lassen haben; die Absicht, uns mit den eigentlichen Merkmalen des Guten und Bösen, des Anständigen und Lächerlichen bekannt zu machen; die Absicht, uns jenes in allen seinen Verbindungen und Folgen als schön und als glücklich selbst im Unglücke, dieses hingegen als häßlich und unglücklich selbst im Glücke zu zeigen; die Absicht, bei Vorwürfen, wo keine unmittelbare Nacheiferung, keine unmittelbare Abschreckung für uns statthat, wenigstens unsere Begehrungs- und Verabscheuungskräfte mit solchen Gegenständen zu beschäftigen, die es zu sein verdienen, und diese Gegenstände jeder zeit in ihr wahres Licht zu stellen, damit uns kein falscher Tag verführt, was wir begehren sollten, zu verabscheuen und, was wir verabscheuen sollten, zu begehren.

Was ist nun von diesen allen in dem Charakter des Solimans, in dem Charakter der Roxelane? Wie ich schon gesagt habe: nichts. Aber von manchem ist gerade das Gegenteil darin; ein Paar Leute, die wir verachten sollten, wovon uns das eine Ekel und das andere Unwille eigentlich erregen müßte, ein stumpfer Wollüstling, eine abgefeimte Buhlerin werden uns mit so verführerischen Zügen, mit so lachenden Farben geschildert, daß es mich nicht wundern sollte, wenn mancher Ehemann sich daraus berechtigt zu sein glaubte, seiner recht chassinen und so schönen als gefälligen Gattin überdrüssig zu sein, weil sie eine Elmire und keine Roxelane ist.

Wenn Fehler, die wir adoptieren, unsere eigene Fehler sind,

so haben die angeführten französischen Kunstrichter recht, daß
sie alle das Tadelhafte des Marmontelschen Stoffes dem Favart
mit zur Last legen. Dieser scheint ihnen sogar dabei noch mehr ge-
sündiget zu haben als jener. „Die Wahrscheinlichkeit," sagen sie,
„auf die es vielleicht in einer Erzählung so sehr nicht ankömmt,
ist in einem dramatischen Stücke unumgänglich nötig; und diese
ist in dem gegenwärtigen auf das äußerste verletzet. Der große
Soliman spielt eine sehr kleine Rolle, und es ist unangenehm, so
einen Helden nur immer aus so einem Gesichtspunkte zu betrachten. Der Charakter eines Sultans ist noch mehr verun-
staltet; da ist auch nicht ein Schatten von der unumschränkten
Gewalt, vor der alles sich schmiegen muß. Man hätte diese Gewalt wohl lindern können; nur ganz vertilgen hätte man sie
nicht müssen. Der Charakter der Roxelane hat wegen seines
Spiels gefallen; aber wenn die Ueberlegung darüber kömmt,
wie sieht es dann mit ihm aus? Ist ihre Rolle im geringsten
wahrscheinlich? Sie spricht mit dem Sultan wie mit einem
Pariser Bürger; sie tadelt alle seine Gebräuche; sie widerspricht
in allen seinem Geschmacke und sagt ihm sehr harte, nicht selten
sehr beleidigende Dinge. Vielleicht zwar hätte sie das alles sagen
können, wenn sie es nur mit gemessenern Ausdrücken gesagt
hätte. Aber wer kann es aushalten, den großen Soliman von
einer jungen Landstreicherin so hofmeistern zu hören? Er soll
sogar die Kunst zu regieren von ihr lernen. Der Zug mit dem
verschmähten Schnupftuche ist hart und der mit der weggeworfe-
nen Tabakspfeife ganz unerträglich."

· ――――

Fünfunddreißigstes Stück.

Den 28. August 1767.

Der letztere Zug, muß man wissen, gehört dem Favart ganz
allein; Marmontel hat sich ihn nicht erlaubt. Auch ist der erstere
bei diesem feiner als bei jenem. Denn beim Favart gibt Roxelane das Tuch, welches der Sultan ihr gegeben, weg; sie scheinet
es der Delia lieber zu gönnen als sich selbst; sie scheinet es zu
verschmähen: das ist Beleidigung. Beim Marmontel hingegen
läßt sich Roxelane das Tuch von dem Sultan geben und gibt
es der Delia in seinem Namen; sie beuget damit einer Gunst-
bezeigung nur vor, die sie selbst noch nicht anzunehmen willens
ist, und das mit der uneigennützigsten, gutherzigsten Miene; der
Sultan kann sich über nichts beschweren, als daß sie seine Gesinnungen so schlecht errät, oder nicht besser erraten will.

Ohne Zweifel glaubte Favart durch dergleichen Ueberladungen das Spiel der Rorelane noch lebhafter zu machen; die Anlage zu Impertinenzen sahe er einmal gemacht, und eine mehr oder weniger konnte ihm nichts verschlagen, besonders wenn er die Wendung in Gedanken hatte, die er am Ende mit dieser Person nehmen wollte. Denn ohngeachtet, daß seine Rorelane noch unbedachtsamere Streiche macht, noch plumpern Mutwillen treibet, so hat er sie dennoch zu einem bessern und edlern Charakter zu machen gewußt, als wir in Marmontels Rorelane erkennen. Und wie das? warum das?

Eben auf diese Veränderung wollte ich oben kommen; und mich dünkt, sie ist so glücklich und vorteilhaft, daß sie von den Franzosen bemerkt und ihrem Urheber angerechnet zu werden verdient hätte.

Marmontels Rorelane ist wirklich, was sie scheinet, ein kleines närrisches, vermessenes Ding, dessen Glück es ist, daß der Sultan Geschmack an ihm gefunden, und das die Kunst versteht, diesen Geschmack durch Hunger immer gieriger zu machen und ihn nicht eher zu befriedigen, als bis sie ihren Zweck erreicht hat. Hinter Favarts Rorelane hingegen steckt mehr; sie scheinet die kecke Buhlerin mehr gespielt zu haben, als zu sein, durch ihre Dreistigkeiten den Sultan mehr auf die Probe gestellt, als seine Schwäche gemißbraucht zu haben. Denn kaum hat sie den Sultan dahin gebracht, wo sie ihn haben will, kaum erkennt sie, daß seine Liebe ohne Grenzen ist, als sie gleichsam die Larve abnimmt und ihm eine Erklärung thut, die zwar ein wenig unvorbereitet kömmt, aber ein Licht auf ihre vorige Aufführung wirft, durch welches wir ganz mit ihr ausgesöhnet werden. „Nun kenn' ich dich, Sultan; ich habe deine Seele bis in ihre geheimste Triebfedern erforscht; es ist eine edle, große Seele, ganz den Empfindungen der Ehre offen. So viel Tugend entzückt mich! Aber lerne nun auch mich kennen! Ich liebe dich, Soliman; ich muß dich wohl lieben! Nimm alle deine Rechte, nimm meine Freiheit zurück; sei mein Sultan, mein Held, mein Gebieter! Ich würde dir sonst sehr eitel, sehr ungerecht scheinen müssen. Nein, thue nichts, als was dich dein Gesetz zu thun berechtiget. Es gibt Vorurteile, denen man Achtung schuldig ist. Ich verlange einen Liebhaber, der meinetwegen nicht erröten darf; sieh hier in Rorelanen   nichts als deine unterthänige Sklavin.“[*)] So

---

*) Sultan, j'ai pénétré ton ame;
    J'en ai démêlé les ressorts.
  Elle est grande, elle est fière, et la gloire l'enflamme,
    Tant de vertus excitent mes transports.
  A ton tour, tu vas me connoître:

sagt sie, und uns wird auf einmal ganz anders; die Kokette ver-
schwindet, und ein liebes, eben so vernünftiges als drolliges
Mädchen steht vor uns; Soliman höret auf, uns verächtlich zu
scheinen; denn diese bessere Roxelane ist seiner Liebe würdig;
wir fangen sogar in dem Augenblicke an, zu fürchten, er möchte
die nicht genug lieben, die er uns zuvor viel zu sehr zu lieben
schien, er möchte sie bei ihrem Worte fassen, der Liebhaber möchte
den Despoten wieder annehmen, sobald sich die Liebhaberin in
die Sklavin schickt, eine kalte Danksagung, daß sie ihn noch zu
rechter Zeit von einem so bedenklichen Schritte zurückhalten
wollen, möchte anstatt einer feurigen Bestätigung seines Ent-
schlusses erfolgen, das gute Kind möchte durch ihre Großmut
wieder auf einmal verlieren, was sie durch mutwillige Vermessen-
heiten so mühsam gewonnen; doch diese Furcht ist vergebens,
und das Stück schließt sich zu unserer völligen Zufriedenheit.

Und nun, was bewog den Favart zu dieser Veränderung?
Ist sie bloß willkürlich, oder fand er sich durch die besondern
Regeln der Gattung, in welcher er arbeitete, dazu verbunden?
Warum gab nicht auch Marmontel seiner Erzählung diesen ver-
gnügendern Ausgang? Ist das Gegenteil von dem, was dort
eine Schönheit ist, hier ein Fehler?

Ich erinnere mich, bereits an einem andern Orte angemerkt
zu haben, welcher Unterschied sich zwischen der Handlung der
äsopischen Fabel und des Drama findet. Was von jener gilt,
gilt von jeder moralischen Erzählung, welche die Absicht hat,
einen allgemeinen moralischen Satz zur Intuition zu bringen.
Wir sind zufrieden, wenn diese Absicht erreicht wird, und es ist
uns gleichviel, ob es durch eine vollständige Handlung, die für
sich ein wohlgegründetes Ganze ausmacht, geschiehet oder nicht;
der Dichter kann sie abbrechen, wo er will, sobald er sich an
seinem Ziele sieht; wegen des Anteils, den wir an dem Schicksale der Personen nehmen, durch welche er sie ausführen läßt, ist
er unbekümmert; er hat uns nicht interessieren, er hat uns unterrichten wollen; er hat es lediglich mit unserm Verstande, nicht
mit unserm Herzen zu thun, dieses mag befriediget werden oder
nicht, wenn jener nur erleuchtet wird. Das Drama hingegen
macht auf eine einzige, bestimmte, aus seiner Fabel fließende

---

Je t'aime, Soliman; mais tu l'as mérité.
　Reprends tes droits, reprends ma liberté;
　Sois mon Sultan, mon Héros et mon Maître.
Tu me soupçonnerois d'injuste vanité.
　Va, ne fais rien que ta loi n'autorise;
　Il est des préjugés qu'on ne doit point trahir,
　Et je veux un Amant, qui n'ait point à rougir:
Tu vois dans Roxelane une Esclave soumise.

Lehre keinen Anspruch; es gehet entweder auf die Leidenschaften, welche der Verlauf und die Glücksveränderungen seiner Fabel anzufachen und zu unterhalten vermögend sind, oder auf das Vergnügen, welches eine wahre und lebhafte Schilderung der Sitten und Charaktere gewährt; und beides erfordert eine gewisse Vollständigkeit der Handlung, ein gewisses, befriedigendes Ende, welches wir bei der moralischen Erzählung nicht vermissen, weil alle unsere Aufmerksamkeit auf den allgemeinen Satz gelenkt wird, von welchem der einzelne Fall derselben ein so einleuchtendes Beispiel gibt.

Wenn es also wahr ist, daß Marmontel durch seine Erzählung lehren wollte, die Liebe lasse sich nicht erzwingen, sie müsse durch Nachsicht und Gefälligkeit, nicht durch Ansehen und Gewalt erhalten werden, so hatte er recht, so aufzuhören, wie er aufhört. Die unbändige Roxelane wird durch nichts als Nachgeben gewonnen; was wir dabei von ihrem und des Sultans Charakter denken, ist ihm ganz gleichgültig, mögen wir sie doch immer für eine Närrin und ihn für nichts Bessers halten. Auch hat er gar nicht Ursache, uns wegen der Folge zu beruhigen; es mag uns immer noch so wahrscheinlich sein, daß den Sultan seine blinde Gefälligkeit bald gereuen werde: was geht das ihn an? Er wollte uns zeigen, was die Gefälligkeit über das Frauenzimmer überhaupt vermag; er nahm also eines der wildesten, unbekümmert, ob es eine solche Gefälligkeit wert sei oder nicht.

Allein, als Favart diese Erzählung auf das Theater bringen wollte, so empfand er bald, daß durch die dramatische Form die Intuition des moralischen Satzes größtenteils verloren gehe, und daß, wenn sie auch vollkommen erhalten werden könne, das daraus erwachsende Vergnügen doch nicht so groß und lebhaft sei, daß man dabei ein anderes, welches dem Drama wesentlicher ist, entbehren könne. Ich meine das Vergnügen, welches uns eben so rein gedachte als richtig gezeichnete Charakter gewähren. Nichts beleidiget uns aber von seiten dieser mehr als der Widerspruch, in welchem wir ihren moralischen Wert oder Unwert mit der Behandlung des Dichters finden; wenn wir finden, daß sich dieser entweder selbst damit betrogen hat, oder uns wenigstens damit betrügen will, indem er das Kleine auf Stelzen hebt, mutwilligen Thorheiten den Anstrich heiterer Weisheit gibt und Laster und Ungereimtheiten mit allen betriegerischen Reizen der Mode, des guten Tons, der feinen Lebensart, der großen Welt ausstaffiert. Je mehr unsere ersten Blicke dadurch geblendet werden, desto strenger verfährt unsere Ueberlegung; das häßliche Gesicht, das wir so schön geschminkt sehen, wird nur noch einmal so häßlich erklärt, als es wirklich ist; und der Dichter hat nur zu wählen, ob er von uns lieber für einen Giftmischer oder für

einen Blödfinnigen will gehalten fein. So wäre es dem Favart,
fo wäre es feinen Charakteren des Solimans und der Roxelane
ergangen; und das empfand Favart. Aber da er diefe Charak=
tere nicht von Anfang ändern konnte, ohne fich eine Menge
Theaterfpiele zu verderben, die er fo vollkommen nach dem Ge=
fchmacke feines Parterres zu fein urteilte, fo blieb ihm nichts zu
thun übrig, als was er that. Nun freuen wir uns, uns an
nichts vergnügt zu haben, was wir nicht auch hochachten könnten;
und zugleich befriediget diefe Hochachtung unfere Neugierde und
Beforgnis wegen der Zukunft. Denn da die Illufion des Drama
weit ftärker ift als einer bloßen Erzählung, fo intereffieren uns
auch die Perfonen in jenem weit mehr als in diefer, und wir
begnügen uns nicht, ihr Schickfal bloß für den gegenwärtigen
Augenblick entfchieden zu fehen, fondern wir wollen uns auf
immer desfalls zufrieden geftellet wiffen.

Sechsunddreißigftes Stück.
Den 1. September 1767.

So unftreitig wir aber ohne die glückliche Wendung, welche
Favart am Ende dem Charakter der Roxelane gibt, ihre darauf
folgende Krönung nicht anders als mit Spott und Verachtung,
nicht anders als den lächerlichen Triumph einer Serva Padrona
würden betrachtet haben; fo gewiß ohne fie der Kaifer in unfern
Augen nichts als ein kläglicher Pimpinello und die neue Kaiferin
nichts als eine häßliche, verfchmitzte Serbinette gewefen wäre,
von der wir vorausgefehen hätten, daß fie nun bald dem armen
Sultan, Pimpinello dem Zweiten, noch ganz anders mitfpielen
werde: fo leicht und natürlich dünkt uns doch auch diefe Wen=
dung felbft; und wir müffen uns wundern, daß fie dem ohnge=
achtet fo manchem Dichter nicht beigefallen und fo manche
drollige und dem Anfehen nach wirklich komifche Erzählung in
der dramatifchen Form darüber verunglücken müffen.

Zum Exempel die Matrone von Ephefus. Man kennt diefes
beißende Märchen, und es ift unftreitig die bitterfte Satire, die
jemals gegen den weiblichen Leichtfinn gemacht worden. Man
hat es dem Petron taufendmal nacherzählt; und da es felbft in
der fchlechteften Kopie noch immer gefiel, fo glaubte man, daß
es ein eben fo glücklicher Stoff für das Theater fein müffe.
Houdar de la Motte und andere machten den Verfuch; aber ich
berufe mich auf jedes feinere Gefühl, wie diefer Verfuch ausge=
fallen. Der Charakter der Matrone, der in der Erzählung ein
nicht unangenehmes höhnifches Lächeln über die Vermeffenheit

der ehelichen Liebe erweckt, wird in dem Drama ekel und gräß=
lich. Wir finden hier die Ueberredungen, deren sich der Soldat
gegen sie bedienet, bei weitem nicht so fein und dringend und
siegend, als wir sie uns dort vorstellen. Dort bilden wir uns
ein empfindliches Weibchen ein, dem es mit seinem Schmerze
wirklich Ernst ist, das aber den Versuchungen und ihrem Tem=
peramente unterliegt; ihre Schwäche dünkt uns die Schwäche
des ganzen Geschlechts zu sein; wir fassen also keinen besondern
Haß gegen sie; was sie thut, glauben wir, würde ungefähr jede
Frau gethan haben; selbst ihren Einfall, den lebendigen Lieb=
haber vermittelst des toten Mannes zu retten, glauben wir ihr,
des Sinnreichen und der Besonnenheit wegen, verzeihen zu
müssen; oder vielmehr, eben das Sinnreiche dieses Einfalls
bringt uns auf die Vermutung, daß er wohl auch nur ein bloßer
Zusatz des hämischen Erzählers sei, der sein Märchen gern mit
einer recht giftigen Spitze schließen wollen. Aber in dem Drama
findet diese Vermutung nicht statt: was wir dort nur hören,
daß es geschehen sei, sehen wir hier wirklich geschehen; woran
wir dort noch zweifeln können, davon überzeugt uns unser eigener
Sinn hier zu unwidersprechlich; bei der bloßen Möglichkeit er=
götzte uns das Sinnreiche der That, bei ihrer Wirklichkeit sehen
wir bloß ihre Schwärze; der Einfall vergnügte unsern Witz,
aber die Ausführung des Einfalls empört unsere ganze Empfind=
lichkeit; wir wenden der Bühne den Rücken und sagen mit dem
Lykas beim Petron, auch ohne uns in dem besondern Falle des
Lykas zu befinden: Si justus Imperator fuisset, debuit pa-
trisfamiliae corpus in monimentum referre, mulierem ad-
figere cruci. Und diese Strafe scheinet sie uns um so viel
mehr zu verdienen, je weniger Kunst der Dichter bei ihrer Ver=
führung angewendet; denn wir verdammen sodann in ihr nicht
das schwache Weib überhaupt, sondern ein vorzüglich leichtsinniges,
lüderliches Weibsstück insbesondere. - Kurz, die Petronische
Fabel glücklich auf das Theater zu bringen, müßte sie den näm=
lichen Ausgang behalten und auch nicht behalten, müßte die
Matrone so weit gehen und auch nicht so weit gehen. - Die
Erklärung hierüber anderwärts!

Den siebenunddreißigsten Abend (Sonnabends, den 4. Ju=
lius) wurden Nanine und der Advokat Patelin wiederholt.

Den achtunddreißigsten Abend (Dienstags, den 7. Julius)
ward die Merope des Herrn von Voltaire aufgeführt.

Voltaire verfertigte dieses Trauerspiel auf Veranlassung der
Merope des Maffei, vermutlich im Jahr 1737 und vermutlich
zu Cirey bei seiner Urania, der Marquise du Chatelet. Denn
schon im Jänner 1738 lag die Handschrift davon zu Paris bei
dem Pater Brumoy, der als Jesuit und als Verfasser des Théâtre

des Grees am geschicktesten war, die besten Vorurteile dafür
einzuflößen und die Erwartung der Hauptstadt diesen Vorurteilen gemäß zu stimmen. Brumoy zeigte sie den Freunden
des Verfassers, und unter andern mußte er sie auch dem alten
Vater Tournemine schicken, der, sehr geschmeichelt, von seinem
lieben Sohne Voltaire über ein Trauerspiel, über eine Sache,
wovon er eben nicht viel verstand, um Rat gefragt zu werden,
ein Briefchen voller Lobeserhebungen an jenen darüber zurück-
schrieb, welches nachher allen unberufenen Kunstrichtern zur Lehre
und zur Warnung jederzeit dem Stücke selbst vorgedruckt worden.
Es wird darin für eines von den vollkommensten Trauerspielen,
für ein wahres Muster erklärt, und wir können uns nunmehr
ganz zufrieden geben, daß das Stück des Euripides gleichen Inhalts verloren gegangen; oder vielmehr, dieses ist nun nicht
länger verloren, Voltaire hat es uns wiederhergestellt.

So sehr hierdurch nun auch Voltaire beruhiget sein mußte,
so schien er sich doch mit der Vorstellung nicht übereilen zu
wollen, welche erst im Jahre 1743 erfolgte. Er genoß von
seiner staatsklugen Verzögerung auch alle die Früchte, die er sich
nur immer davon versprechen konnte. Merope fand den außerordentlichsten Beifall, und das Parterre erzeigte dem Dichter eine
Ehre, von der man noch zur Zeit kein Exempel gehabt hatte.
Zwar begegnete ehedem das Publikum auch dem großen Corneille sehr vorzüglich; sein Stuhl auf dem Theater ward beständig
freigelassen, wenn der Zulauf auch noch so groß war, und wenn
er kam, so stand jedermann auf; eine Distinktion, deren in Frankreich nur die Prinzen vom Geblüte gewürdiget werden. Corneille ward im Theater wie in seinem Hause angesehen; und
wenn der Hausherr erscheinet, was ist billiger, als daß ihm die
Gäste ihre Höflichkeit bezeigen? Aber Voltairen widerfuhr noch
ganz etwas anders: das Parterre ward begierig, den Mann von
Angesicht zu kennen, den es so sehr bewundert hatte; wie die
Vorstellung also zu Ende war, verlangte es ihn zu sehen und
rufte und schrie und lärmte, bis der Herr von Voltaire heraus-
treten und sich begaffen und beklatschen lassen mußte. Ich weiß
nicht, welches von beiden mich hier mehr befremdet hätte, ob die
kindische Neugierde des Publikums, oder die eitele Gefälligkeit
des Dichters. Wie denkt man denn, daß ein Dichter aussieht?
Nicht wie andere Menschen? Und wie schwach muß der Eindruck
sein, den das Werk gemacht hat, wenn man in eben dem Augenblicke auf nichts begieriger ist, als die Figur des Meisters dagegen zu halten? Das wahre Meisterstück, dünkt mich, erfüllet uns
so ganz mit sich selbst, daß wir des Urhebers darüber vergessen,
daß wir es nicht als das Produkt eines einzeln Wesens, sondern
der allgemeinen Natur betrachten. Young sagt von der Sonne,

es wäre Sünde von den Heiden gewesen, sie nicht anzubeten.
Wenn Sinn in dieser Hyperbel liegt, so ist es dieser: der Glanz,
die Herrlichkeit der Sonne ist so groß, so überschwenglich, daß
es dem rohern Menschen zu verzeihen, daß es sehr natürlich war,
wenn er sich keine größere Herrlichkeit, keinen Glanz denken
konnte, von dem jener nur ein Abglanz sei, wenn er sich also
in der Bewunderung der Sonne so sehr verlor, daß er an den
Schöpfer der Sonne nicht dachte. Ich vermute, die wahre Ursache, warum wir so wenig Zuverlässiges von der Person und
den Lebensumständen des Homers wissen, ist die Vortrefflichkeit
seiner Gedichte selbst. Wir stehen voller Erstaunen an dem breiten
rauschenden Flusse, ohne an seine Quelle im Gebirge zu denken.
Wir wollen es nicht wissen, wir finden unsre Rechnung dabei,
es zu vergessen, daß Homer, der Schulmeister in Smyrna, Homer,
der blinde Bettler, eben der Homer ist, welcher uns in seinen
Werken so entzückt. Er bringt uns unter Götter und Helden;
wir müßten in dieser Gesellschaft viel Langeweile haben, um
uns nach dem Thürsteher so genau zu erkundigen, der uns her
eingelassen. Die Täuschung muß sehr schwach sein, man muß
wenig Natur, aber desto mehr Künstelei empfinden, wenn man
so neugierig nach dem Künstler ist. So wenig schmeichelhaft
also im Grunde für einen Mann von Genie das Verlangen des
Publikums, ihn von Person zu kennen, sein müßte (und was
hat er dabei auch wirklich vor dem ersten dem besten Murmel-
tiere voraus, welches der Pöbel gesehen zu haben eben so begierig ist?), so wohl scheinet sich doch die Eitelkeit der französischen Dichter dabei befunden zu haben. Denn da das Pariser
Parterre 'ah, wie leicht ein Voltaire in diese Falle zu locken sei,
wie zahm und geschmeidig so ein Mann durch zweideutige Ka-
ressen werden könne, so machte es sich dieses Vergnügen öfter,
und selten ward nachher ein neues Stück aufgeführt, dessen Verfasser nicht gleichfalls hervor mußte und auch ganz gern hervor-
kam. Von Voltairen bis zum Marmontel, und vom Marmontel
bis tief herab zum Cordier haben fast alle an diesem Pranger
gestanden. Wie manches Armesündergesichte muß darunter gewesen sein! Die Posse ging endlich so weit, daß sich die Ernst-
haftern von der Nation selbst darüber ärgerten. Der sinnreiche
Einfall des weisen Polichinell ist bekannt. Und nur erst ganz
neulich war ein junger Dichter kühn genug, das Parterre vergebens nach sich rufen zu lassen. Er erschien durchaus nicht;
sein Stück war mittelmäßig, aber dieses sein Betragen desto
braver und rühmlicher. Ich wollte durch mein Beispiel einen
solchen Uebelstand lieber abgeschafft, als durch zehn Meropen ihn
veranlaßt haben.

Siebenunddreißigſtes Stück.

Ich habe geſagt, daß Voltairens Merope durch die Merope
des Maffei veranlaſſet worden. Aber veranlaſſet, ſagt wohl zu
wenig, denn jene iſt ganz aus dieſer entſtanden; Fabel und Plan
und Sitten gehören dem Maffei; Voltaire würde ohne ihn gar
keine, oder doch ſicherlich eine ganz andere Merope geſchrieben haben.

Alſo um die Kopie des Franzoſen richtig zu beurteilen,
müſſen wir zuvörderſt das Original des Italieners kennen lernen;
und um das poetiſche Verdienſt des letztern gehörig zu ſchätzen,
müſſen wir vor allen Dingen einen Blick auf die hiſtoriſchen
Fakta werfen, auf die er ſeine Fabel gegründet hat.

Maffei ſelbſt faſſet dieſe Fakta in der Zueignungsſchrift ſeines
Stückes folgendergeſtalt zuſammen: „Daß, einige Zeit nach der
Eroberung von Troja, als die Herakliden, d. i. die Nachkommen
des Herkules, ſich in Peloponneſus wieder feſtgeſetzet, dem
Kreſphont das Meſſeniſche Gebiet durch das Los zugefallen; daß
die Gemahlin dieſes Kreſphonts Merope geheißen; daß Kreſphont,
weil er dem Volke ſich allzu günſtig erwieſen, von den Mächtigern
des Staats mitſamt ſeinen Söhnen umgebracht worden, den
jüngſten ausgenommen, welcher auswärts bei einem Anverwandten ſeiner Mutter erzogen ward; daß dieſer jüngſte Sohn,
Namens Aepytus, als er erwachſen, durch Hilfe der Arkader und
Dorier ſich des väterlichen Reiches wieder bemächtiget und den
Tod ſeines Vaters an deſſen Mördern gerächet habe: dieſes er-
zählet Pauſanias. Daß, nachdem Kreſphont mit ſeinen zwei
Söhnen umgebracht worden, Polyphont, welcher gleichfalls aus
dem Geſchlechte der Herakliden war, die Regierung an ſich ge-
riſſen; daß dieſer die Merope gezwungen, ſeine Gemahlin zu
werden; daß der dritte Sohn, den die Mutter in Sicherheit
bringen laſſen, den Tyrannen nachher umgebracht und das Reich
wieder erobert habe: dieſes berichtet Apollodorus. Daß Merope
ſelbſt den geflüchteten Sohn unbekannterweiſe töten wollen; daß
ſie aber noch in dem Augenblicke von einem alten Diener daran
verhindert worden, welcher ihr entdeckt, daß der, den ſie für den
Mörder ihres Sohnes halte, ihr Sohn ſelbſt ſei; daß der nun
erkannte Sohn bei einem Opfer Gelegenheit gefunden, den Polyphont hinzurichten: dieſes meldet Hyginus, bei dem Aepytus
aber den Namen Telephontes führet.‟

Es wäre zu verwundern, wenn eine ſolche Geſchichte, die ſo
beſondere Glückswechſel und Erkennungen hat, nicht ſchon von den
alten Tragicis wäre genützt worden. Und was ſollte ſie nicht?
Ariſtoteles, in ſeiner Dichtkunſt, gedenkt eines Kreſphontes, in

welchem Merope ihren Sohn erkenne, eben da sie im Begriffe
sei, ihn als den vermeinten Mörder ihres Sohnes umzubringen;
und Plutarch, in seiner zweiten Abhandlung vom Fleischessen,
zielet ohne Zweifel auf eben dieses Stück*), wenn er sich auf die
Bewegung beruft, in welche das ganze Theater gerate, indem
Merope die Art gegen ihren Sohn erhebet, und auf die Furcht,
die jeden Zuschauer befalle, daß der Streich geschehen werde, ehe
der alte Diener dazu kommen könne. Aristoteles erwähnet dieses
Kreiphonts zwar ohne Namen des Verfassers; da wir aber bei
dem Cicero und mehrern Alten einen Kreiphont des Euripides
angezogen finden, so wird er wohl kein anderes als das Werk
dieses Dichters gemeinet haben.

Der Pater Tournemine sagt in dem obgedachten Briefe:
„Aristoteles, dieser weise Gesetzgeber des Theaters, hat die Fabel
der Merope in die erste Klasse der tragischen Fabeln gesetzt
(a mis ce sujet au premier rang des sujets tragiques). Euripides hatte sie behandelt, und Aristoteles meldet, daß, so oft der
Kreiphont des Euripides auf dem Theater des witzigen Athens
vorgestellet worden, dieses an tragische Meisterstücke so gewöhnte
Volk ganz außerordentlich sei betroffen, gerührt und entzückt
worden.“ — Hübsche Phrases, aber nicht viel Wahrheit! Der Pater
irret sich in beiden Punkten. Bei dem letztern hat er den Aristoteles mit dem Plutarch vermengt und bei dem erstern den
Aristoteles nicht recht verstanden. Jenes ist eine Kleinigkeit; aber
über dieses verlohnet es der Mühe, ein paar Worte zu sagen, weil
mehrere den Aristoteles eben so unrecht verstanden haben.

Die Sache verhält sich, wie folget. Aristoteles untersucht
in dem vierzehnten Kapitel seiner Dichtkunst, durch was eigentlich
für Begebenheiten Schrecken und Mitleid erreget werde. „Alle
Begebenheiten,“ sagt er, „müssen entweder unter Freunden oder
unter Feinden oder unter gleichgültigen Personen vorgehen.
Wenn ein Feind seinen Feind tötet, so erweckt weder der Anschlag
noch die Ausführung der That sonst weiter einiges Mitleid als
das allgemeine, welches mit dem Anblicke des Schmerzlichen und
Verderblichen überhaupt verbunden ist. Und so ist es auch bei
gleichgültigen Personen. Folglich müssen die tragischen Begebenheiten sich unter Freunden eräugnen: ein Bruder muß den
Bruder, ein Sohn den Vater, eine Mutter den Sohn, ein Sohn
die Mutter töten oder töten wollen, oder sonst auf eine empfind-

---

*) Dieses vorausgesetzt (wie man es denn wohl sicher voraussetzen kann,
weil es bei den alten Dichtern nicht gebräuchlich und auch nicht erlaubt war,
einander solche eigene Situationen abzustehlen), würde sich an der angezogenen
Stelle des Plutarchs ein Fragment des Euripides finden, welches Josua Barnes
nicht mitgenommen hätte, und ein neuer Herausgeber des Dichters nutzen
könnte.

liche Weife mißhandeln oder mißhandeln wollen. Diefes aber
kann entweder mit oder ohne Wiffen und Vorbedacht gefchehen;
und da die That entweder vollführt oder nicht vollführt werden
muß, fo entftehen daraus vier Klaffen von Begebenheiten, welche
den Abfichten des Trauerfpiels mehr oder weniger entfprechen.
Die erfte: wenn die That wiffentlich mit völliger Kenntnis der
Perfon, gegen welche fie vollzogen werden foll, unternommen,
aber nicht vollzogen wird. Die zweite: wenn fie wiffentlich un=
ternommen und wirklich vollzogen wird. Die dritte: wenn die
That unwiffend, ohne Kenntnis des Gegenftandes, unternommen
und vollzogen wird und der Thäter die Perfon, an der er fie
vollzogen, zu fpät kennen lernet. Die vierte: wenn die unwiffend
unternommene That nicht zur Vollziehung gelangt, indem die
darein verwickelten Perfonen einander noch zur rechten Zeit er=
kennen." Von diefen vier Klaffen gibt Ariftoteles der letztern den
Vorzug; und da er die Handlung der Merope in dem Krefphont
davon zum Beifpiele anführt, fo haben Tournemine und andere
diefes fo angenommen, als ob er dadurch die Fabel diefes Trauer=
fpiels überhaupt von der vollkommenften Gattung tragifcher
Fabeln zu fein erkläre.

Indes fagt doch Ariftoteles kurz zuvor, daß eine gute tra=
gifche Fabel fich nicht glücklich, fondern unglücklich enden müffe.
Wie kann diefes beides bei einander beftehen? Sie foll fich un=
glücklich enden, und gleichwohl läuft die Begebenheit, welche er
nach jener Klaffifikation allen andern tragifchen Begebenheiten
vorzieht, glücklich ab. Widerfpricht fich nicht alfo der große
Kunftrichter offenbar?

Victorius, fagt Dacier, fei der einzige, welcher diefe Schwie=
rigkeit gefehen; aber da er nicht verftanden, was Ariftoteles
eigentlich in dem ganzen vierzehnten Kapitel gewollt, fo habe er
auch nicht einmal den geringften Verfuch gewagt, fie zu heben.
Ariftoteles, meinet Dacier, rede dort gar nicht von der Fabel
überhaupt, fondern wolle nur lehren, auf wie mancherlei Art
der Dichter tragifche Begebenheiten behandeln könne, ohne das
Wefentliche, was die Gefchichte davon meldet, zu verändern, und
welche von diefen Arten die befte fei. Wenn z. E. die Ermor=
dung der Klytämneftra durch den Oreft der Inhalt des Stückes
fein follte, fo zeige fich, nach dem Ariftoteles, ein vierfacher Plan,
diefen Stoff zu bearbeiten, nämlich entweder als eine Begeben=
heit der erftern oder der zweiten oder der dritten oder der vierten
Klaffe; der Dichter müffe nun überlegen, welcher hier der fchick=
lichfte und befte fei. Diefe Ermordung als eine Begebenheit der
erftern Klaffe zu behandeln, finde darum nicht ftatt, weil fie
nach der Hiftorie wirklich gefchehen müffe, und durch den Oreft
gefchehen müffe. Nach der zweiten darum nicht, weil fie zu gräß=

lich sei. Nach der vierten darum nicht, weil Klytämnestra dadurch
abermals gerettet würde, die doch durchaus nicht gerettet werden
solle. Folglich bleibe ihm nichts als die dritte Klasse übrig.

Die dritte! Aber Aristoteles gibt ja der vierten den Vor=
zug; und nicht bloß in einzeln Fällen, nach Maßgebung der
Umstände, sondern überhaupt. Der ehrliche Dacier macht es
öfter so: Aristoteles behält bei ihm recht, nicht weil er recht
hat, sondern weil er Aristoteles ist. Indem er auf der einen
Seite eine Blöße von ihm zu decken glaubt, macht er ihm auf
einer andern eine eben so schlimme. Wenn nun der Gegner die
Besonnenheit hat, anstatt nach jener, in diese zu stoßen, so ist
es ja doch um die Untrüglichkeit seines Alten geschehen, an der
ihm im Grund noch mehr als an der Wahrheit selbst zu liegen
scheinet. Wenn so viel auf die Uebereinstimmung der Geschichte
ankömmt, wenn der Dichter allgemein bekannte Dinge aus ihr
zwar lindern, aber nie gänzlich verändern darf: wird es unter
diesen nicht auch solche geben, die durchaus nach dem ersten
oder zweiten Plane behandelt werden müssen? Die Ermordung
der Klytämnestra müßte eigentlich nach dem zweiten vorgestellet
werden; denn Orestes hat sie wissentlich und vorsätzlich vollzogen;
der Dichter aber kann den dritten wählen, weil dieser tragischer
ist und der Geschichte doch nicht geradezu widerspricht. Gut, es
sei so; aber z. E. Medea, die ihre Kinder ermordet? Welchen
Plan kann hier der Dichter anders einschlagen als den zweiten?
Denn sie muß sie umbringen, und muß sie wissentlich umbringen:
beides ist aus der Geschichte gleich allgemein bekannt. Was für
eine Rangordnung kann also unter diesen Planen stattfinden?
Der in einem Falle der vorzüglichste ist, kömmt in einem an=
dern gar nicht in Betrachtung. Oder um den Dacier noch mehr
einzutreiben, so mache man die Anwendung nicht auf historische,
sondern auf bloß erdichtete Begebenheiten. Gesetzt, die Ermor=
dung der Klytämnestra wäre von dieser letztern Art, und es
hätte dem Dichter frei gestanden, sie vollziehen oder nicht voll
ziehen zu lassen, sie mit oder ohne völlige Kenntnis vollziehen
zu lassen. Welchen Plan hätte er dann wählen müssen, um eine
so viel als möglich vollkommene Tragödie daraus zu machen?
Dacier sagt selbst: den vierten; denn wenn er ihm den dritten
vorziehe, so geschähe es bloß aus Achtung gegen die Geschichte.
Den vierten also? Den also, welcher sich glücklich schließt? Aber
die besten Tragödien, sagt eben der Aristoteles, der diesem vierten
Plane den Vorzug vor allen erteilet, sind ja die, welche sich un=
glücklich schließen? Und das ist eben der Widerspruch, den Dacier
heben wollte. Hat er ihn denn also gehoben? Bestätiget hat er
ihn vielmehr.

Achtunddreißigstes Stück.

Den 8. September 1767.

Ich bin es auch nicht allein, dem die Auslegung des Dacier keine Genüge leistet. Unserm deutschen Uebersetzer der Aristote= lischen Dichtkunst *) hat sie eben so wenig befriediget. Er trägt seine Gründe dagegen vor, die zwar nicht eigentlich die Ausflucht des Dacier bestreiten, aber ihn doch sonst erheblich genug dünken, um seinen Autor lieber gänzlich im Stiche zu lassen, als einen neuen Versuch zu wagen, etwas zu retten, was nicht zu retten sei. „Ich überlasse," schließt er, „einer tiefern Einsicht, diese Schwierigkeiten zu heben; ich kann kein Licht zu ihrer Erklärung finden, und scheinet mir wahrscheinlich, daß unser Philosoph dieses Kapitel nicht mit seiner gewöhnlichen Vorsicht durch= gedacht habe."

Ich bekenne, daß mir dieses nicht sehr wahrscheinlich scheinet. Eines offenbaren Widerspruchs macht sich ein Aristoteles nicht leicht schuldig. Wo ich dergleichen bei so einem Manne zu finden glaube, setze ich das größere Mißtrauen lieber in meinen als in seinen Verstand. Ich verdopple meine Aufmerksamkeit, ich über= lese die Stelle zehnmal und glaube nicht eher, daß er sich wider= sprochen, als bis ich aus dem ganzen Zusammenhange seines Systems ersehe, wie und wodurch er zu diesem Widerspruche ver= leitet worden. Finde ich nichts, was ihn dazu verleiten können, was ihm diesen Widerspruch gewissermaßen unvermeidlich machen müssen, so bin ich überzeugt, daß er nur anscheinend ist. Denn sonst würde er dem Verfasser, der seine Materie so oft über= denken müssen, gewiß am ersten aufgefallen sein, und nicht mir ungeübterm Leser, der ich ihn zu meinem Unterrichte in die Hand nehme. Ich bleibe also stehen, verfolge den Faden seiner Gedanken zurück, ponderiere ein jedes Wort und sage mir immer: Aristoteles kann irren und hat oft geirret; aber daß er hier etwas behaupten sollte, wovon er auf der nächsten Seite gerade das Gegenteil behauptet, das kann Aristoteles nicht. Endlich findet sich's auch.

Doch ohne weitere Umstände; hier ist die Erklärung, an welcher Herr Curtius verzweifelt. — Auf die Ehre einer tiefern Einsicht mache ich desfalls keinen Anspruch. Ich will mich mit der Ehre einer größern Bescheidenheit gegen einen Philosophen wie Aristoteles begnügen.

Nichts empfiehlt Aristoteles dem tragischen Dichter mehr als die gute Abfassung der Fabel; und nichts hat er ihm durch

---

*) Herrn Curtius. S. 214.

mehrere und feinere Bemerkungen zu erleichtern gesucht als eben
diese. Denn die Fabel ist es, die den Dichter vornehmlich zum
Dichter macht: Sitten, Gesinnungen und Ausdruck werden zehuen
geraten gegen einen, der in jener untadelhaft und vortrefflich ist.
Er erklärt aber die Fabel durch die Nachahmung einer Handlung, πραξεως; und eine Handlung ist ihm eine Verknüpfung von
Begebenheiten, συνθεσις πραγματων. Die Handlung ist das Ganze,
die Begebenheiten sind die Teile des Ganzen; und so wie die
Güte eines jeden Ganzen auf der Güte seiner einzelnen Teile
und deren Verbindung beruhet, so ist auch die tragische Handlung mehr oder weniger vollkommen, nachdem die Begebenheiten,
aus welchen sie bestehet, jede für sich und alle zusammen, den
Absichten der Tragödie mehr oder weniger entsprechen. Nun
bringt Aristoteles alle Begebenheiten, welche in der tragischen
Handlung statthaben können, unter drei Hauptstücke: des Glücks-
wechsels, περιπετιας: der Erkennung, ἀναγνωρισμου; und des
Leidens, παθους. Was er unter den beiden erstern versteht,
zeigen die Worte genugsam; unter dem dritten aber faßt er alles
zusammen, was den handelnden Personen Verderbliches und
Schmerzliches widerfahren kann: Tod, Wunden, Martern und
dergleichen. Jene, der Glückswechsel und die Erkennung, sind
das, wodurch sich die verwickelte Fabel, μυθος πεπλεγμενος, von
der einfachen, ἁπλω, unterscheidet, sie sind also keine wesentliche
Stücke der Fabel; sie machen die Handlung nur mannigfaltiger
und dadurch schöner und interessanter; aber eine Handlung kann
auch ohne sie ihre völlige Einheit und Rundung und Größe
haben. Ohne das dritte hingegen läßt sich gar keine tragische
Handlung denken; Arten des Leidens, παθη, muß jedes Trauerspiel haben, die Fabel desselben mag einfach oder verwickelt sein;
denn sie gehen geradezu auf die Absicht des Trauerspiels, auf
die Erregung des Schreckens und Mitleids; dahingegen nicht
jeder Glückswechsel, nicht jede Erkennung, sondern nur gewisse
Arten derselben diese Absicht erreichen, sie in einem höhern Grade
erreichen helfen, andere aber ihr mehr nachteilig als vorteilhaft
sind. Indem nun Aristoteles aus diesem Gesichtspunkte die verschiednen unter drei Hauptstücke gebrachten Teile der tragischen
Handlung jeden insbesondere betrachtet und untersucht, welches
der beste Glückswechsel, welches die beste Erkennung, welches die
beste Behandlung des Leidens sei: so findet sich in Ansehung des
erstern, daß derjenige Glückswechsel der beste, das ist, der fähigste,
Schrecken und Mitleid zu erwecken und zu befördern, sei, welcher
aus dem Bessern in das Schlimmere geschieht; und in Ansehung
der letztern, daß diejenige Behandlung des Leidens die beste in
dem nämlichen Verstande sei, wenn die Personen, unter welchen
das Leiden bevorsteht, einander nicht kennen, aber in eben dem

Augenblicke, da dieses Leiden zur Wirklichkeit gelangen soll, ein=
ander kennen lernen, so daß es dadurch unterbleibt.

Und dieses soll sich widersprechen? Ich verstehe nicht, wo
man die Gedanken haben muß, wenn man hier den geringsten
Widerspruch findet. Der Philosoph redet von verschiedenen
Teilen: warum soll denn das, was er von diesem Teile behauptet,
auch von jenem gelten müssen? Ist denn die möglichste Voll=
kommenheit des einen notwendig auch die Vollkommenheit des
andern? Oder ist die Vollkommenheit eines Teils auch die Voll=
kommenheit des Ganzen? Wenn der Glückswechsel und das, was
Aristoteles unter dem Worte Leiden begreift, zwei verschiedene
Dinge sind, wie sie es sind, warum soll sich nicht ganz etwas
Verschiedenes von ihnen sagen lassen? Oder ist es unmöglich,
daß ein Ganzes Teile von entgegengesetzten Eigenschaften haben
kann? Wo sagt Aristoteles, daß die beste Tragödie nichts als
die Vorstellung einer Veränderung des Glückes in Unglück sei?
Oder wo sagt er, daß die beste Tragödie auf nichts als auf die
Erkennung dessen hinauslaufen müsse, an dem eine grausame
widernatürliche That verübt werden sollen? Er sagt weder das
eine noch das andere von der Tragödie überhaupt, sondern jedes
von einem besondern Teile derselben, welcher dem Ende mehr
oder weniger nahe liegen, welcher auf den andern mehr oder
weniger Einfluß und auch wohl gar keinen haben kann. Der
Glückswechsel kann sich mitten in dem Stücke eräugnen, und
wenn er schon bis an das Ende fortdauert, so macht er doch
nicht selbst das Ende; so ist z. E. der Glückswechsel im Oedip,
der sich bereits zum Schlusse des vierten Akts äußert, zu dem
aber noch mancherlei Leiden (παθη) hinzukommen, mit welchen
sich eigentlich das Stück schließet. Gleichfalls kann das Leiden
mitten in dem Stücke zur Vollziehung gelangen sollen und in
dem nämlichen Augenblicke durch die Erkennung hintertrieben
werden, so daß durch diese Erkennung das Stück nichts weniger
als geendet ist; wie in der zweiten Iphigenia des Euripides,
wo Orestes auch schon in dem vierten Akte von seiner Schwester,
die ihn aufzuopfern im Begriffe ist, erkannt wird. Und wie
vollkommen wohl jener tragischste Glückswechsel mit der tragischsten
Behandlung des Leidens sich in einer und eben derselben Fabel
verbinden lasse, kann man an der Merope selbst zeigen. Sie hat
die letztere; aber was hindert es, daß sie nicht auch die erstere
haben könnte, wenn nämlich Merope, nachdem sie ihren Sohn
unter dem Dolche erkannt, durch ihre Beeiferung, ihn nunmehr
auch wider den Polyphont zu schützen, entweder ihr eigenes oder
dieses geliebten Sohnes Verderben beförderte? Warum könnte sich
dieses Stück nicht eben so wohl mit dem Untergange der Mutter
als des Tyrannen schließen? Warum sollte es einem Dichter

nicht streichen können, um unser Mitleiden gegen eine so zärt
liche Mutter aufs höchste zu treiben, sie durch ihre Zärtlich:
keit selbst unglücklich werden zu lassen? Oder warum sollte es
ihm nicht erlaubt sein, den Sohn, den er der frommen Rache
einer Mutter entrissen, gleichwohl den Nachstellungen des Ty:
rannen unterliegen zu lassen? Würde eine solche Merope in bei:
den Fällen nicht wirklich die beiden Eigenschaften des besten
Trauerspiels verbinden, die man bei dem Kunstrichter so wider:
sprechend findet?

Ich merke wohl, was das Mißverständnis veranlaßt haben
kann. Man hat sich einen Glückswechsel aus dem Bessern in
das Schlimmere nicht ohne Leiden, und das durch die Erkennung
verhinderte Leiden nicht ohne Glückswechsel denken können.
Gleichwohl kann beides gar wohl ohne das andere sein; nicht
zu erwähnen, daß auch nicht beides eben die nämliche Person
treffen muß, und wenn es die nämliche Person trifft, daß eben
nicht beides sich zu der nämlichen Zeit eräugnen darf, sondern
eines auf das andere folgen, eines durch das andere verursachet
werden kann. Ohne dieses zu überlegen, hat man nur an solche
Fälle und Fabeln gedacht, in welchen beide Teile entweder zu:
sammenfließen, oder der eine den andern notwendig ausschließt.
Daß es dergleichen gibt, ist unstreitig. Aber ist der Kunstrichter
deswegen zu tadeln, der seine Regeln in der möglichsten Allge:
meinheit abfaßt, ohne sich um die Fälle zu bekümmern, in wel:
chen seine allgemeinen Regeln in Kollision kommen und eine
Vollkommenheit der andern aufgeopfert werden muß? Setzet ihn
eine solche Kollision mit sich selbst in Widerspruch? Er sagt:
dieser Teil der Fabel, wenn er seine Vollkommenheit haben soll,
muß von dieser Beschaffenheit sein, jener von einer andern und
ein dritter wiederum von einer andern. Aber wo hat er gesagt,
daß jede Fabel diese Teile alle notwendig haben müsse? Genug
für ihn, daß es Fabeln gibt, die sie alle haben können. Wenn
eure Fabel aus der Zahl dieser glücklichen nicht ist, wenn sie
euch nur den besten Glückswechsel oder nur die beste Behand:
lung des Leidens erlaubt, so untersuchet, bei welchem von beiden
ihr am besten überhaupt fahren würdet, und wählet. Das ist
es alles!

Neunundvreißigstes Stück.

Den 11. September 1767.

Am Ende zwar mag sich Aristoteles widersprochen oder
nicht widersprochen haben; Tournemine mag ihn recht verstanden
oder nicht recht verstanden haben: die Fabel der Merope ist weder

in dem einen noch in dem andern Falle so schlechterdings für eine vollkommene tragische Fabel zu erkennen. Denn hat sich Aristoteles widersprochen, so behauptet er eben so wohl gerade das Gegenteil von ihr, und es muß erst untersucht werden, wo er das größere Recht hat, ob dort oder hier. Hat er sich aber, nach meiner Erklärung, nicht widersprochen, so gilt das Gute, was er davon sagt, nicht von der ganzen Fabel, sondern nur von einem einzelnen Teile derselben. Vielleicht war der Mißbrauch seines Ansehens bei dem Pater Tournemine auch nur ein bloßer Jesuiterkniff, um uns mit guter Art zu verstehen zu geben, daß eine so vollkommene Fabel, von einem so großen Dichter als Voltaire bearbeitet, notwendig ein Meisterstück werden müssen.

Doch Tournemine und Tournemine — Ich fürchte, meine Leser werden fragen: „Wer ist denn dieser Tournemine? Wir kennen keinen Tournemine.“ Denn viele dürften ihn wirklich nicht kennen; und manche dürften so fragen, weil sie ihn gar zu gut kennen, wie Montesquieu.*)

Sie belieben also, anstatt des Pater Tournemine den Herrn von Voltaire selbst zu substituieren. Denn auch er sucht uns von dem verlornen Stücke des Euripides die nämlichen irrigen Begriffe zu machen. Auch er sagt, daß Aristoteles in seiner unsterblichen Dichtkunst nicht anstehe, zu behaupten, daß die Erkennung der Merope und ihres Sohnes der interessanteste Augenblick der ganzen griechischen Bühne sei. Auch er sagt, daß Aristoteles diesem Coup de Théâtre den Vorzug vor allen andern erteile. Und vom Plutarch versichert er uns gar, daß er dieses Stück des Euripides für das rührendste von allen Stücken desselben gehalten habe.**) Dieses letztere ist nun gänzlich aus der Luft gegriffen. Denn Plutarch macht von dem Stücke, aus welchem er die Situation der Merope anführt, nicht einmal den Titel namhaft; er sagt weder, wie es heißt, noch wer der Verfasser desselben sei; geschweige, daß er es für das rührendste von allen Stücken des Euripides erkläre.

Aristoteles soll nicht anstehen, zu behaupten, daß die Erkennung der Merope und ihres Sohnes der interessanteste Augen-

---

*) Lettres familières.
**) Aristote, dans sa Poëtique immortelle, ne balance pas à dire que la reconnoissance de Mérope et de son fils était le moment le plus intéressant de toute la scène Grecque. Il donnait à ce coup de Théâtre la préférence sur tout les autres. Plutarque dit que les Grecs, ce peuple si sensible, frémissaient de crainte que le vieillard, qui devait arrêter le bras de Mérope, n'arrivât pas assez-tôt. Cette pièce, qu'on jouait de son tems, et dont il nous reste très peu de fragmens, lui paraissait la plus touchante de toutes les tragédies d'Euripide etc. Lettre à Mr. Maffei.

blick der ganzen griechischen Bühne sei! Welche Ausdrücke: nicht
anstehen, zu behaupten! Welche Hyperbel: der interessanteste
Augenblick der ganzen griechischen Bühne! Sollte man hieraus
nicht schließen: Aristoteles gehe mit Fleiß, alle interessante Augen=
blicke, welche ein Trauerspiel haben könne, durch, vergleiche einen
mit dem andern, wiege die verschiedenen Beispiele, die er von
jedem insbesondere bei allen oder wenigstens den vornehmsten
Dichtern gefunden, unter einander ab und thue endlich so dreist
als sicher den Ausspruch für diesen Augenblick bei dem Euripides.
Gleichwohl ist es nur eine einzelne Art von interessanten Augen=
blicken, wovon er ihn zum Beispiele anführet; gleichwohl ist
er nicht einmal das einzige Beispiel von dieser Art. Denn Ari
stoteles fand ähnliche Beispiele in der Iphigenia, wo die Schwester
den Bruder, und in der Helle, wo der Sohn die Mutter erkennet,
eben da die erstern im Begriffe sind, sich gegen die andern zu
vergehen.

Das zweite Beispiel von der Iphigenia ist wirklich aus dem
Euripides; und wenn, wie Dacier vermutet, auch die Helle ein
Werk dieses Dichters gewesen, so wäre es doch sonderbar, daß
Aristoteles alle drei Beispiele von einer solchen glücklichen Er
kennung gerade bei demjenigen Dichter gefunden hätte, der sich
der unglücklichen Peripetie am meisten bediente. Warum zwar
sonderbar? Wir haben ja gesehen, daß die eine die andere nicht
ausschließt; und obschon in der Iphigenia die glückliche Erken
nung auf die unglückliche Peripetie folgt und das Stück über=
haupt also glücklich sich endet: wer weiß, ob nicht in den beiden
andern eine unglückliche Peripetie auf die glückliche Erkennung
folgte und sie also völlig in der Manier schlossen, durch die sich
Euripides den Charakter des tragischsten von allen tragischen
Dichtern verdiente?

Mit der Merope, wie ich gezeigt, war es auf eine doppelte
Art möglich; ob es aber wirklich geschehen oder nicht geschehen,
läßt sich aus den wenigen Fragmenten, die uns von dem
Kreiphontes übrig sind, nicht schließen. Sie enthalten nichts als
Sittensprüche und moralische Gesinnungen, von spätern Schrift
stellern gelegentlich angezogen, und werfen nicht das geringste
Licht auf die Oekonomie des Stückes.*) Aus dem einzigen bei
dem Polybius, welches eine Anrufung an die Göttin des Friedens
ist, scheinet zu erhellen, daß zu der Zeit, in welche die Handlung
gefallen, die Ruhe in dem Messenischen Staate noch nicht wieder
hergestellet gewesen; und aus ein paar andern sollte man fast

---

*) Dasjenige, welches Dacier anführt (Poëtique d'Aristote, Chap. XV.
Rem. 23.), ohne sich zu erinnern, wo er es gelesen, steht bei dem Plutarch
in der Abhandlung: „Wie man seine Feinde nützen solle."

ſchließen, daß die Ermordung des Kresphontes und ſeiner zwei
ältern Söhne entweder einen Teil ſelbſt ausgemacht habe, oder
doch nur kurz vorhergegangen ſei; welches beides ſich mit der
Erkennung des jüngern Sohnes, der erſt verſchiedene Jahre
nachher ſeinen Vater und ſeine Brüder zu rächen kam, nicht wohl
zuſammenreimet. Die größte Schwierigkeit aber macht mir der
Titel ſelbſt. Wenn dieſe Erkennung, wenn dieſe Rache des jüngern Sohnes der vornehmſte Inhalt geweſen: wie konnte das
Stück Kresphontes heißen? Kresphontes war der Name des
Vaters; der Sohn aber hieß nach einigen Aepytus und nach
andern Telephontes; vielleicht, daß jenes der rechte und dieſes
der angenommene Name war, den er in der Fremde führte, um
unerkannt und vor den Nachſtellungen des Polyphonts ſicher zu
bleiben. Der Vater muß längſt tot ſein, wenn ſich der Sohn
des väterlichen Reiches wieder bemächtiget. Hat man jemals
gehört, daß ein Trauerſpiel nach einer Perſon benennet worden,
die gar nicht darin vorkömmt? Corneille und Dacier haben ſich
geſchwind über dieſe Schwierigkeit hinwegzuſetzen gewußt, indem
ſie angenommen, daß der Sohn gleichfalls Kresphont geheißen*);
aber mit welcher Wahrſcheinlichkeit? aus welchem Grunde?

Wenn es indes mit einer Entdeckung ſeine Richtigkeit hat,
mit der ſich Maffei ſchmeichelte, ſo können wir den Plan des
Kresphontes ziemlich genau wiſſen. Er glaubte ihn nämlich bei
dem Hyginus, in der hundertundvierundachtzigſten Fabel, gefunden zu haben.**) Denn er hielt die Fabeln des Hyginus über-

*) Remarque 22. sur le Chapitre XV. de la Poët. d'Arist.
Une Mère, qui va tuer son fils, comme Mérope va tuer Cresphonte etc.

**) — Questa scoperta penso io d'aver fatta, nel leggere la
Favola 184 d'Igino, la quale a mio credere altro non è, che l'Argo-
mento di quella Tragedia, in cui si rappresenta interamente la con-
dotta di essa. Sovviemmi, che al primo gettar gli occhi, ch' io
feci già in quell' Autore, mi apparve subito nella mente, altro non
essere le più di quelle Favole, che gli Argomenti delle Tragedie
antiche; mi accertai di ciò col confrontarne alcune poche con le
Tragedie, che ancora abbiamo; e appunto in questi giorni, venuta
a mano l'ultima edizione d'Igino, mi è stato caro di vedere in un
passo addotto, come fu anche il Reinesio di tal sentimento. Una
miniera è però questa di Tragici Argomenti, che se fosse stata nota
a' Poeti, non avrebbero penato tanto in rinvenir soggetti a lor fan-
tasia: io la scoprirò loro di buona voglia, perchè rendano col loro
ingegno alla nostra età ciò, che dal tempo invidioso le fu rapito.
Merita dunque, almeno per questo capo, alquanto più di considera-
zione quell' Operetta, anche tal qual l'abbiamo, che da gli Eruditi
non è stato creduto: e quanto al discordar talvolta dagli altri
Scrittori delle favolose Storie, questa avertenza ce ne addita la
ragione, non avendole costui narrato secondo la tradizione, ma
conforme i Poeti in proprio uso convertendole, le avean ridotte.

haupt großenteils für nichts als für die Argumente alter Tra=
gödien, welcher Meinung auch schon vor ihm Reinesius gewesen
war, und empfiehlt daher den neuen Dichtern, lieber in diesem
verfallenen Schachte nach alten tragischen Fabeln zu suchen, als
sich neue zu erdichten. Der Rat ist nicht übel und zu befolgen.
Auch hat ihn mancher befolgt, ehe ihn Maffei noch gegeben, oder
ohne zu wissen, daß er ihn gegeben. Herr Weiß hat den Stoff
zu seinem Thyest aus dieser Grube geholt, und es wartet da
noch mancher auf ein verständiges Auge. Nur möchte es nicht
der größte, sondern vielleicht gerade der allerkleinste Teil sein,
der in dieser Absicht von dem Werke des Hyginus zu nutzen.
Es braucht auch darum gar nicht aus den Argumenten der alten
Tragödien zusammengesetzt zu sein; es kann aus eben den Quellen,
mittelbar oder unmittelbar, geflossen sein, zu welchen die Tra=
gödienschreiber selbst ihre Zuflucht nahmen. Ja, Hyginus, oder
wer sonst die Kompilation gemacht, scheinet selbst die Tragödien
als abgeleitete verdorbene Bäche betrachtet zu haben, indem er
an verschiedenen Stellen das, was weiter nichts als die Glaub=
würdigkeit eines tragischen Dichters vor sich hatte, ausdrücklich
von der alten echtern Tradition absondert. So erzählt er z. E.
die Fabel von der Ino und die Fabel von der Antiopa zuerst
nach dieser und darauf in einem besondern Abschnitte nach der
Behandlung des Euripides.

———

Vierzigstes Stück.
Den 15. September 1767.

Damit will ich jedoch nicht sagen, daß, weil über der hundert=
undvierundachtzigsten Fabel der Name des Euripides nicht stehe,
sie auch nicht aus dem Kresphont desselben könne gezogen sein.
Vielmehr bekenne ich, daß sie wirklich den Gang und die Ver=
wickelung eines Trauerspieles hat, so daß, wenn sie keines ge=
wesen ist, sie doch leicht eines werden könnte, und zwar eines,
dessen Plan der alten Simplizität weit näher käme als alle neuere
Meropen. Man urteile selbst: die Erzählung des Hyginus, die
ich oben nur verkürzt angeführt, ist nach allen ihren Umständen
folgende.

Kresphontes war König von Messenien und hatte mit seiner
Gemahlin Merope drei Söhne, als Polyphontes einen Aufstand
gegen ihn erregte, in welchem er nebst seinen beiden ältesten
Söhnen das Leben verlor. Polyphontes bemächtigte sich hierauf
des Reichs und der Hand der Merope, welche während dem Auf=
ruhre Gelegenheit gefunden hatte, ihren dritten Sohn, Namens

Telephontes, zu einem Gastfreunde in Aetolien in Sicherheit bringen zu lassen. Je mehr Telephontes heranwuchs, desto unruhiger ward Polyphontes. Er konnte sich nichts Gutes von ihm gewärtigen und versprach also demjenigen eine große Belohnung, der ihn aus dem Wege räumen würde. Dieses erfuhr Telephontes; und da er sich nunmehr fähig fühlte, seine Rache zu unternehmen, so machte er sich heimlich aus Aetolien weg, ging nach Messenien, kam zu dem Tyrannen, sagte, daß er den Telephontes umgebracht habe, und verlangte die von ihm dafür ausgesetzte Belohnung. Polyphontes nahm ihn auf und befahl, ihn so lange in seinem Palaste zu bewirten, bis er ihn weiter ausfragen könne. Telephontes ward also in das Gastzimmer gebracht, wo er vor Müdigkeit einschlief. Indes kam der alte Diener, welchen bisher Mutter und Sohn zu ihren wechselseitigen Botschaften gebraucht, weinend zu Meropen und meldete ihr, daß Telephontes aus Aetolien weg sei, ohne daß man wisse, wo er hingekommen. Sogleich eilet Merope, der es nicht unbekannt geblieben, wessen sich der angekommene Fremde rühme, mit einer Art nach dem Gastzimmer und hätte ihn im Schlafe unfehlbar umgebracht, wenn nicht der Alte, der ihr dahin nachgefolgt, den Sohn noch zur rechten Zeit erkannt und die Mutter an der Frevelthat verhindert hätte. Nunmehr machten beide gemeinschaftliche Sache, und Merope stellte sich gegen ihren Gemahl ruhig und versöhnt. Polyphontes dünkte sich aller seiner Wünsche gewährt und wollte den Göttern durch ein feierliches Opfer seinen Dank bezeigen. Als sie aber alle um den Altar versammelt waren, führte Telephontes den Streich, mit dem er das Opfertier fällen zu wollen sich stellte, auf den König; der Tyrann fiel, und Telephontes gelangte zu dem Besitze seines väterlichen Reiches.*)

---

*) In der 184. Fabel des Hyginus, aus welcher obige Erzählung genommen, sind offenbar Begebenheiten in einander geflossen, die nicht die geringste Verbindung unter sich haben. Sie fängt an mit dem Schicksale des Pentheus und der Agave und endet sich mit der Geschichte der Merope. Ich kann gar nicht begreifen, wie die Herausgeber diese Verwirrung unangemerkt lassen können; es wäre denn, daß sie sich bloß in derjenigen Ausgabe, welche ich vor mir habe (Joannis Schefferi, Hamburgi 1674), befände. Diese Untersuchung überlasse ich dem, der die Mittel dazu bei der Hand hat. Genug, daß hier, bei mir, die 184. Fabel mit den Worten: quam Licoterses excepit, aus sein muß. Das übrige macht entweder eine besondere Fabel, von der die Anfangsworte verloren gegangen, oder gehört, welches mir das Wahrscheinlichste ist, zu der 137., so daß, beides mit einander verbunden, ich die ganze Fabel von der Merope, man mag sie nun zu der 137. oder zu der 184. machen wollen, folgendermaßen zusammenlesen würde. Es versteht sich, daß in der letztern die Worte: cum qua Polyphontes, occiso Cresphonte, regnum occupavit, als eine unnötige Wiederholung, mitsamt dem darauf folgenden ejus, welches auch so schon überflüssig ist, wegfallen müßte.

Auch hatten schon in dem sechzehnten Jahrhunderte zwei italienische Dichter, Joh. Bapt. Liviera und Pomponio Torelli, den Stoff zu ihren Trauerspielen, Kresphont und Merope, aus dieser Fabel des Hyginus genommen und waren sonach, wie Maffei meinet, in die Fußstapfen des Euripides getreten, ohne es zu wissen. Doch dieser Ueberzeugung ohngeachtet wollte Maffei selbst sein Werk so wenig zu einer bloßen Divination über den Euripides machen und den verlornen Kresphont in seiner Merope wieder aufleben lassen, daß er vielmehr mit Fleiß von verschiednen Hauptzügen dieses vermeintlichen Euripidischen Planes abging und nur die einzige Situation, die ihn vornehmlich darin gerührt hatte, in aller ihrer Ausdehnung zu nutzen suchte.

Die Mutter nämlich, die ihren Sohn so feurig liebte, daß sie sich an dem Mörder desselben mit eigner Hand rächen wollte, brachte ihn auf den Gedanken, die mütterliche Zärtlichkeit überhaupt zu schildern und mit Ausschließung aller andern Liebe durch diese einzige reine und tugendhafte Leidenschaft sein ganzes Stück zu beleben. Was dieser Absicht also nicht vollkommen zusprach, ward verändert; welches besonders die Umstände von Meropens zweiter Verheiratung und von des Sohnes auswärtiger Erziehung treffen mußte. Merope mußte nicht die Gemahlin des Polyphonts sein; denn es schien dem Dichter mit der Gewissenhaftigkeit einer so frommen Mutter zu streiten, sich den Umarmungen eines zweiten Mannes überlassen zu haben, in dem sie den Mörder ihres ersten kannte und dessen eigene Erhaltung es erforderte, sich durchaus von allen, welche nähere

---

Merope.

Polyphontes, Messeniae rex, Cresphontem Aristomachi filium cum interfecisset, ejus imperium et Meropem uxorem possedit. Filium autem infantem Merope mater, quem ex Cresphonte habebat, absconso ad hospitem in Aetoliam mandavit. Hunc Polyphontes maxima cum industria quaerebat, aurumque pollicebatur, si quis eum necasset. Qui postquam ad puberem aetatem venit, capit consilium, ut exequatur patris et fratrum mortem. Itaque venit ad regem Polyphontem, aurum petitum, dicens se Cresphontis interfecisse filium et Meropis, Telephontem. Interim rex eum jussit in hospitio manere, ut amplius de eo perquireret. Qui cum per lassitudinem obdormisset, senex qui inter matrem et filium internuncius erat, flens ad Meropem venit, negans eum apud hospitem esse, nec comparere. Merope credens eum esse filii sui interfectorem, qui dormiebat, in Chalcidicum cum securi venit, inscia ut filium suum interficeret, quem senex cognovit, et matrem a scelere retraxit. Merope postquam invenit, occasionem sibi datam esse, ab inimico se ulciscendi, redit cum Polyphonte in gratiam. Rex laetus cum rem divinam faceret, hospes falso simulavit se hostiam percussisse, eumque interfecit, patriumque regnum adeptus est.

Ansprüche auf den Thron haben könnten, zu befreien. Der Sohn mußte nicht bei einem vornehmen Gastfreunde seines väterlichen Hauses in aller Sicherheit und Gemächlichkeit, in der völligen Kenntnis seines Standes und seiner Bestimmung, erzogen sein; denn die mütterliche Liebe erkaltet natürlicherweise, wenn sie nicht durch die beständigen Vorstellungen des Ungemachs, der immer neuen Gefahren, in welche ihr abwesender Gegenstand geraten kann, gereizet und angestrenget wird. Er mußte nicht in der ausdrücklichen Absicht kommen, sich an dem Tyrannen zu rächen; er muß nicht von Meropen für den Mörder ihres Sohnes gehalten werden, weil er sich selbst dafür ausgibt, sondern weil eine gewisse Verbindung von Zufällen diesen Verdacht auf ihn ziehet; denn, kennt er seine Mutter, so ist ihre Verlegenheit bei der ersten mündlichen Erklärung aus, und ihr rührender Kummer, ihre zärtliche Verzweiflung hat nicht freies Spiel genug.

Und diesen Veränderungen zufolge kann man sich den Maffei= schen Plan ungefähr vorstellen. Polyphontes regieret bereits funfzehn Jahre, und doch fühlet er sich auf dem Throne noch nicht befestiget genug. Denn das Volk ist noch immer dem Hause seines vorigen Königs zugethan und rechnet auf den letzten ge= retteten Zweig desselben. Die Mißvergnügten zu beruhigen, fällt ihm ein, sich mit Meropen zu verbinden. Er trägt ihr seine Hand an unter dem Vorwande einer wirklichen Liebe. Doch Merope weiset ihn mit diesem Vorwande zu empfindlich ab; und nun sucht er durch Drohungen und Gewalt zu erlangen, wozu ihn seine Verstellung nicht verhelfen können. Eben bringt er am schärfesten in sie, als ein Jüngling vor ihn gebracht wird, den man auf der Landstraße über einem Morde ergriffen hat. Aegisth, so nannte sich der Jüngling, hatte nichts gethan, als sein eignes Leben gegen einen Räuber verteidiget; sein Ansehen verrät so viel Adel und Unschuld, seine Rede so viel Wahrheit, daß Merope, die noch außerdem eine gewisse Falte seines Mundes bemerkt, die ihr Gemahl mit ihm gemein hatte, bewogen wird, den König für ihn zu bitten; und der König begnadiget ihn. Doch gleich darauf vermißt Merope ihren jüngsten Sohn, den sie einem alten Diener, Namens Polydor, gleich nach dem Tode ihres Ge= mahls anvertrauet hatte, mit dem Befehle, ihn als sein eigenes Kind zu erziehen. Er hat den Alten, den er für seinen Vater hält, heimlich verlassen, um die Welt zu sehen; aber er ist nirgends wieder aufzufinden. Dem Herze einer Mutter ahnet immer das Schlimmste; auf der Landstraße ist jemand ermordet worden: wie, wenn es ihr Sohn gewesen wäre? So denkt sie und wird in ihrer bangen Vermutung durch verschiedene Umstände, durch die Bereitwilligkeit des Königs, den Mörder zu begnadigen, vor nehmlich aber durch einen Ring bestärket, den man bei dem

Aegisth gefunden, und von dem ihr gesagt wird, daß ihn Aegisth
dem Erschlagenen abgenommen habe. Es ist dieses der Siegel-
ring ihres Gemahls, den sie dem Polydor mitgegeben hatte, um
ihn ihrem Sohne einzuhändigen, wenn er erwachsen und es Zeit
sein würde, ihm seinen Stand zu entdecken. Sogleich läßt sie den
Jüngling, für den sie vorher selbst gebeten, an eine Säule binden
und will ihm das Herz mit eigner Hand durchstoßen. Der Jüngling erinnert sich in diesem Augenblicke seiner Eltern; ihm ent-
fährt der Name Messene; er gedenkt des Verbots seines Vaters,
diesen Ort sorgfältig zu vermeiden; Merope verlangt hierüber
Erklärung; indem kömmt der König dazu, und der Jüngling
wird befreiet. So nahe Merope der Erkennung ihres Irrtums
war, so tief verfällt sie wiederum darein zurück, als sie siehet,
wie höhnisch der König über ihre Verzweiflung triumphiert. Nun
ist Aegisth unfehlbar der Mörder ihres Sohnes, und nichts
soll ihn vor ihrer Rache schützen. Sie erfährt mit einbrechender
Nacht, daß er in dem Vorsaale sei, wo er eingeschlafen, und
kömmt mit einer Art, ihm den Kopf zu spalten; und schon hat
sie die Art zu dem Streiche erhoben, als ihr Polydor, der sich kurz
zuvor in eben den Vorsaal eingeschlichen und den schlafenden
Aegisth erkannt hatte, in die Arme fällt. Aegisth erwacht und
fliehet, und Polydor entdeckt Meropen ihren eigenen Sohn in
dem vermeinten Mörder ihres Sohnes. Sie will ihm nach und
würde ihn leicht durch ihre stürmische Zärtlichkeit dem Tyrannen
entdeckt haben, wenn sie der Alte nicht auch hiervon zurückge-
halten hätte. Mit frühem Morgen soll ihre Vermählung mit
dem Könige vollzogen werden; sie muß zu dem Altare, aber sie
will eher sterben, als ihre Einwilligung erteilen. Indes hat
Polydor auch den Aegisth sich kennen gelehrt; Aegisth eilt in den
Tempel, dränget sich durch das Volk, und — das übrige wie bei
dem Hyginus.

Einundvierzigstes Stück.

Den 18. September 1767.

Je schlechter es zu Anfange dieses Jahrhunderts mit dem
italienischen Theater überhaupt aussahe, desto größer war der
Beifall und das Zujauchzen, womit die Merope des Maffei aufgenommen wurde.

Cedite Romani scriptores, cedite Graii,
Nescio quid majus nascitur Oedipode:

schrie Leonardo Adami, der nur noch die ersten zwei Akte in
Rom davon gesehen hatte. In Venedig ward 1714 das ganze

Karneval hindurch fast kein anderes Stück gespielt als Merope;
die ganze Welt wollte die neue Tragödie sehen und wieder sehen,
und selbst die Opernbühnen fanden sich darüber verlassen. Sie
ward in einem Jahre viermal gedruckt, und in sechzehn Jahren
(von 1714—1730) sind mehr als dreißig Ausgaben, in und außer
Italien, zu Wien, zu Paris, zu London, davon gemacht worden.
Sie ward ins Französische, ins Englische, ins Deutsche übersetzt,
und man hatte vor, sie mit allen diesen Uebersetzungen zugleich
drucken zu lassen. Ins Französische war sie bereits zweimal über=
setzt, als der Herr von Voltaire sich nochmals darüber machen
wollte, um sie auch wirklich auf die französische Bühne zu bringen.
Doch er fand bald, daß dieses durch eine eigentliche Uebersetzung
nicht geschehen könnte, wovon er die Ursachen in dem Schreiben
an den Marquis, welches er nachher seiner eignen Merope vor=
setzte, umständlich angibt.

„Der Ton,“ sagt er, „sei in der italienischen Merope viel zu
naiv und bürgerlich und der Geschmack des französischen Par=
terres viel zu fein, viel zu verzärtelt, als daß ihm die bloße simple
Natur gefallen könne. Es wolle die Natur nicht anders als
unter gewissen Zügen der Kunst sehen; und diese Züge müßten
zu Paris weit anders als zu Verona sein.“ Das ganze Schreiben
ist mit der äußersten Politesse abgefaßt; Maffei hat nirgends
gefehlt; alle seine Nachlässigkeiten und Mängel werden auf die
Rechnung seines Nationalgeschmacks geschrieben; es sind wohl noch
gar Schönheiten, aber leider nur Schönheiten für Italien. Ge=
wiß, man kann nicht höflicher kritisieren! Aber die verzweifelte
Höflichkeit! Auch einem Franzosen wird sie gar bald zur Last,
wenn seine Eitelkeit im geringsten dabei leidet. Die Höflichkeit
macht, daß wir liebenswürdig scheinen, aber nicht groß; und der
Franzose will eben so groß als liebenswürdig scheinen.

Was folgt also auf die galante Zueignungsschrift des Herrn
von Voltaire? Ein Schreiben eines gewissen de la Lindelle,
welcher dem guten Maffei eben so viel Grobheiten sagt, als ihm
Voltaire Verbindliches gesagt hatte. Der Stil dieses de la Lin=
delle ist ziemlich der Voltairische Stil; es ist schade, daß eine so
gute Feder nicht mehr geschrieben hat und übrigens so unbekannt
geblieben ist. Doch Lindelle sei Voltaire, oder sei wirklich Lin=
delle: wer einen französischen Januskopf sehen will, der vorne
auf die einschmeichelndste Weise lächelt und hinten die hämischsten
Grimassen schneidet, der lese beide Briefe in einem Zuge. Ich
möchte keinen geschrieben haben, am wenigsten aber beide. Aus
Höflichkeit bleibet Voltaire diesseits der Wahrheit stehen, und
aus Verkleinerungssucht schweifet Lindelle bis jenseit derselben.
Jener hätte freimütiger und dieser gerechter sein müssen, wenn
man nicht auf den Verdacht geraten sollte, daß der nämliche

Schriftsteller sich hier unter einem fremden Namen wieder ein=
bringen wollen, was er sich dort unter seinem eigenen ver=
geben habe.

Voltaire rechne es dem Marquis immer so hoch an, als er
will, daß er einer der erstern unter den Italienern sei, welcher
Mut und Kraft genug gehabt, eine Tragödie ohne Galanterie zu
schreiben, in welcher die ganze Intrigue auf der Liebe einer
Mutter beruhe und das zärtlichste Interesse aus der reinsten
Tugend entspringe. Er beklage es, so sehr als ihm beliebt, daß
die falsche Delikatesse seiner Nation ihm nicht erlauben wollen,
von den leichtesten, natürlichsten Mitteln, welche die Umstände
zur Verwickelung darbieten, von den unstudierten wahren Reden,
welche die Sache selbst in den Mund legt, Gebrauch zu machen.
Das Pariser Parterre hat unstreitig sehr unrecht, wenn es seit
dem königlichen Ringe, über den Boileau in seinen Satiren
spottet, durchaus von keinem Ringe auf dem Theater mehr hören
will*); wenn es seine Dichter daher zwingt, lieber zu jedem an=
dern, auch dem allerunschicklichsten Mittel der Erkennung seine
Zuflucht zu nehmen, als zu einem Ringe, mit welchem doch die
ganze Welt zu allen Zeiten eine Art von Erkennung, eine Art
von Versicherung der Person verbunden hat. Es hat sehr un=
recht, wenn es nicht will, daß ein junger Mensch, der sich für
den Sohn gemeiner Eltern hält und in dem Lande auf Aben=
teuer ganz allein herumschweift, nachdem er einen Mord verübt,
dem ohngeachtet nicht soll für einen Räuber gehalten werden
dürfen, weil es voraussieht, daß er der Held des Stückes werden
müsse**); wenn es beleidiget wird, daß man einem solchen Men=
schen keinen kostbaren Ring zutrauen will, da doch kein Fähnbrich
in des Königs Armee sei, der nicht de belles Nippes besitze.
Das Pariser Parterre, sage ich, hat in diesen und ähnlichen
Fällen unrecht; aber warum muß Voltaire auch in andern Fällen,
wo es gewiß nicht unrecht hat, dennoch lieber ihm als dem
Maffei unrecht zu geben scheinen wollen? Wenn die französische
Höflichkeit gegen Ausländer darin besteht, daß man ihnen auch
in solchen Stücken recht gibt, wo sie sich schämen müßten, recht
zu haben, so weiß ich nicht, was beleidigender und einem freien
Menschen unanständiger sein kann als diese französische Höflich=
keit. Das Geschwätz, welches Maffei seinem alten Polydor von
lustigen Hochzeiten, von prächtigen Krönungen, denen er vor

---

*) Je n'ai pu me servir, comme Mr. Maffei, d'un anneau, parce
que depuis l'anneau royal dont Boileau se moque dans ses satyres,
cela semblerait trop petit sur notre théâtre.
**) Je n'oserais hazarder de faire prendre un héros pour un
voleur, quoique la circonstance où il se trouve autorise cette méprise.

diesen beigewohnt, in den Mund legt, wenn das Interesse aufs
höchste gestiegen und die Einbildungskraft der Zuschauer mit
ganz andern Dingen beschäftiget ist, dieses Nestorische — aber
am unrechten Orte Nestorische — Geschwätz kann durch keine
Verschiedenheit des Geschmacks unter verschiedenen kultivierten
Völkern entschuldiget werden; hier muß der Geschmack überall der
nämliche sein, und der Italiener hat nicht seinen eignen, sondern
hat gar keinen Geschmack, wenn er nicht eben so wohl dabei
gähnet und darüber unwillig wird als der Franzose. „Sie haben," sagt Voltaire zu dem Marquis, „in Ihrer Tragödie jene
schöne und rührende Vergleichung des Virgils:

> Qualis populea moerens Philomela sub umbra
> Amissos queritur foetus — — —

übersetzen und anbringen dürfen. Wenn ich mir so eine Freiheit
nehmen wollte, so würde man mich damit in die Epopöe ver-
weisen. Denn Sie glauben nicht, wie streng der Herr ist, dem
wir zu gefallen suchen müssen; ich meine unser Publikum. Dieses
verlangt, daß in der Tragödie überall der Held, und nirgends
der Dichter sprechen soll, und meinet, daß bei kritischen Vorfällen,
in Ratsversammlungen, bei einer heftigen Leidenschaft, bei einer
dringenden Gesahr, kein König, kein Minister poetische Vergleichungen zu machen pflege." Aber verlangt denn dieses Publikum
etwas Unrechtes? meinet es nicht, was die Wahrheit ist? Sollte
nicht jedes Publikum eben dieses verlangen? eben dieses meinen?
Ein Publikum, das anders richtet, verdient diesen Namen nicht;
und muß Voltaire das ganze italienische Publikum zu so einem
Publiko machen wollen, weil er nicht Freimütigkeit genug hat,
dem Dichter geradeheraus zu sagen, daß er hier und an mehrern
Stellen luxuriere und seinen eignen Kopf durch die Tapete stecke?
Auch unerwogen, daß ausführliche Gleichnisse überhaupt schwerlich eine schickliche Stelle in dem Trauerspiele finden können,
hätte er anmerken sollen, daß jenes Virgilische von dem Maffei
äußerst gemißbrauchet worden. Bei dem Virgil vermehret es
das Mitleiden, und dazu ist es eigentlich geschickt; bei dem Maffei
aber ist es in dem Munde desjenigen, der über das Unglück,
wovon es das Bild sein soll, triumphieret, und müßte nach der
Gesinnung des Polyphonts mehr Hohn als Mitleid erwecken.
Auch noch wichtigere und auf das Ganze noch größern Einfluß
habende Fehler scheuet sich Voltaire nicht, lieber dem Geschmacke
der Italiener überhaupt als einem einzeln Dichter aus ihnen
zur Last zu legen, und dünkt sich von der allerfeinsten Lebensart, wenn er den Maffei damit tröstet, daß es seine ganze Nation
nicht besser verstehe, als er; daß seine Fehler die Fehler seiner
Nation wären; daß aber Fehler einer ganzen Nation eigentlich

seine Fehler wären, weil es ja eben nicht darauf ankomme, was
an und für sich gut oder schlecht sei, sondern was die Nation
dafür wolle gelten lassen. „Wie hätte ich es wagen dürfen,"
fährt er mit einem tiefen Bücklinge, aber auch zugleich mit einem
Schnippchen in der Tasche, gegen den Marquis fort, „bloße
Nebenpersonen so oft mit einander sprechen zu lassen, als Sie
gethan haben? Sie dienen bei Ihnen, die interessanten Szenen
zwischen den Hauptpersonen vorzubereiten; es sind die Zugänge
zu einem schönen Palaste; aber unser ungeduldiges Publikum
will sich auf einmal in diesem Palaste befinden. Wir müssen
uns also schon nach dem Geschmacke eines Volks richten, welches
sich an Meisterstücken satt gesehen hat und also äußerst verwöhnt
ist." Was heißt dieses anders, als: „Mein Herr Marquis, Ihr
Stück hat sehr, sehr viel kalte, langweilige, unnütze Szenen. Aber
es sei fern von mir, daß ich Ihnen einen Vorwurf daraus machen
sollte! Behüte der Himmel! ich bin ein Franzose: ich weiß zu
leben; ich werde niemanden etwas Unangenehmes unter die Nase
reiben. Ohne Zweifel haben Sie diese kalten, langweiligen, unnützen Szenen mit Vorbedacht, mit allem Fleiße gemacht, weil
sie gerade so sind, wie sie Ihre Nation braucht. Ich wünschte,
daß ich auch so wohlfeil davon kommen könnte: aber leider ist
meine Nation so weit, daß ich noch viel weiter sein muß, um
meine Nation zu befriedigen. Ich will mir darum eben nicht
viel mehr einbilden als Sie; aber da jedoch meine Nation, die
Ihre Nation so sehr übersieht" — weiter darf ich meine Para-
phrasis wohl nicht fortsetzen; denn sonst,

Desinit in piscem mulier formosa superne:

aus der Höflichkeit wird Persiflage (ich brauche dieses französische
Wort, weil wir Deutschen von der Sache nichts wissen), und
aus der Persiflage dummer Stolz.

Zweiundvierzigstes Stück.
Den 22. September 1767.

Es ist nicht zu leugnen, daß ein guter Teil der Fehler,
welche Voltaire als Eigentümlichkeiten des italienischen Geschmacks
nur deswegen an seinem Vorgänger zu entschuldigen scheinet,
um sie der italienischen Nation überhaupt zur Last zu legen,
daß, sage ich, diese und noch mehrere, und noch größere, sich in
der Merope des Maffei befinden. Maffei hatte in seiner Jugend
viel Neigung zur Poesie: er machte mit vieler Leichtigkeit Verse,
in allen verschiedenen Stilen der berühmtesten Dichter seines

Landes; doch diese Neigung und diese Leichtigkeit beweisen für das eigentliche Genie, welches zur Tragödie erfodert wird, wenig oder nichts. Hernach legte er sich auf die Geschichte, auf Kritik und Altertümer; und ich zweifle, ob diese Studien die rechte Nahrung für das tragische Genie sind. Er war unter Kirchenväter und Diplomen vergraben und schrieb wider die Pfaffen und Basnagen, als er, auf gesellschaftliche Veranlassung, seine Merope vor die Hand nahm und sie in weniger als zwei Monaten zustande brachte. Wenn dieser Mann unter solchen Beschäftigungen in so kurzer Zeit ein Meisterstück gemacht hätte, so müßte er der außerordentlichste Kopf gewesen sein; oder eine Tragödie überhaupt ist ein sehr geringfügiges Ding. Was indes ein Gelehrter von gutem klassischen Geschmacke, der so etwas mehr für eine Erholung als für eine Arbeit ansieht, die seiner würdig wäre, leisten kann, das leistete auch er. Seine Anlage ist gesuchter und ausgedrechselter als glücklich; seine Charaktere sind mehr nach den Zergliederungen des Moralisten oder nach bekannten Vorbildern in Büchern, als nach dem Leben geschildert; sein Ausdruck zeigt von mehr Phantasie als Gefühl; der Litterator und der Versifikateur läßt sich überall spüren, aber nur selten das Genie und der Dichter.

Als Versifikateur läuft er den Beschreibungen und Gleichnissen zu sehr nach. Er hat verschiedene ganz vortreffliche, wahre Gemälde, die in seinem Munde nicht genug bewundert werden könnten, aber in dem Munde seiner Personen unerträglich sind und in die lächerlichsten Ungereimtheiten ausarten. So ist es z. E. zwar sehr schicklich, daß Aegisth seinen Kampf mit dem Räuber, den er umgebracht, umständlich beschreibt; denn auf diesen Umständen beruhet seine Verteidigung; daß er aber auch, wenn er den Leichnam in den Fluß geworfen zu haben bekennet, alle, selbst die allerkleinsten Phänomena malt, die den Fall eines schweren Körpers ins Wasser begleiten, wie er hineinschießt, mit welchem Geräusche er das Wasser zerteilet, das hoch in die Luft sprützet, und wie sich die Flut wieder über ihn zuschließt,*) das

---

*) Atto I. Sc. III.

— — — — — — In coro
Pero mi venne di lanciar nel flume
Il morto, o semivivo; e con fatica
(Ch' inutil' era per riuscire, e vana)
L'alzai da terra, e in terra rimaneva
Una pozza di sangue: a mezzo il ponte
Portailo in fretta, di vermiglia striscia
Sempre rigando il suol; quinci cadere
Col capo in giù il lasciai: piombò, e gran tonfo
S'udì nel profondarsi: in alto salse
Lo spruzzo, e l'onda sopra lui si chiuso.

würde man auch nicht einmal einem kalten geschwätzigen Advokaten, der für ihn spräche, verzeihen, geschweige ihm selbst. Wer vor seinem Richter stehet und sein Leben zu verteidigen hat, dem liegen andere Dinge am Herzen, als daß er in seiner Erzählung so kindisch genau sein könnte.

Als Litterator hat er zu viel Achtung für die Simplizität der alten griechischen Sitten und für das Kostüme bezeigt, mit welchem wir sie bei dem Homer und Euripides geschildert finden, das aber allerdings um etwas, ich will nicht sagen veredelt, sondern unserm Kostüme näher gebracht werden muß, wenn es der Rührung im Trauerspiele nicht mehr schädlich als zuträglich sein soll. Auch hat er zu geflissentlich schöne Stellen aus den Alten nachzuahmen gesucht, ohne zu unterscheiden, aus was für einer Art von Werken er sie entlehnt und in was für eine Art von Werken er sie überträgt. Nestor ist in der Epopöe ein gesprächiger freundlicher Alte; aber der nach ihm gebildete Polydor wird in der Tragödie ein alter ekler Salbader. Wenn Maffei dem vermeintlichen Plane des Euripides hätte folgen wollen, so würde uns der Litterator vollends etwas zu lachen gemacht haben. Er hatte es sodann für seine Schuldigkeit geachtet, alle die kleinen Fragmente, die uns von dem Kresphontes übrig sind, zu nutzen und seinem Werke getreulich einzuflechten.[*] Wo er also geglaubt hätte, daß sie sich hinpaßten, hätte er sie als Pfähle aufgerichtet, nach welchen sich der Weg seines Dialogs richten und schlingen müssen. Welcher pedantische Zwang! Und wozu? Sind es nicht diese Sittensprüche, womit man seine Lücken füllt, so sind es andere.

Dem ohngeachtet möchten sich wiederum Stellen finden, wo man wünschen dürfte, daß sich der Litterator weniger vergessen hätte. Z. E.: Nachdem die Erkennung vorgegangen und Merope einsieht, in welcher Gefahr sie zweimal gewesen sei, ihren eignen Sohn umzubringen, so läßt er die Ismene voller Erstaunen ausrufen: „Welche wunderbare Begebenheit, wunderbarer, als sie jemals auf einer Bühne erdichtet worden!"

> Con così strani avvenimenti uom forse
> Non vide mai favoleggiar le scene.

Maffei hat sich nicht erinnert, daß die Geschichte seines Stücks in eine Zeit fällt, da noch an kein Theater gedacht war: in die

---

[*] Non essendo dunque stato mio pensiero di seguir la Tragedia d'Euripide, non ho cercato per consequenza di porre nella mia que' sentimenti di essa, che son rimasti quà e là; avendone tradotti cinque versi Cicerone, e recati tre passi Plutarco, e due versi Gellio, e alcuni trovandosene ancora, se la memoria non m'inganna, presso Stobeo.

Zeit vor dem Homer, dessen Gedichte den ersten Samen des Drama ausstreuten. Ich würde diese Unachtsamkeit niemanden als ihm anmuten, der sich in der Vorrede entschuldigen zu müssen glaubte, daß er den Namen Messene zu einer Zeit brauche, da ohne Zweifel noch keine Stadt dieses Namens gewesen, weil Homer keiner erwähne. Ein Dichter kann es mit solchen Kleinigkeiten halten, wie er will: nur verlangt man, daß er sich immer gleich bleibet, und daß er sich nicht einmal über etwas Bedenken macht, worüber er ein andermal kühnlich weggeht; wenn man nicht glauben soll, daß er den Anstoß vielmehr aus Unwissenheit nicht gesehen, als nicht sehen wollen. Ueberhaupt würden mir die angeführten Zeilen nicht gefallen, wenn sie auch keinen Anachronismus enthielten. Der tragische Dichter sollte alles vermeiden, was die Zuschauer an ihre Illusion erinnern kann; denn sobald sie daran erinnert sind, so ist sie weg. Hier scheinet es zwar, als ob Maffei die Illusion eher noch bestärken wollen, indem er das Theater ausdrücklich außer dem Theater annehmen läßt; doch die bloßen Worte „Bühne" und „erdichten" sind der Sache schon nachteilig und bringen uns geradenweges dahin, wovon sie uns abbringen sollen. Dem komischen Dichter ist es eher erlaubt, auf diese Weise seiner Vorstellung Vorstellungen entgegenzusetzen; denn unser Lachen zu erregen, braucht es des Grades der Täuschung nicht, den unser Mitleiden erfordert.

Ich habe schon gesagt, wie hart de la Lindelle dem Maffei mitspielt. Nach seinem Urteile hat Maffei sich mit dem begnügt, was ihm sein Stoff von selbst anbot, ohne die geringste Kunst dabei anzuwenden; sein Dialog ist ohne alle Wahrscheinlichkeit, ohne allen Anstand und Würde; da ist so viel Kleines und Kriechendes, das kaum in einem Possenspiele, in der Bude des Harlekins zu dulden wäre; alles wimmelt von Ungereimtheiten und Schulschnitzern. „Mit einem Worte," schließt er, „das Werk des Maffei enthält einen schönen Stoff, ist aber ein sehr elendes Stück. Alle Welt kömmt in Paris darin überein, daß man die Vorstellung derselben nicht würde haben aushalten können, und in Italien selbst wird von verständigen Leuten sehr wenig daraus gemacht. Vergebens hat der Verfasser auf seinen Reisen die elendesten Schriftsteller in Sold genommen, seine Tragödie zu übersetzen; er konnte leichter einen Uebersetzer bezahlen, als sein Stück verbessern."

So wie es selten Komplimente gibt ohne alle Lügen, so finden sich auch selten Grobheiten ohne alle Wahrheit. Lindelle hat in vielen Stücken wider den Maffei recht, und möchte er doch höflich oder grob sein, wenn er sich begnügte, ihn bloß zu tadeln. Aber er will ihn unter die Füße treten, vernichten und gehet mit ihm so blind als treulos zu Werke. Er schämt sich nicht, offenbare Lügen zu sagen, augenscheinliche Verfälschungen zu begehen, um nur ein recht hämisches Gelächter aufschlagen zu können. Unter drei Streichen, die er thut, geht immer einer in die Luft, und von den andern zweien, die seinen Gegner streifen oder treffen, trifft einer unfehlbar den zugleich mit, dem seine Klopffechterei Platz machen soll, Voltairen selbst. Voltaire scheinet dieses auch zum Teil gefühlt zu haben und ist daher nicht saumselig, in der Antwort an Lindellen den Maffei in allen den Stücken zu verteidigen, in welchen er sich zugleich mit verteidigen zu müssen glaubt. Dieser ganzen Korrespondenz mit sich selbst, dünkt mich, fehlt das interessanteste Stück: die Antwort des Maffei. Wenn uns doch auch diese der Herr von Voltaire hätte mitteilen wollen. Oder war sie etwa so nicht, wie er sie durch seine Schmeichelei zu erschleichen hoffte? Nahm sich Maffei etwa die Freiheit, ihm hinwiederum die Eigentümlichkeiten des französischen Geschmacks ins Licht zu stellen? ihm zu zeigen, warum die französische Merope eben so wenig in Italien als die italienische in Frankreich gefallen könne? —

Freiundvierzigstes Stück.

Den 25. September 1767.

So etwas läßt sich vermuten. Doch ich will lieber beweisen, was ich selbst gesagt habe, als vermuten, was andere gesagt haben könnten.

Lindern, vors erste, ließe sich der Tadel des Lindelle fast in allen Punkten. Wenn Maffei gefehlt hat, so hat er doch nicht immer so plump gefehlt, als uns Lindelle will glauben machen. Er sagt z. E., Aegisth, wenn ihn Merope nunmehr erstechen wolle, rufe aus: „O mein alter Vater!" und die Königin werde durch dieses Wort, alter Vater, so gerühret, daß sie von ihrem Vorsatze ablasse und auf die Vermutung komme, Aegisth könne wohl ihr Sohn sein. Ist das nicht, setzt er höhnisch hinzu, eine sehr gegründete Vermutung! Denn freilich ist es ganz etwas Sonderbares, daß ein junger Mensch einen alten Vater hat! „Maffei," fährt er fort, „hat mit diesem Fehler, diesem Mangel von Kunst und Genie, einen andern Fehler verbessern wollen, den er in der erstern Ausgabe seines Stückes begangen hatte. Aegisth rief da: „Ach, Polydor, mein Vater!" Und dieser Polydor war eben der Mann, dem Merope ihren Sohn anvertrauet hatte. Bei dem Namen Polydor hätte die Königin gar nicht mehr zweifeln müssen, daß Aegisth ihr Sohn sei, und das Stück wäre

aus gewesen. Nun ist dieser Fehler zwar weggeschafft; aber
seine Stelle hat ein noch weit gröberer eingenommen." Es ist
wahr: in der ersten Ausgabe nennt Aegisth den Polydor seinen
Vater; aber in den nachherigen Ausgaben ist von gar keinem
Vater mehr die Rede. Die Königin stutzt bloß bei dem Namen
Polydor, der den Aegisth gewarnet habe, ja keinen Fuß in das
Messenische Gebiete zu setzen. Sie gibt auch ihr Vorhaben darum
nicht auf; sie fodert bloß nähere Erklärung; und ehe sie diese
erhalten kann, kömmt der König dazu. Der König läßt den
Aegisth wieder losbinden, und da er die That, weswegen Aegisth
eingebracht worden, billiget und rühmet und sie als eine wahre
Heldenthat zu belohnen verspricht, so muß wohl Merope in ihren
ersten Verdacht wieder zurückfallen. Kann der ihr Sohn sein,
den Polyphontes eben darum belohnen will, weil er ihren Sohn
umgebracht habe? Dieser Schluß muß notwendig bei ihr mehr
gelten als ein bloßer Name. Sie bereuet es nunmehr auch, daß
sie eines bloßen Namens wegen, den ja wohl mehrere führen
können, mit der Vollziehung ihrer Rache gezaudert habe;

> Che dubitar? misera, ed io da un nome
> Trattener mi lasciai, quasi un tal nome
> Altri aver non potesse —

und die folgenden Aeußerungen des Tyrannen können sie nicht
anders als in der Meinung vollends bestärken, daß er von dem
Tode ihres Sohnes die allerzuverläßigste, gewisseste Nachricht
haben müsse. Ist denn das also nun so gar abgeschmackt? Ich
finde es nicht. Vielmehr muß ich gestehen, daß ich die Verbesserung des Maffei nicht einmal für sehr nötig halte. Laßt es
den Aegisth immerhin sagen, daß sein Vater Polydor heiße!
Ob es sein Vater oder sein Freund war, der so hieße und ihn vor
Messene warnte, das nimmt einander nicht viel. Genug, daß
Merope ohne alle Widerrede das für wahrscheinlicher halten muß,
was der Tyrann von ihm glaubet, da sie weiß, daß er ihrem
Sohne so lange, so eifrig nachgestellt, als das, was sie aus der
bloßen Uebereinstimmung eines Namens schließen könnte. Freilich, wenn sie wüßte, daß sich die Meinung des Tyrannen, Aegisth
sei der Mörder ihres Sohnes, auf weiter nichts als ihre eigene
Vermutung gründe, so wäre es etwas anders. Aber dieses weiß
sie nicht; vielmehr hat sie allen Grund, zu glauben, daß er seiner
Sache werde gewiß sein. — Es versteht sich, daß ich das, was
man zur Not entschuldigen kann, darum nicht für schön ausgebe;
der Poet hätte unstreitig seine Anlage viel feiner machen können.
Sondern ich will nur sagen, daß auch so, wie er sie gemacht hat,
Merope noch immer nicht ohne zureichenden Grund handelt;
und daß es gar wohl möglich und wahrscheinlich ist, daß Merope

in ihrem Vorſatze der Rache verharren und bei der erſten Ge=
legenheit einen neuen Verſuch, ſie zu vollziehen, wagen können.
Worüber ich mich alſo beleidiget finden möchte, wäre nicht dieſes,
daß ſie zum zweitenmale, ihren Sohn als den Mörder ihres
Sohnes zu ermorden, kömmt: ſondern dieſes, daß ſie zum
zweitenmale durch einen glücklichen ungefähren Zufall daran ver=
hindert wird. Ich würde es dem Dichter verzeihen, wenn er
Meropen auch nicht eigentlich nach den Gründen der größern
Wahrſcheinlichkeit ſich beſtimmen ließe; denn die Leidenſchaft, in
der ſie iſt, konnte auch den Gründen der ſchwächern das Ueber=
gewicht erteilen. Aber das kann ich ihm nicht verzeihen, daß
er ſich ſo viel Freiheit mit dem Zufalle nimmt und mit dem
Wunderbaren desſelben ſo verſchwenderiſch iſt als mit den ge=
meinſten, ordentlichſten Begebenheiten. Daß der Zufall ein=
mal der Mutter einen ſo frommen Dienſt erweiſet, das kann
ſein; wir wollen es um ſo viel lieber glauben, je mehr uns die
Ueberraſchung gefällt. Aber daß er zum zweitenmale die näm=
liche Uebereilung auf die nämliche Weiſe verhindern werde, das
ſieht dem Zufalle nicht ähnlich; eben dieſelbe Ueberraſchung,
wiederholt, hört auf, Ueberraſchung zu ſein; ihre Einförmigkeit
beleidiget, und wir ärgern uns über den Dichter, der zwar eben
ſo abenteurlich, aber nicht eben ſo mannigfaltig zu ſein weiß als
der Zufall.

Von den augenſcheinlichen und vorſätzlichen Verfälſchungen
des Lindelle will ich nur zwei anführen. — „Der vierte Akt,“
ſagt er, „fängt mit einer kalten und unnötigen Szene zwiſchen
dem Tyrannen und der Vertrauten der Merope an; hierauf be=
gegnet dieſe Vertraute, ich weiß ſelbſt nicht wie, dem jungen
Aegiſth und beredet ihn, ſich in dem Vorhauſe zur Ruhe zu be=
geben, damit, wenn er eingeſchlafen wäre, ihn die Königin mit
aller Gemächlichkeit umbringen könne. Er ſchläft auch wirklich
ein, ſo wie er es verſprochen hat. O ſchön! und die Königin
kömmt zum zweitenmale, mit einer Art in der Hand, um den
jungen Menſchen umzubringen, der ausdrücklich deswegen ſchläft.
Dieſe nämliche Situation, zweimal wiederholt, verrät die äußerſte
Unfruchtbarkeit; und dieſer Schlaf des jungen Menſchen iſt ſo
lächerlich, daß in der Welt nichts lächerlicher ſein kann.“ Aber
iſt es denn auch wahr, daß ihn die Vertraute zu dieſem Schlafe
beredet? Das lügt Lindelle.*) Aegiſth trifft die Vertraute an

---

*) Und der Herr von Voltaire gleichfalls. Denn nicht allein Lindelle
ſagt: ensuite cette suivante rencontre le jeune Egiste, je ne sais
comment, et lui persuade de se reposer dans le vestibule, afin que,
quand il sera endormi, la reine puisse le tuer tout à son aise,
ſondern auch der Herr von Voltaire ſelbſt: la confidente de Mérope en-
gage le jeune Egiste à dormir sur la scène, afin de donner le tems

und bittet sie, ihm doch die Ursache zu entdecken, warum die
Königin so ergrimmt auf ihn sei. Die Vertraute antwortet, sie
wolle ihm alles gern sagen; aber ein wichtiges Geschäfte rufe
sie itzt wo anders hin; er solle einen Augenblick hier verziehen;
sie wolle gleich wieder bei ihm sein. Allerdings hat die Vertraute die Absicht, ihn der Königin in die Hände zu liefern; sie
beredet ihn, zu bleiben, aber nicht, zu schlafen; und Aegisth, welcher
seinem Versprechen nach bleibt, schläft nicht seinem Versprechen nach,
sondern schläft, weil er müde ist, weil es Nacht ist, weil er nicht
siehet, wo er die Nacht sonst werde zubringen können als hier. *) —
Die zweite Lüge des Lindelle ist von eben dem Schlage. „Merope," sagt er, „nachdem sie der alte Polydor an der Ermordung
ihres Sohnes verhindert, fragt ihn, was für eine Belohnung er
dafür verlange; und der alte Narr bittet sie, ihn zu verjüngen."
Bittet sie, ihn zu verjüngen? „Die Belohnung meines Dienstes,"
antwortet der Alte, „ist dieser Dienst selbst, ist dieses, daß ich
dich verjüngt sehe. Was könntest du mir auch geben? Ich
brauche nichts, ich verlange nichts. Eines möchte ich mir wünschen; aber das stehet weder in deiner, noch in irgend eines
Sterblichen Gewalt, mir zu gewähren: daß mir die Last meiner
Jahre, unter welcher ich erliege, erleichtert würde u. s. w." **)
Heißt das: erleichtere du mir diese Last? gib du mir Stärke und

---

à la reine de venir l'y assassiner. Was aus dieser Uebereinstimmung
zu schließen ist, brauche ich nicht erst zu sagen. Selten stimmt ein Lügner mit
sich selbst überein; und wenn zwei Lügner mit einander übereinstimmen, so
ist es gewiß abgeredete Karte.

*) Atto IV. Sc. II.
    Egi. Mà di tanto furor, di tanto affanno
    Qual' ebbe mai cagion? — —
    Ism. Il tutto
  Scoprirti io non ricuso; mà egli è d'uopo
  Che qui t'arresti per brev' ora: urgente
  Cura or mir chiama altrove.
    Egi. Io volontieri
  T'attendo quanto vuoi. *Ism.* Mà non partire
  E non far sì, ch' io quà ritorni indarno.
    Egi. Mia fè dò in pegno; e dove gir dovrei? —
**) Atto IV. Sc. VII.
    Mer. Ma quale, ò mio fedel, qual potrò io
  Darti già mai mercè, che i merti agguagli?
    Pol. Il mio stesso servir fu premio; ed ora
  M'è, il vederti contenta, ampia mercede.
  Che vuoi tu darmi? io nulla bramo: curo
  Sol mi saria ciò, ch' altri dar non puote;
  Che scemato mi fosse il grave incarco
  Degli anni, che mi stà sù'l capo, e à terra
  Il curva, e preme sì, che parmi un monte —

Jugend wieder? Ich will gar nicht sagen, daß eine solche Klage über die Ungemächlichkeiten des Alters hier an dem schicklichsten Orte stehe, ob sie schon vollkommen in dem Charakter des Polydors ist. Aber ist denn jede Unschicklichkeit Wahnwitz? Und mußten nicht Polydor und sein Dichter im eigentlichen Verstande wahnwitzig sein, wenn dieser jenem die Bitte wirklich in den Mund legte, die Lindelle ihnen anlügt? — Anlügt! Lügen! Verdienen solche Kleinigkeiten wohl so harte Worte? — Kleinigkeiten? Was dem Lindelle wichtig genug war, darum zu lügen, soll das einem dritten nicht wichtig genug sein, ihm zu sagen, daß er gelogen hat? —

Vierundvierzigstes Stück.

Den 29. September 1767.

Ich komme auf den Tadel des Lindelle, welcher den Voltaire so gut als den Maffei trifft, dem er doch nur allein zugedacht war.

Ich übergehe die beiden Punkte, bei welchen es Voltaire selbst fühlte, daß der Wurf auf ihn zurückpralle. — Lindelle hatte gesagt, daß es sehr schwache und unedle Merkmale wären, aus welchen Merope bei dem Maffei schließe, daß Aegisth der Mörder ihres Sohnes sei. Voltaire antwortet: „Ich kann es Ihnen nicht bergen; ich finde, daß Maffei es viel künstlicher angelegt hat als ich, Meropen glauben zu machen, daß ihr Sohn der Mörder ihres Sohnes sei. Er konnte sich eines Ringes dazu bedienen, und das durfte ich nicht; denn seit dem königlichen Ringe, über den Boilean in seinen Satiren spottet, würde das auf unserm Theater sehr klein scheinen." Aber mußte denn Voltaire eben eine alte Rüstung anstatt des Ringes wählen? Als Narbas das Kind mit sich nahm, was bewog ihn denn, auch die Rüstung des ermordeten Vaters mitzunehmen? Damit Aegisth, wenn er erwachsen wäre, sich keine neue Rüstung kaufen dürfe und sich mit der alten seines Vaters behelfen könne? Der vorsichtige Alte! Ließ er sich nicht auch ein paar alte Kleider von der Mutter mitgeben? Oder geschah es, damit Aegisth einmal an dieser Rüstung erkannt werden könne? So eine Rüstung gab es wohl nicht mehr? Es war wohl eine Familienrüstung, die Vulkan selbst dem Großgroßvater gemacht hatte? Eine undurchdringliche Rüstung? Oder wenigstens mit schönen Figuren und Sinnbildern versehen, an welchen sie Eurilles und Merope nach fünfzehn Jahren sogleich wiedererkannten? Wenn das ist, so mußte sie der Alte freilich mitnehmen; und der Herr von Voltaire hat Ursache, ihm verbunden zu sein, daß er unter den blutigen Verwirrungen, bei welchen ein anderer nur an das Kind gedacht hätte, auch zugleich an eine so nützliche Möbel dachte. Wenn Aegisth schon das Reich seines Vaters verlor, so mußte er doch nicht auch die Rüstung seines Vaters verlieren, in der er jenes wiedererobern konnte. — Zweitens hatte sich Lindelle über den Polyphont des Maffei auf-gehalten, der die Merope mit aller Gewalt heiraten will. Als ob der Voltairische das nicht auch wollte! Voltaire antwortet ihm daher: „Weder Maffei, noch ich haben die Ursachen drin-gend genug gemacht, warum Polyphont durchaus Meropen zu seiner Gemahlin verlangt. Das ist vielleicht ein Fehler des Stoffes; aber ich bekenne Ihnen, daß ich einen solchen Fehler für sehr gering halte, wenn das Interesse, welches er hervor-bringt, beträchtlich ist." Nein, der Fehler liegt nicht im Stoffe. Denn in diesem Umstande eben hat Maffei den Stoff verändert. Was brauchte Voltaire diese Veränderung anzunehmen, wenn er seinen Vorteil nicht dabei sah? —

Der Punkte sind mehrere, bei welchen Voltaire eine ähnliche Rücksicht auf sich selbst hätte nehmen können; aber welcher Vater sieht alle Fehler seines Kindes? Der Fremde, dem sie in die Augen fallen, braucht darum gar nicht scharfsichtiger zu sein als der Vater; genug, daß er nicht der Vater ist. Gesetzt also, ich wäre dieser Fremde!

Lindelle wirft dem Maffei vor, daß er seine Szenen oft nicht verbinde, daß er das Theater oft leer lasse, daß seine Per-sonen oft ohne Ursache aufträten und abgingen; alles wesentliche Fehler, die man heutzutage auch dem armseligsten Poeten nicht mehr verzeihe. — Wesentliche Fehler dieses? Doch das ist die Sprache der französischen Kunstrichter überhaupt; die muß ich ihm schon lassen, wenn ich nicht ganz von vorne mit ihm an-fangen will. So wesentlich oder unwesentlich sie aber auch sein mögen, wollen wir es Lindellen auf sein Wort glauben, daß sie bei den Dichtern seines Volks so selten sind? Es ist wahr, sie sind es, die sich der größten Regelmäßigkeit rühmen; aber sie sind es auch, die entweder diesen Regeln eine solche Ausdehnung geben, daß es sich kaum mehr der Mühe verlohnet, sie als Re-geln vorzutragen, oder sie auf eine solche linke und gezwungene Art beobachten, daß es weit mehr beleidiget, sie so beobachtet zu sehen, als gar nicht. *) Besonders ist Voltaire ein Meister,

---

*) Dieses war zum Teil schon das Urteil unsers Schlegels. „Die Wahr-heit zu gestehen," sagt er in seinen Gedanken zur Aufnahme des dänischen Theaters, „beobachten die Engländer, die sich seiner Einheit des Orts rühmen, dieselbe großenteils viel besser als die Franzosen, die sich damit viel wissen, daß sie die Regeln des Aristoteles so genau beobachten. Darauf kömmt ge-

sich die Fesseln der Kunst so leicht, so weit zu machen, daß er
alle Freiheit behält, sich zu bewegen, wie er will; und doch bewegt er sich oft so plump und schwer und macht so ängstliche
Verdrehungen, daß man meinen sollte, jedes Glied von ihm sei
an ein besonderes Kloß geschmiedet. Es kostet mir Ueberwindung,
ein Werk des Genies aus diesem Gesichtspunkte zu betrachten;
doch da es bei der gemeinen Klasse von Kunstrichtern noch so
sehr Mode ist, es fast aus keinem andern als aus diesem zu betrachten; da es der ist, aus welchem die Bewunderer des französischen Theaters das lauteste Geschrei erheben: so will ich doch
erst genauer hinsehen, ehe ich in ihr Geschrei mit einstimme.

1. Die Szene ist zu Messene, in dem Palaste der Merope.
Das ist, gleich anfangs, die strenge Einheit des Ortes nicht,
welche, nach den Grundsätzen und Beispielen der Alten, ein
Hedelin verlangen zu können glaubte. Die Szene muß kein
ganzer Palast, sondern nur ein Teil des Palastes sein, wie ihn
das Auge aus einem und eben demselben Standorte zu übersehen fähig ist. Ob sie ein ganzer Palast oder eine ganze Stadt
oder eine ganze Provinz ist, das macht im Grunde einerlei Ungereimtheit. Doch schon Corneille gab diesem Gesetze, von dem
sich ohnedem kein ausdrückliches Gebot bei den Alten findet, die
weitere Ausdehnung und wollte, daß eine einzige Stadt zur
Einheit des Ortes hinreichend sei. Wenn er seine besten Stücke
von dieser Seite rechtfertigen wollte, so mußte er wohl so nach-
gebend sein. Was Corneillen aber erlaubt war, das muß Voltairen recht sein. Ich sage also nichts dagegen, daß eigentlich
die Szene bald in dem Zimmer der Königin, bald in dem oder
jenem Saale, bald in dem Vorhofe, bald nach dieser, bald nach
einer andern Aussicht muß gedacht werden. Nur hätte er bei

rade am allerwenigsten an, daß das Gemälde der Szenen nicht verändert wird.
Aber wenn keine Ursache vorhanden ist, warum die auftretenden Personen
sich an dem angezeigten Orte befinden, und nicht vielmehr an demjenigen geblieben sind, wo sie vorhin waren; wenn eine Person sich als Herr und Be-
wohner eben des Zimmers aufführt, wo kurz vorher eine andere, als ob sie
ebenfalls Herr vom Hause wäre, in aller Gelassenheit mit sich selbst oder mit
einem Vertrauten gesprochen, ohne daß dieser Umstand auf eine wahrschein-
liche Weise entschuldiget wird; kurz, wenn die Personen nur deswegen in den
angezeigten Saal oder Garten kommen, um auf die Schaubühne zu treten:
so würde der Verfasser des Schauspiels am besten gethan haben, anstatt der
Worte ,der Schauplatz ist ein Saal in Climenens Hause' unter das Verzeichnis seiner Person zu setzen: ,der Schauplatz ist auf dem Theater'. Oder,
im Ernste zu reden, es würde weit besser gewesen sein, wenn der Verfasser
nach dem Gebrauche der Engländer die Szene aus dem Hause des einen in
das Haus eines andern verlegt und also den Zuschauer seinem Helden nach-
geführet hätte, als daß er seinem Helden die Mühe macht, den Zuschauern
zu Gefallen an einen Platz zu kommen, wo er nichts zu thun hat."

diesen Abwechselungen auch die Vorsicht brauchen sollen, die
Corneille dabei empfahl: sie müssen nicht in dem nämlichen Akte,
am wenigsten in der nämlichen Szene angebracht werden. Der
Ort, welcher zu Anfange des Akts ist, muß durch diesen ganzen
Akt dauern; und ihn vollends in eben derselben Szene abzuändern
oder auch nur erweitern oder verengern, ist die äußerste Ungereimtheit von der Welt. — Der dritte Akt der Merope mag auf
einem freien Platze, unter einem Säulengange oder in einem
Saale spielen, in dessen Vertiefung das Grabmal des Kresphontes
zu sehen, an welchem die Königin den Aegisth mit eigner Hand
hinrichten will: was kann man sich armseliger vorstellen, als daß,
mitten in der vierten Szene, Eurikles, der den Aegisth weg-
führet, diese Vertiefung hinter sich zuschließen muß? Wie schließt
er sie zu? Fällt ein Vorhang hinter ihm nieder? Wenn jemals auf einen Vorhang das, was Hedelin von dergleichen Vor-
hängen überhaupt sagt, gepaßt hat, so ist es auf diesen *); besonders wenn man zugleich die Ursache erwägt, warum Aegisth,
so plötzlich abgeführt, durch diese Maschinerie so augenblicklich aus
dem Gesichte gebracht werden muß, von der ich hernach reden
will. — Eben so ein Vorhang wird in dem fünften Akte auf-
gezogen. Die ersten sechs Szenen spielen in einem Saale des
Palastes, und mit der siebenten erhalten wir auf einmal die offene
Aussicht in den Tempel, um den toten Körper in einem blutigen
Rocke sehen zu können. Durch welches Wunder? Und war dieser
Anblick dieses Wunders wohl wert? Man wird sagen, die Thüren
dieses Tempels eröffnen sich auf einmal, Merope bricht auf einmal mit dem ganzen Volke heraus, und dadurch erlangen wir
die Einsicht in denselben. Ich verstehe; dieser Tempel war Ihro
verwitweten Königlichen Majestät Schloßkapelle, die gerade an
den Saal stieß und mit ihm Kommunikation hatte, damit Aller-
höchstdieselben jederzeit trocknes Fußes zu dem Orte ihrer Andacht gelangen konnten. Nur sollten wir sie dieses Weges nicht
allein herauskommen, sondern auch hereingehen sehen; wenigstens
den Aegisth, der am Ende der vierten Szene zu laufen hat und
ja den kürzesten Weg nehmen muß, wenn er acht Zeilen darauf
seine That schon vollbracht haben soll.

---

*) On met des rideaux qui se tirent et retirent, pour faire que
les Acteurs paroissent et disparoissent selon la nécessité du Sujet —
ces rideaux ne sont bons qu'à faire des couvertures pour berner
ceux qui les ont inventés, et ceux qui les approuvent Pratique
du Théâtre, Liv. II. chap. 6.

Fünfundvierzigstes Stück.

Den 2. Oktober 1767.

2. Nicht weniger bequem hat es sich der Herr von Voltaire mit der Einheit der Zeit gemacht. Man denke sich einmal alles das, was er in seiner Merope vorgehen läßt, an einem Tage geschehen, und sage, wie viel Ungereimtheiten man sich dabei denken muß! Man nehme immer einen völligen, natürlichen Tag; man gebe ihm immer die dreißig Stunden, auf die Corneille ihn auszudehnen erlauben will. Es ist wahr, ich sehe zwar keine physikalische Hindernisse, warum alle die Begebenheiten in diesem Zeitraume nicht hätten geschehen können, aber desto mehr moralische. Es ist freilich nicht unmöglich, daß man innerhalb zwölf Stunden um ein Frauenzimmer anhalten und mit ihr getraut sein kann, besonders, wenn man es mit Gewalt vor den Priester schleppen darf. Aber, wenn es geschieht, verlangt man nicht, eine so gewaltsame Beschleunigung durch die allertriftigsten und dringendsten Ursachen gerechtfertiget zu wissen? Findet sich hingegen auch kein Schatten von solchen Ursachen, wodurch soll uns, was bloß physikalischerweise möglich ist, denn wahrscheinlich werden? Der Staat will sich einen König wählen; Polyphont und der abwesende Aegisth können allein dabei in Betrachtung kommen; um die Ansprüche des Aegisth zu vereiteln, will Polyphont die Mutter desselben heiraten; an eben demselben Tage, da die Wahl geschehen soll, macht er ihr den Antrag; sie weiset ihn ab; die Wahl geht vor sich und fällt für ihn aus; Polyphont ist also König, und man sollte glauben, Aegisth möge nunmehr erscheinen, wenn er wolle, der neuerwählte König könne es vors erste mit ihm ansehen. Nichts weniger; er bestehet auf der Heirat, und bestehet darauf, daß sie noch desselben Tages vollzogen werden soll, eben des Tages, an dem er Meropen zum erstenmale seine Hand angetragen, eben des Tages, da ihn das Volk zum Könige ausgerufen. Ein so alter Soldat und ein so hitziger Freier! Aber seine Freierei ist nichts als Politik. Desto schlimmer; diejenige, die er in sein Interesse verwickeln will, so zu mißhandeln! Merope hatte ihm ihre Hand verweigert, als er noch nicht König war, als sie glauben mußte, daß ihn ihre Hand vornehmlich auf den Thron verhelfen sollte; aber nun ist er König, und ist es geworden, ohne sich auf den Titel ihres Gemahls zu gründen; er wiederhole seinen Antrag, und vielleicht gibt sie es näher; er lasse ihr Zeit, den Abstand zu vergessen, der sich ehedem zwischen ihnen befand, sich zu gewöhnen, ihn als ihresgleichen zu betrachten, und vielleicht ist nur kurze Zeit dazu nötig. Wenn er sie nicht gewinnen kann, was hilft

es ihn, sie zu zwingen? Wird es ihren Anhängern unbekannt
bleiben, daß sie gezwungen worden? Werden sie ihn nicht auch
darum hassen zu müssen glauben? Werden sie nicht auch darum
dem Aegisth, sobald er sich zeigt, beizutreten und in seiner Sache
zugleich die Sache seiner Mutter zu betreiben, sich für verbunden
achten? Vergebens, daß das Schicksal dem Tyrannen, der ganzer
funfzehn Jahr sonst so bedächtlich zu Werke gegangen, diesen
Aegisth nun selbst in die Hände liefert und ihm dadurch ein
Mittel, den Thron ohne alle Ansprüche zu besitzen, anbietet, das
weit kürzer, weit unfehlbarer ist als die Verbindung mit seiner
Mutter: es soll und muß geheiratet sein, und noch heute, und
noch diesen Abend; der neue König will bei der alten Königin
noch diese Nacht schlafen, oder es geht nicht gut. Kann man
sich etwas Komischeres denken? In der Vorstellung, meine ich;
denn daß es einem Menschen, der nur einen Funken von Verstande hat, einkommen könne, wirklich so zu handeln, widerlegt
sich von selbst. Was hilft es nun also dem Dichter, daß die besondern Handlungen eines jeden Akts zu ihrer wirklichen Er-
äugnung ungefähr nicht viel mehr Zeit brauchen würden, als auf
die Vorstellung dieses Akts geht; und daß diese Zeit mit der,
welche auf die Zwischenakte gerechnet werden muß, noch lange
keinen völligen Umlauf der Sonne erfordert: hat er darum die
Einheit der Zeit beobachtet? Die Worte dieser Regel hat er
erfüllt, aber nicht ihren Geist. Denn, was er an einem Tage
thun läßt, kann zwar an einem Tage gethan werden; aber
kein vernünftiger Mensch wird es an einem Tage thun. Es
ist an der physischen Einheit der Zeit nicht genug; es muß auch
die moralische dazu kommen, deren Verletzung allen und jeden
empfindlich ist, anstatt daß die Verletzung der erstern, ob sie
gleich meistens eine Unmöglichkeit involvieret, dennoch nicht
immer so allgemein anstößig ist, weil diese Unmöglichkeit vielen
unbekannt bleiben kann. Wenn z. E. in einem Stücke von einem
Orte zum andern gereiset wird, und diese Reise allein mehr als
einen ganzen Tag erfordert, so ist der Fehler nur denen merklich, welche den Abstand des einen Orts von dem andern wissen.
Nun aber wissen nicht alle Menschen die geographischen Distan-
zen; aber alle Menschen können es an sich selbst merken, zu
welchen Handlungen man sich einen Tag und zu welchen man
sich mehrere nehmen sollte. Welcher Dichter also die physische
Einheit der Zeit nicht anders als durch Verletzung der moralischen zu beobachten verstehet und sich kein Bedenken macht, diese
jener aufzuopfern, der verstehet sich sehr schlecht auf seinen Vorteil und opfert das Wesentlichere dem Zufälligen auf. — Maffei
nimmt doch wenigstens noch eine Nacht zu Hilfe, und die Vermählung, die Polyphont der Merope heute andeutet, wird erst

den Morgen darauf vollzogen. Auch ist es bei ihm nicht der Tag, an welchem Polyphont den Thron besteiget; die Begebenheiten pressen sich folglich weniger; sie eilen, aber sie übereilen sich nicht. Voltairens Polyphont ist ein Ephemeron von einem Könige, der schon darum den zweiten Tag nicht zu regieren verdienet, weil er den ersten seine Sache so gar albern und dumm anfängt.

3. Maffei, sagte Lindelle, verbinde öfters die Szenen nicht, und das Theater bleibe leer — ein Fehler, den man heutzutage auch den geringsten Poeten nicht verzeihe. „Die Verbindung der Szenen," sagt Corneille, „ist eine große Zierde eines Gedichts, und nichts kann uns von der Stetigkeit der Handlung besser versichern als die Stetigkeit der Vorstellung. Sie ist aber doch nur eine Zierde und keine Regel; denn die Alten haben sich ihr nicht immer unterworfen u. s. w." Wie? ist die Tragödie bei den Franzosen seit ihrem großen Corneille so viel vollkommener geworden, daß das, was dieser bloß für eine mangelnde Zierde hielt, nunmehr ein unverzeihlicher Fehler ist? Oder haben die Franzosen seit ihm das Wesentliche der Tragödie noch mehr verkennen gelernt, daß sie auf Dinge einen so großen Wert legen, die im Grunde keinen haben? Bis uns diese Frage entschieden ist, mag Corneille immer wenigstens eben so glaubwürdig sein als Lindelle; und was nach jenem also eben noch kein ausgemachter Fehler bei dem Maffei ist, mag gegen den minder streitigen des Voltaire aufgehen, nach welchem er das Theater öfters länger voll läßt, als es bleiben sollte. Wenn z. E. in dem ersten Akte Polyphont zu der Königin kömmt und die Königin mit der dritten Szene abgeht, mit was für Recht kann Polyphont in dem Zimmer der Königin verweilen? Ist dieses Zimmer der Ort, wo er sich gegen seine Vertrauten so frei herauslassen sollte? Das Bedürfnis des Dichters verrät sich in der vierten Szene gar zu deutlich, in der wir zwar Dinge erfahren, die wir notwendig wissen müssen, nur daß wir sie an einem Orte erfahren, wo wir es nimmermehr erwartet hätten.

4. Maffei motiviert das Auftreten und Abgehen seiner Personen oft gar nicht, — und Voltaire motiviert es eben so oft falsch, welches wohl noch schlimmer ist. Es ist nicht genug, daß eine Person sagt, warum sie kömmt, man muß auch aus der Verbindung einsehen, daß sie darum kommen müssen. Es ist nicht genug, daß sie sagt, warum sie abgeht, man muß auch in dem Folgenden sehen, daß sie wirklich darum abgegangen ist. Denn sonst ist das, was ihr der Dichter desfalls in den Mund legt, ein bloßer Vorwand und keine Ursache. Wenn z. E. Euriſles in der dritten Szene des zweiten Akts abgeht, um, wie er sagt, die Freunde der Königin zu versammeln, so müßte man

von diesen Freunden und von dieser ihrer Versammlung auch
hernach etwas hören. Da wir aber nichts davon zu hören bekommen, so ist sein Vorgeben ein schülerhaftes Peto veniam
exeundi, mit der ersten besten Lügen, die dem Knaben einfällt.
Er geht nicht ab, um das zu thun, was er sagt, sondern um ein
paar Zeilen darauf mit einer Nachricht wiederkommen zu können,
die der Poet durch keinen andern erteilen zu lassen wußte. Noch
ungeschickter geht Voltaire mit dem Schlusse ganzer Akte zu
Werke. Am Ende des dritten sagt Polyphont zu Meropen, daß
der Altar ihrer erwarte, daß zu ihrer feierlichen Verbindung
schon alles bereit sei; und so geht er mit einem „Venez, Madame" ab. Madame aber folgt ihm nicht, sondern geht mit
einer Exklamation zu einer andern Kulisse hinein, worauf Polyphont den vierten Akt wieder anfängt und nicht etwa seinen
Unwillen äußert, daß ihm die Königin nicht in den Tempel ge-
folgt ist (denn er irrte sich, es hat mit der Trauung noch Zeit),
sondern wiederum mit seinem Erox Dinge plaudert, über die er
nicht hier, über die er zu Hause in seinem Gemache mit ihm
hätte schwatzen sollen. Nun schließt auch der vierte Akt, und
schließt vollkommen wie der dritte. Polyphont citiert die Königin
nochmals nach dem Tempel, Merope selbst schreiet:

Courons tous vers le temple où m'attend mon outrage;

und zu den Opferpriestern, die sie dahin abholen sollen, sagt sie:

Vous venez à l'autel entraîner la victime.

Folglich werden sie doch gewiß zu Anfange des fünften Akts in
dem Tempel sein, wo sie nicht schon gar wieder zurück sind?
Keines von beidem; gut Ding will Weile haben: Polyphont hat
noch etwas vergessen und kömmt noch einmal wieder und schickt
auch die Königin noch einmal wieder. Vortrefflich! Zwischen
dem dritten und vierten und zwischen dem vierten und fünften
Akte geschieht demnach nicht allein das nicht, was geschehen sollte,
sondern es geschieht auch platterdings gar nichts, und der dritte
und vierte Akt schließen bloß, damit der vierte und fünfte wieder
anfangen können.

Sechsundvierzigstes Stück.

Den 6. Oktober 1767.

Ein anderes ist, sich mit den Regeln abfinden, ein anderes,
sie wirklich beobachten. Jenes thun die Franzosen; dieses scheinen
nur die Alten verstanden zu haben.

Die Einheit der Handlung war das erste dramatische Gesetz

der Alten; die Einheit der Zeit und die Einheit des Ortes
waren gleichsam nur Folgen aus jener, die sie schwerlich strenger
beobachtet haben würden, als es jene notwendig erfordert hätte,
wenn nicht die Verbindung des Chors dazu gekommen wäre.
Da nämlich ihre Handlungen eine Menge Volks zum Zeugen
haben mußten und diese Menge immer die nämliche blieb, welche
sich weder weiter von ihren Wohnungen entfernen, noch länger
aus denselben wegbleiben konnte, als man gewöhnlichermaßen der
bloßen Neugierde wegen zu thun pflegt: so konnten sie fast nicht
anders, als den Ort auf einen und eben denselben individuellen
Platz, und die Zeit auf einen und eben denselben Tag einschrän-
ken. Dieser Einschränkung unterwarfen sie sich denn auch bona
fide: aber mit einer Biegsamkeit, mit einem Verstande, daß sie
unter neun Malen siebenmal weit mehr dabei gewannen, als
verloren. Denn sie ließen sich diesen Zwang einen Anlaß sein,
die Handlung selbst so zu simplifizieren, alles Ueberflüssige so sorgfältig von ihr abzusondern, daß sie, auf ihre wesentlichsten Bestandteile gebracht, nichts als ein Ideal von dieser Handlung
ward, welches sich gerade in derjenigen Form am glücklichsten
ausbildete, die den wenigsten Zusatz von Umständen der Zeit und
des Ortes verlangte.

Die Franzosen hingegen, die an der wahren Einheit der
Handlung keinen Geschmack fanden, die durch die wilden Intri-
guen der spanischen Stücke schon verwöhnt waren, ehe sie die
griechische Simplizität kennen lernten, betrachteten die Einheiten
der Zeit und des Orts nicht als Folgen jener Einheit, sondern als
für sich zur Vorstellung einer Handlung unumgängliche Erfor-
dernisse, welche sie auch ihren reichern und verwickeltern Handlungen in eben der Strenge anpassen müßten, als es nur immer
der Gebrauch des Chors erfordern könnte, dem sie doch gänzlich
entsagt hatten. Da sie aber fanden, wie schwer, ja wie unmöglich öfters dieses sei, so trafen sie mit den tyrannischen Regeln,
welchen sie ihren völligen Gehorsam aufzukündigen nicht Mut
genug hatten, ein Abkommen. Anstatt eines einzigen Ortes
führten sie einen unbestimmten Ort ein, unter dem man sich
bald den, bald jenen einbilden könne; genug, wenn diese Orte
zusammen nur nicht gar zu weit aus einander lägen und keiner
eine besondere Verzierung bedürfe, sondern die nämliche Verzierung ungefähr dem einen so gut als dem andern zukommen
könne. Anstatt der Einheit des Tages schoben sie die Einheit
der Dauer unter; und eine gewisse Zeit, in der man von keinem
Aufgehen und Untergehen der Sonne hörte, in der niemand zu
Bette ging, wenigstens nicht öfterer als einmal zu Bette ging,
mochte sich doch sonst noch so viel und mancherlei darin eräugnen,
ließen sie für e i n e n Tag gelten.

Niemand würde ihnen dieses verdacht haben; denn unstreitig lassen sich auch so noch vortreffliche Stücke machen; und das Sprichwort sagt: „Bohre das Brett, wo es am dünnsten ist." — Aber ich muß meinen Nachbar nur auch da bohren lassen. Ich muß ihm nicht immer nur die dickste Kante, den astigsten Teil des Brettes zeigen und schreien: Da bohre mir durch! da pflege ich durchzubohren! — Gleichwohl schreien die französischen Kunst= richter alle so, besonders wenn sie auf die dramatischen Stücke der Engländer kommen. Was für ein Aufhebens machen sie von der Regelmäßigkeit, die sie sich so unendlich erleichtert haben! — Doch mir ekelt, mich bei diesen Elementen länger aufzuhalten.

Möchten meinetwegen Voltairens und Maffeis Merope acht Tage dauern und an sieben Orten in Griechenland spielen! Möchten sie aber auch nur die Schönheiten haben, die mich diese Pedan terieen vergessen machen!

Die strengste Regelmäßigkeit kann den kleinsten Fehler in den Charakteren nicht aufwiegen. Wie abgeschmackt Polyphont bei dem Maffei öfters spricht und handelt, ist Lindellen nicht ent= gangen. Er hat recht, über die heillosen Maximen zu spotten, die Maffei seinem Tyrannen in den Mund legt. Die Edelsten und Besten des Staats aus dem Wege zu räumen; das Volk in alle die Wollüste zu versenken, die es entkräften und weibisch machen können; die größten Verbrechen unter dem Scheine des Mitleids und der Gnade ungestraft zu lassen u. s. w.: wenn es einen Tyrannen gibt, der diesen unsinnigen Weg, zu regieren, einschlägt, wird er sich dessen auch rühmen? So schildert man die Tyrannen in einer Schulübung; aber so hat noch keiner von sich selbst gesprochen.*) — Es ist wahr, so gar frostig und wahn=

---

*) Atto III. Sc. II.

— — — — Quando
Saran da poi sopiti alquanto, e queti
Gli animi, l'arte del regnar mi giovi.
Per mute oblique vie n'andranno a Stige
L'alme più audaci, e generose. A i vizi
Per cui vigor si abbatte, ardir si toglie
Il freno allargherò. Lunga clemenza
Con pompa di pietà farò, che splenda
Su i delinquenti; a i gran delitti invito,
Onde restino i buoni esposti, e paghi
Renda gl' iniqui la licenza; ed onde
Poi fra se distruggendosi, in crudeli
Gare private il lor furor si stempri.
Udrai sovente risonar gli editti,
E raddopiar le leggi, che al sovrano
Giovan servate, e transgredite. Udrai
Correr minaccia ognor di guerra esterna;

witzig läßt Voltaire seinen Polyphont nicht deklamieren; aber
mitunter läßt er ihn doch auch Dinge sagen, die gewiß kein
Mann von dieser Art über die Zunge bringt. Z. E.

— Des Dieux quelquefois la longue patience
Fait sur nous à pas lents descendre la vengeance —

Ein Polyphont sollte diese Betrachtung wohl machen; aber er
macht sie nie. Noch weniger wird er sie in dem Augenblicke
machen, da er sich zu neuen Verbrechen aufmuntert:

Eh bien, encore ce crime! —

Wie unbesonnen und in den Tag hinein er gegen Meropen
handelt, habe ich schon berührt. Sein Betragen gegen den Aegisth
sieht einem eben so verschlagenen als entschlossenen Manne, wie
ihn uns der Dichter von Anfange schildert, noch weniger ähnlich.
Aegisth hätte bei dem Opfer gerade nicht erscheinen müssen. Was
soll er da? Ihm Gehorsam schwören? In den Augen des Volks?
Unter dem Geschrei seiner verzweifelnden Mutter? Wird da
nicht unfehlbar geschehen, was er zuvor selbst besorgte?*) Er
hat sich für seine Person alles von dem Aegisth zu versehen;
Aegisth verlangt nur sein Schwert wieder, um den ganzen Streit
zwischen ihnen mit eins zu entscheiden; und diesen tollkühnen
Aegisth läßt er sich an dem Altare, wo das erste das beste, was
ihm in die Hand fällt, ein Schwert werden kann, so nahe kommen? Der Polyphont des Maffei ist von diesen Ungereimtheiten
frei; denn dieser kennt den Aegisth nicht und hält ihn für seinen
Freund. Warum hätte Aegisth sich ihm also bei dem Altare
nicht nähern dürfen? Niemand gab auf seine Bewegungen acht;
der Streich war geschehen und er zu dem zweiten schon bereit,
ehe es noch einem Menschen einkommen konnte, den ersten zu
rächen.

„Merope," sagt Lindelle, „wenn sie bei dem Maffei erfährt, daß ihr Sohn ermordet sei, will dem Mörder das Herz

---

Ond' io n'andrò su l'atterrita plebe
Sempre crescendo i pesi, e peregrine
Milizie introdurro.   — —

*) Acte I. Sc. 4.
Si ce fils, tant pleuré, dans Messène est produit,
De quinze ans de travaux j'ai perdu tout le fruit.
Crois-moi, ces préjugés de sang et de naissance
Revivront dans les coeurs, y prendront sa défense.
Le souvenir du père, et cent rois pour ayeux,
Cet honneur prétendu d'être issu de nos Dieux;
Le cris, le désespoir d'une mère éplorée,
Détruiront ma puissance encor mal assurée.

aus dem Leibe reißen und es mit ihren Zähnen zerfleischen.*) Das heißt, sich wie eine Kannibalin, und nicht wie eine betrübte Mutter ausdrücken; das Anständige muß überall beobachtet werden." Ganz recht; aber obgleich die französische Merope delikater ist, als daß sie so in ein rohes Herz, ohne Salz und Schmalz, beißen sollte, so dünkt mich doch, sie ist im Grunde eben so gut Kannibalin als die italienische. —

Siebenundvierzigstes Stück.

Den 9. Oktober 1767.

Und wie das? — Wenn es unstreitig ist, daß man den Menschen mehr nach seinen Thaten als nach seinen Reden richten muß; daß ein rasches Wort, in der Hitze der Leidenschaft ausgestoßen, für seinen moralischen Charakter wenig, eine überlegte, kalte Handlung aber alles beweiset: so werde ich wohl recht haben. Merope, die sich in der Ungewißheit, in welcher sie von dem Schicksale ihres Sohnes ist, dem bangsten Kummer überläßt, die immer das Schrecklichste besorgt und in der Vorstellung, wie unglücklich ihr abwesender Sohn vielleicht sei, ihr Mitleid über alle Unglückliche erstrecket, ist das schöne Ideal einer Mutter. Merope, die in dem Augenblicke, da sie den Verlust des Gegenstandes ihrer Zärtlichkeit erfährt, von ihrem Schmerze betäubt dahinsinkt und plötzlich, sobald sie den Mörder in ihrer Gewalt höret, wieder aufspringt und tobet und wütet und die blutigste, schrecklichste Rache an ihm zu vollziehen drohet, und wirklich vollziehen würde, wenn er sich eben unter ihren Händen befände: ist eben dieses Ideal, nur in dem Stande einer gewaltsamen Handlung, in welchem es an Ausdruck und Kraft gewinnet, was es an Schönheit und Rührung verloren hat. Aber Merope, die sich zu dieser Rache Zeit nimmt, Anstalten dazu vorkehret, Feierlichkeiten dazu anordnet und selbst die Henkerin sein, nicht töten, sondern martern, nicht strafen, sondern ihre Augen an der Strafe weiden will: ist das auch noch eine Mutter? Freilich wohl; aber eine Mutter, wie wir sie uns unter den Kannibalinnen denken, eine Mutter, wie es jede Bärin ist. — Diese Handlung der Merope

---

*) Atto II. Sc. 6.
Quel scelerato in mio poter vorrei
Per trarno prima, s'ebbe parte in questo
Assassinio il tiranno; io voglio pol
Con una scure spalancargli il petto,
Voglio strappargli il cor, voglio co' denti
Lacerarlo, e sbranarlo — —

gefalle, wem da will; mir sage er es nur nicht, daß sie ihm
gefallt, wenn ich ihn nicht eben so sehr verachten als verabscheuen soll.

Vielleicht dürfte der Herr von Voltaire auch dieses zu einem
Fehler des Stoffes machen; vielleicht dürfte er sagen, Merope
müsse ja wohl den Aegisth mit eigner Hand umbringen wollen,
oder der ganze Coup de Théâtre, den Aristoteles so sehr an-
preise, der die empfindlichen Athenienser ehedem so sehr entzückt
habe, falle weg. Aber der Herr von Voltaire würde sich wiederum
irren und die willkürlichen Abweichungen des Maffei abermals.
für den Stoff selbst nehmen. Der Stoff erfordert zwar, daß
Merope den Aegisth mit eigner Hand ermorden will; allein er
erfordert nicht, daß sie es mit aller Ueberlegung thun muß. Und
so scheinet sie es auch bei dem Euripides nicht gethan zu haben,
wenn wir anders die Fabel des Hyginus für den Auszug seines
Stücks annehmen dürfen. Der Alte kömmt und sagt der Königin
weinend, daß ihm ihr Sohn weggekommen; eben hatte sie gehört,
daß ein Fremder angelangt sei, der sich rühme, ihn umgebracht
zu haben, und daß dieser Fremde ruhig unter ihrem Dache
schlafe; sie ergreift das Erste und Beste, was ihr in die Hände
fällt, eilt voller Wut nach dem Zimmer des Schlafenden, der
Alte ihr nach, und die Erkennung geschieht in dem Augenblicke, da das Verbrechen geschehen sollte. Das war sehr simpel
und natürlich, sehr rührend und menschlich! Die Athenienser
zitterten für den Aegisth, ohne Meropen verabscheuen zu dürfen.
Sie zitterten für Meropen selbst, die durch die gutartigste Uebereilung Gefahr lief, die Mörderin ihres Sohnes zu werden.
Maffei und Voltaire aber machen mich bloß für den Aegisth
zittern; denn auf ihre Merope bin ich so ungehalten, daß ich es
ihr fast gönnen möchte, sie vollführte den Streich. Möchte sie
es doch haben! Kann sie sich Zeit zur Rache nehmen, so hätte
sie sich auch Zeit zur Untersuchung nehmen sollen. Warum ist
sie so eine blutdürstige Bestie? Er hat ihren Sohn umgebracht:
gut; sie mache in der ersten Hitze mit dem Mörder, was sie will:
ich verzeihe ihr, sie ist Mensch und Mutter; auch will ich gern
mit ihr jammern und verzweifeln, wenn sie finden sollte, wie
sehr sie ihre erste rasche Hitze zu verwünschen habe. Aber, Madame, einen jungen Menschen, der Sie kurz zuvor so sehr inter-
essierte, an dem Sie so viele Merkmale der Aufrichtigkeit und Unschuld erkannten, weil man eine alte Rüstung bei ihm findet, die
nur Ihr Sohn tragen sollte, als den Mörder Ihres Sohnes an
dem Grabmale seines Vaters mit eigner Hand abschlachten zu
wollen, Leibwache und Priester dazu zu Hilfe zu nehmen   O
pfui, Madame! Ich müßte mich sehr irren, oder Sie wären in
Athen ausgepfiffen worden.

Daß die Unſchicklichkeit, mit welcher Polyphont nach funf=
zehn Jahren die veraltete Merope zur Gemahlin verlangt, eben
ſo wenig ein Fehler des Stoffes iſt, habe ich ſchon berührt. Denn
nach der Fabel des Hyginus hatte Polyphont Meropen gleich
nach der Ermordung des Kreſphonts geheiratet; und es iſt ſehr
glaublich, daß ſelbſt Euripides dieſen Umſtand ſo angenommen
hatte. Warum ſollte er auch nicht? Eben die Gründe, mit wel=
chen Eurikles, beim Voltaire, Meropen itzt nach funfzehn Jahren
bereden will, dem Tyrannen ihre Hand zu geben,*) hätten ſie
auch vor funfzehn Jahren dazu vermögen können. Es war ſehr
in der Denkungsart der alten griechiſchen Frauen, daß ſie ihren
Abſcheu gegen die Mörder ihrer Männer überwanden und ſie
zu ihren zweiten Männern annahmen, wenn ſie ſahen, daß den
Kindern ihrer erſten Ehe Vorteil daraus erwachſen könne. Ich
erinnere mich, etwas Aehnliches in dem griechiſchen Roman des
Charitons, den d'Orville herausgegeben, ehedem geleſen zu haben,
wo eine Mutter das Kind ſelbſt, welches ſie noch unter ihrem
Herzen trägt, auf eine ſehr rührende Art darüber zum Richter
nimmt. Ich glaube, die Stelle verdiente angeführt zu werden;
aber ich habe das Buch nicht bei der Hand. Genug, daß das,
was dem Eurikles Voltaire ſelbſt in den Mund legt, hinreichend
geweſen wäre, die Aufführung ſeiner Merope zu rechtfertigen,
wenn er ſie als die Gemahlin des Polyphonts eingeführet hätte.
Die kalten Szenen einer politiſchen Liebe wären dadurch weg=
gefallen; und ich ſehe mehr als einen Weg, wie das Intereſſe

*) Acte II. Sc. I.
— — *Mér.* Non, mon fils ne le souffrirait pas.
L'exil où son enfance a langui condamnée
Lui serait moins affreux que ce lâche hyménée.
Eur. Il le condamnerait, si, paisible en son rang,
Il n'en croyait ici que les droits de son sang;
Mais si par les malheurs son ame était instruite,
Sur ses vrais intérêts s'il réglait sa conduite,
De ses tristes amis s'il consultait la voix,
Et la nécessité souveraine des loix,
Il verrait que jamais sa malheureuse mère
Ne lui donna d'amour une marque plus chère.
Mér. Ah que me dites-vous?
　　　　　　Eur. De dures vérités
Que m'arrachent mon zéle et vos calamités,
Mér. Quoi! Vous me demandez que l'intérêt surmonte
Cette invincible horreur que j'ai pour Polifonte!
Vous qui me l'avez peint de si noires couleurs!
Eur. Je l'ai peint dangereux, je connais ses fureurs;
Mais il est tout-puissant; mais rien ne lui résiste;
Il est sans héritier, et vous aimez Egiste. —

durch diesen Umstand selbst noch weit lebhafter und die Situationen noch weit intriguanter hätten werden können.

Doch Voltaire wollte durchaus auf dem Wege bleiben, den ihm Maffei gebahnet hatte, und weil es ihm gar nicht einmal einfiel, daß es einen bessern geben könne, daß dieser bessere eben der sei, der schon vor alters befahren worden, so begnügte er sich, auf jenem ein paar Sandsteine aus dem Gleise zu räumen, über die er meinet, daß sein Vorgänger fast umgeschmissen hätte. Würde er wohl sonst auch dieses von ihm beibehalten haben, daß Aegisth, unbekannt mit sich selbst, von ungefähr nach Messene geraten und daselbst durch kleine zweideutige Merkmale in den Verdacht kommen muß, daß er der Mörder seiner selbst sei? Bei dem Euripides kannte sich Aegisth vollkommen, kam in dem ausdrücklichen Vorsatze, sich zu rächen, nach Messene und gab sich selbst für den Mörder des Aegisth aus; nur daß er sich seiner Mutter nicht entdeckte, es sei aus Vorsicht oder aus Mißtrauen oder aus was sonst für Ursache, an der es ihm der Dichter gewiß nicht wird haben mangeln lassen. Ich habe zwar oben dem Maffei einige Gründe zu allen den Veränderungen, die er mit dem Plane des Euripides gemacht hat, von meinem Eigenen geliehen. Aber ich bin weit entfernt, die Gründe für wichtig und die Veränderungen für glücklich genug auszugeben. Vielmehr behaupte ich, daß jeder Tritt, den er aus den Fußstapfen des Griechen zu thun gewagt, ein Fehltritt geworden. Daß sich Aegisth nicht kennet, daß er von ungefähr nach Messene kömmt und per combinazione d'accidenti (wie Maffei es ausdrückt) für den Mörder des Aegisth gehalten wird, gibt nicht allein der ganzen Geschichte ein sehr verwirrtes, zweideutiges und romanenhaftes Ansehen, sondern schwächt auch das Interesse ungemein. Bei dem Euripides wußte es der Zuschauer von dem Aegisth selbst, daß er Aegisth sei, und je gewisser er es wußte, daß Merope ihren eignen Sohn umzubringen kommt, desto größer mußte notwendig das Schrecken sein, das ihn darüber befiel, desto quälender das Mitleid, welches er voraussah, falls Merope an der Vollziehung nicht zu rechter Zeit verhindert würde. Bei dem Maffei und Voltaire hingegen vermuten wir es nur, daß der vermeinte Mörder des Sohnes der Sohn wohl selbst sein könne, und unser größtes Schrecken ist auf den einzigen Augenblick versparet, in welchem es Schrecken zu sein aufhöret. Das Schlimmste dabei ist noch dieses, daß die Gründe, die uns in dem jungen Fremdlinge den Sohn der Merope vermuten lassen, eben die Gründe sind, aus welchen es Merope selbst vermuten sollte; und daß wir ihn, besonders bei Voltairen, nicht in dem allergeringsten Stücke näher und zuverlässiger kennen, als sie ihn selbst kennen kann. Wir trauen also diesen Gründen entweder eben so viel,

als ihnen Merope trauet, oder wir trauen ihnen mehr. Trauen
wir ihnen eben ſo viel, ſo halten wir den Jüngling mit ihr für
einen Betrieger, und das Schickſal, das ſie ihm zugedacht, kann
uns nicht ſehr rühren. Trauen wir ihnen mehr, ſo tadeln wir
Meropen, daß ſie nicht beſſer darauf merket und ſich von weit
ſeichtern Gründen hinreißen läßt. Beides aber taugt nicht.

Achtundvierzigſtes Stück.
Den 13. Oktober 1767.

Es iſt wahr, unſere Ueberraſchung iſt größer, wenn wir es
nicht eher mit völliger Gewißheit erfahren, daß Aegiſth Aegiſth
iſt, als bis es Merope ſelbſt erfährt. Aber das armſelige Vergnügen einer Ueberraſchung! Und was braucht der Dichter uns
zu überraſchen? Er überraſche ſeine Perſonen, ſo viel er will;
wir werden unſer Teil ſchon davon zu nehmen wiſſen, wenn wir,
was ſie ganz unvermutet treffen muß, auch noch ſo lange vorausgeſehen haben. Ja, unſer Anteil wird um ſo lebhafter und
ſtärker ſein, je länger und zuverläſſiger wir es vorausgeſehen
haben.

Ich will über dieſen Punkt den beſten franzöſiſchen Kunſt-
richter für mich ſprechen laſſen. „In den verwickelten Stücken,"
ſagt Diderot, *) „iſt das Intereſſe mehr die Wirkung des Plans
als der Reden; in den einfachen Stücken hingegen iſt es mehr
die Wirkung der Reden als des Plans. Allein worauf muß ſich
das Intereſſe beziehen? Auf die Perſonen? Oder auf die Zuſchauer? Die Zuſchauer ſind nichts als Zeugen, von welchen
man nichts weiß. Folglich ſind es die Perſonen, die man vor
Augen haben muß. Ohnſtreitig! Dieſe laſſe man den Knoten
ſchürzen, ohne daß ſie es wiſſen; für dieſe ſei alles undurchdring-
lich; dieſe bringe man, ohne daß ſie es merken, der Auflöſung
immer näher und näher. Sind dieſe nur in Bewegung, ſo
werden wir Zuſchauer den nämlichen Bewegungen ſchon auch
nachgeben, ſie ſchon auch empfinden müſſen. — Weit gefehlt, daß
ich mit den meiſten, die von der dramatiſchen Dichtkunſt geſchrieben haben, glauben ſollte, man müſſe die Entwicklung vor
dem Zuſchauer verbergen. Ich dächte vielmehr, es ſollte meine
Kräfte nicht überſteigen, wenn ich mir ein Werk zu machen vor-
ſetzte, wo die Entwicklung gleich in der erſten Szene verraten
würde und aus dieſem Umſtande ſelbſt das allerſtärkſte Intereſſe entſpränge. — Für den Zuſchauer muß alles klar ſein. Er

*) In ſeiner dramatiſchen Dichtkunſt, hinter dem Hausvater, S. 327
der Ueberſ.

ist der Vertraute einer jeden Person; er weiß alles, was vor=
geht, alles, was vorgegangen ist; und es gibt hundert Augen=
blicke, wo man nichts Bessers thun kann, als daß man ihm ge=
rade vorausfagt, was noch vorgehen soll. — O ihr Verfertiger
allgemeiner Regeln, wie wenig versteht ihr die Kunst, und wie
wenig besitzt ihr von dem Genie, das die Muster hervorgebracht
hat, auf welche ihr sie bauet, und das sie übertreten kann, so oft
es ihm beliebt! — Meine Gedanken mögen so paradox scheinen,
als sie wollen: so viel weiß ich gewiß, daß für e i n e Gelegenheit, wo es nützlich ist, dem Zuschauer einen wichtigen Vorfall
so lange zu verhehlen, bis er sich eräugnet, es immer zehn und
mehrere gibt, wo das Interesse gerade das Gegenteil erfordert. —
Der Dichter bewerkstelliget durch sein Geheimnis eine kurze
Ueberraschung; und in welche anhaltende Unruhe hätte er uns
stürzen können, wenn er uns kein Geheimnis daraus gemacht
hätte! — Wer in e i n e m Augenblicke getroffen und niederge=
schlagen wird, den kann ich auch nur e i n e n Augenblick be=
dauern. Aber wie steht es alsdenn mit mir, wenn ich den Schlag
erwarte, wenn ich sehe, daß sich das Ungewitter über meinem
oder eines andern Haupte zusammenziehet und lange Zeit dar=
über verweilet? — Meinetwegen mögen die Personen alle ein=
ander nicht kennen; wenn sie nur der Zuschauer alle kennet. —
Ja, ich wollte fast behaupten, daß der Stoff, bei welchem die
Verschweigungen notwendig sind, ein undankbarer Stoff ist: daß
der Plan, in welchem man seine Zuflucht zu ihnen nimmt, nicht
so gut ist als der, in welchem man sie hätte entübrigen können.
Sie werden nie zu etwas Starkem Anlaß geben. Immer
werden wir uns mit Vorbereitungen beschäftigen müssen, die
entweder allzu dunkel oder allzu deutlich sind. Das ganze Ge=
dicht wird ein Zusammenhang von kleinen Kunstgriffen werden,
durch die man weiter nichts als eine kurze Ueberraschung her=
vorzubringen vermag. Ist hingegen alles, was die Personen an=
geht, bekannt, so sehe ich in dieser Voraussetzung die Quelle der
allerheftigsten Bewegungen. — Warum haben gewisse Monologen
eine so große Wirkung? Darum, weil sie mir die geheimen
Anschläge einer Person vertrauen und diese Vertraulichkeit mich
den Augenblick mit Furcht oder Hoffnung erfüllt. — Wenn der
Zustand der Person unbekannt ist, so kann sich der Zuschauer
für die Handlung nicht stärker interessieren als die Personen.
Das Interesse aber wird sich für den Zuschauer verdoppeln,
wenn er Licht genug hat und es fühlt, daß Handlung und Reden
ganz anders sein würden, wenn sich die Personen kennten. Als=
denn nur werde ich es kaum erwarten können, was aus ihnen
werden wird, wenn ich das, was sie wirklich sind, mit dem, was
sie thun oder thun wollen, vergleichen kann."

Dieses auf den Aegisth angewendet, ist es klar, für welchen von beiden Planen sich Diderot erklären würde: ob für den alten des Euripides, wo die Zuschauer gleich vom Anfange den Aegisth eben so gut kennen, als er sich selbst; oder für den neuern des Maffei, den Voltaire so blindlings angenommen, wo Aegisth sich und den Zuschauern ein Rätsel ist und dadurch das ganze Stück „zu einem Zusammenhange von kleinen Kunstgriffen" macht, die weiter nichts als eine kurze Ueberraschung hervorbringen.

Diderot hat auch nicht ganz unrecht, seine Gedanken über die Entbehrlichkeit und Geringfügigkeit aller ungewissen Erwartungen und plötzlichen Ueberraschungen, die sich auf den Zuschauer beziehen, für eben so neu als gegründet auszugeben. Sie sind neu in Ansehung ihrer Abstraktion, aber sehr alt in Ansehung der Muster, aus welchen sie abstrahieret worden. Sie sind neu in Betrachtung, daß seine Vorgänger nur immer auf das Gegenteil gedrungen; aber unter diese Vorgänger gehört weder Aristoteles noch Horaz, welchen durchaus nichts entfahren ist, was ihre Ausleger und Nachfolger in ihrer Prädilektion für dieses Gegenteil hätte bestärken können, dessen gute Wirkung sie weder den meisten noch den besten Stücken der Alten abgesehen hatten.

Unter diesen war besonders Euripides seiner Sache so gewiß, daß er fast immer den Zuschauern das Ziel voraus zeigte, zu welchem er sie führen wollte. Ja, ich wäre sehr geneigt, aus diesem Gesichtspunkte die Verteidigung seiner Prologen zu übernehmen, die den neuern Kriticis so sehr mißfallen. „Nicht genug," sagt Hedelin, „daß er meistenteils alles, was vor der Handlung des Stücks vorhergegangen, durch eine von seinen Hauptpersonen den Zuhörern geradezu erzählen läßt, um ihnen auf diese Weise das Folgende verständlich zu machen; er nimmt auch wohl öfters einen Gott dazu, von dem wir annehmen müssen, daß er alles weiß und durch den er nicht allein, was geschehen ist, sondern auch alles, was geschehen soll, uns kund macht. Wir erfahren sonach gleich anfangs die Entwicklung und die ganze Katastrophe und sehen jeden Zufall schon von weitem kommen. Dieses aber ist ein sehr merklicher Fehler, welcher der Ungewißheit und Erwartung, die auf dem Theater beständig herrschen sollen, gänzlich zuwider ist und alle Annehmlichkeiten des Stückes vernichtet, die fast einzig und allein auf der Neuheit und Ueberraschung beruhen."*) Nein: der tragischste von allen tragischen Dichtern dachte so geringschätzig von seiner Kunst nicht; er wußte, daß sie einer weit höhern Vollkommenheit fähig wäre und daß die Ergötzung einer ein-

*) Pratique du Théâtre, Liv. III, chap 1.

dischen Neugierde das Geringste sei, worauf sie Anspruch mache.
Er ließ seine Zuhörer also ohne Bedenken von der bevorstehen=
den Handlung eben so viel wissen, als nur immer ein Gott
davon wissen konnte, und versprach sich die Rührung, die er
hervorbringen wollte, nicht sowohl von dem, was geschehen
sollte, als von der Art, wie es geschehen sollte. Folglich müßte
den Kunstrichtern hier eigentlich weiter nichts anstößig sein als
nur dieses, daß er uns die nötige Kenntnis des Vergangenen
und des Zukünftigen nicht durch einen feinern Kunstgriff bei=
zubringen gesucht; daß er ein höheres Wesen, welches wohl noch
dazu an der Handlung keinen Anteil nimmt, dazu gebrauchet;
und daß er dieses höhere Wesen sich geradezu an die Zuschauer
wenden lassen, wodurch die dramatische Gattung mit der erzäh=
lenden vermischt werde. Wenn sie aber ihren Tadel sodann bloß
hierauf einschränkten, was wäre denn ihr Tadel? Ist uns das
Nützliche und Notwendige niemals willkommen, als wenn es uns
verstohlnerweise zugeschanzt wird? Gibt es nicht Dinge, beson=
ders in der Zukunft, die durchaus niemand anders als ein Gott
wissen kann? Und wenn das Interesse auf solchen Dingen be=
ruht, ist es nicht besser, daß wir sie durch die Dazwischenkunft
eines Gottes vorher erfahren, als gar nicht? Was will man
endlich mit der Vermischung der Gattungen überhaupt? In
den Lehrbüchern sondre man sie so genau von einander ab, als
möglich; aber wenn ein Genie höherer Absichten wegen mehrere
derselben in einem und eben demselben Werke zusammenfließen läßt,
so vergesse man das Lehrbuch und untersuche bloß, ob es diese
höhere Absichten erreicht hat. Was geht mich es an, ob so ein
Stück des Euripides weder ganz Erzählung, noch ganz Drama
ist? Nennt es immerhin einen Zwitter; genug, daß mich dieser
Zwitter mehr vergnügt, mehr erbauet, als die gesetzmäßigsten
Geburten einer korrekten Racinen, oder wie sie sonst heißen.
Weil der Maulesel weder Pferd noch Esel ist, ist er darum
weniger eines von den nutzbarsten lasttragenden Tieren? —

Neunundvierzigstes Stück.

Den 16. Oktober 1767.

Mit einem Worte: wo die Tadler des Euripides nichts als
den Dichter zu sehen glauben, der sich aus Unvermögen oder
aus Gemächlichkeit oder aus beiden Ursachen seine Arbeit so leicht
machte, als möglich; wo sie die dramatische Kunst in ihrer Wiege
zu finden vermeinen: da glaube ich diese in ihrer Vollkommen=
heit zu sehen und bewundere in jenem den Meister, der im

Grunde eben so regelmäßig ist, als sie ihn zu sein verlangen, und es nur dadurch weniger zu sein scheinet, weil er seinen Stücken eine Schönheit mehr erteilen wollen, von der sie keinen Begriff haben.

Denn es ist klar, daß alle die Stücke, deren Prologe ihnen so viel Aergernis machen, auch ohne diese Prologe vollkommen ganz und vollkommen verständlich sind. Streichet z. E. vor dem Jon den Prolog des Merkurs, vor der Hekuba den Prolog des Polydors weg; laßt jenen sogleich mit der Morgenandacht des Jon und diese mit den Klagen der Hekuba anfangen: sind beide darum im geringsten verstümmelt? Woher würdet ihr, was ihr weggestrichen habt, vermissen, wenn es gar nicht da wäre? Behält nicht alles den nämlichen Gang, den nämlichen Zusammenhang? Bekennet sogar, daß die Stücke nach eurer Art zu denken desto schöner sein würden, wenn wir aus den Prologen nicht wüßten, daß der Jon, welchen Kreusa will vergiften lassen, der Sohn dieser Kreusa ist; daß die Kreusa, welche Jon von dem Altar zu einem schmählichen Tode reißen will, die Mutter dieses Jon ist; wenn wir nicht wüßten, daß an eben dem Tage, da Hekuba ihre Tochter zum Opfer hingeben muß, die alte unglückliche Frau auch den Tod ihres letzten einzigen Sohnes erfahren solle. Denn alles dieses würde die trefflichsten Ueberraschungen geben, und diese Ueberraschungen würden noch dazu vorbereitet genug sein, ohne daß ihr sagen könntet, sie brächen auf einmal gleich einem Blitze aus der hellesten Wolke hervor; sie erfolgten nicht, sondern sie entstünden; man wolle euch nicht auf einmal etwas entdecken, sondern etwas aufheften. Und gleichwohl zankt ihr noch mit dem Dichter? Gleichwohl werft ihr ihm noch Mangel der Kunst vor? Vergebt ihm doch immer einen Fehler, der mit einem einzigen Striche der Feder gut zu machen ist. Einen wollüstigen Schößling schneidet der Gärtner in der Stille ab, ohne auf den gesunden Baum zu schelten, der ihn getrieben hat. Wollt ihr aber einen Augenblick annehmen — es ist wahr, es heißt sehr viel annehmen, daß Euripides vielleicht eben so viel Einsicht, eben so viel Geschmack könne gehabt haben als ihr; und es wundert euch um so viel mehr, wie er bei dieser großen Einsicht, bei diesem feinen Geschmacke dennoch einen so groben Fehler begehen können: so tretet zu mir her und betrachtet, was ihr Fehler nennt, aus meinem Standorte! Euripides sahe es so gut als wir, daß z. E. sein Jon ohne den Prolog bestehen könne; daß er ohne denselben ein Stück sei, welches die Ungewißheit und Erwartung des Zuschauers bis an das Ende unterhalte; aber eben an dieser Ungewißheit und Erwartung war ihm nichts gelegen. Denn erfuhr es der Zuschauer erst in dem fünften Akte, daß Jon der Sohn der Kreusa sei, so ist es für ihn nicht ein

Sohn, sondern ein Fremder, ein Feind, den sie in dem dritten Akte aus dem Wege räumen will; so ist es für ihn nicht die Mutter des Jon, an welcher sich Jon in dem vierten Akte rächen will, sondern bloß die Meuchelmörderin. Wo sollten aber alsdenn Schrecken und Mitleid herkommen? Die bloße Vermutung, die sich etwa aus übereintreffenden Umständen hätte ziehen lassen, daß Jon und Kreusa einander wohl näher angehen könnten, als sie meinen, würde dazu nicht hinreichend gewesen sein. Diese Vermutung mußte zur Gewißheit werden; und wenn der Zuhörer diese Gewißheit nur von außen erhalten konnte, wenn es nicht möglich war, daß er sie einer von den handelnden Personen selbst zu danken haben konnte: war es nicht immer besser, daß der Dichter sie ihm auf die einzige mögliche Weise erteilte, als gar nicht? Sagt von dieser Weise, was ihr wollt: genug, sie hat ihn sein Ziel erreichen helfen; seine Tragödie ist dadurch, was eine Tragödie sein soll; und wenn ihr noch unwillig seid, daß er die Form dem Wesen nachgesetzet hat, so versorge euch eure gelehrte Kritik mit nichts als Stücken, wo das Wesen der Form aufgeopfert ist, und ihr seid belohnt! Immerhin gefalle euch Whiteheads Kreusa, wo euch kein Gott etwas voraussagt, wo ihr alles von einem alten plauderhaften Vertrauten erfahrt, den eine verschlagne Zigeunerin ausfragt, immerhin gefalle sie euch besser als des Euripides Jon: und ich werde euch nie beneiden!

Wenn Aristoteles den Euripides den tragischsten von allen tragischen Dichtern nennet, so sahe er nicht bloß darauf, daß die meisten seiner Stücke eine unglückliche Katastrophe haben, ob ich schon weiß, daß viele den Stagyriten so verstehen. Denn das Kunststück wäre ihm ja wohl bald abgelernt; und der Stümper, der brav würgen und morden und keine von seinen Personen gesund oder lebendig von der Bühne kommen ließe, würde sich eben so tragisch dünken dürfen, als Euripides. Aristoteles hatte unstreitig mehrere Eigenschaften im Sinne, welchen zufolge er ihm diesen Charakter erteilte; und ohne Zweifel, daß die eben berührte mit dazu gehörte, vermöge der er nämlich den Zuschauern alle das Unglück, welches seine Personen überraschen sollte, lange vorher zeigte, um die Zuschauer auch dann schon mit Mitleiden für die Personen einzunehmen, wenn diese Personen selbst sich noch weit entfernt glaubten, Mitleid zu verdienen. Sokrates war der Lehrer und Freund des Euripides; und wie mancher dürfte der Meinung sein, daß der Dichter dieser Freundschaft des Philosophen weiter nichts zu danken habe als den Reichtum von schönen Sittensprüchen, den er so verschwenderisch in seinen Stücken ausstreuet. Ich denke, daß er ihr weit mehr schuldig war; er hätte ohne sie eben so spruchreich sein können; aber vielleicht würde er ohne sie nicht so tragisch geworden sein. Schöne Sentenzen und Moralen sind überhaupt gerade das, was wir von einem Philosophen wie Sokrates am seltensten hören; sein Lebenswandel ist die einzige Moral, die er prediget. Aber den Menschen und uns selbst kennen; auf unsere Empfindungen aufmerksam sein; in allen die ebensten und kürzesten Wege der Natur ausforschen und lieben; jedes Ding nach seiner Absicht beurteilen: das ist es, was wir in seinem Umgange lernen; das ist es, was Euripides von dem Sokrates lernte, und was ihn zu dem Ersten in seiner Kunst machte. Glücklich der Dichter, der so einen Freund hat, — und ihn alle Tage, alle Stunden zu Rate ziehen kann! —

Auch Voltaire scheinet es empfunden zu haben, daß es gut sein würde, wenn er uns mit dem Sohn der Merope gleich anfangs bekannt machte; wenn er uns mit der Ueberzeugung, daß der liebenswürdige unglückliche Jüngling, den Merope erst in Schutz nimmt und den sie bald darauf als den Mörder ihres Aegisths hinrichten will, der nämliche Aegisth sei, sofort könne aussetzen lassen. Aber der Jüngling kennt sich selbst nicht; auch ist sonst niemand da, der ihn besser kennte, und durch den wir ihn könnten kennen lernen. Was thut also der Dichter? Wie fängt er es an, daß wir es gewiß wissen, Merope erhebe den Dolch gegen ihren eignen Sohn, noch ehe es ihr der alte Narbas zuruft? — O, das fängt er sehr sinnreich an! Auf so einen Kunstgriff konnte sich nur ein Voltaire besinnen! Er läßt, sobald der unbekannte Jüngling auftritt, über das erste, was er sagt, mit großen, schönen, leserlichen Buchstaben den ganzen, vollen Namen Aegisth setzen, und so weiter über jede seiner folgenden Reden. Nun wissen wir es; Merope hat in dem Vorhergehenden ihren Sohn schon mehr wie einmal bei diesem Namen genannt; und wenn sie das auch nicht gethan hätte, so dürften wir ja nur das vorgedruckte Verzeichnis der Personen nachsehen; da steht es lang und breit! Freilich ist es ein wenig lächerlich, wenn die Person, über deren Reden wir nun schon zehnmal den Namen Aegisth gelesen haben, auf die Frage:

> — — — — — — Narbas vous est connu?
> Le nom d'Egiste au moins jusqu'à vous est venu?
> Quel était votre état, votre rang, votre père?

antwortet:

> Mon père est un vieillard accablé de misère;
> Policlète est son nom; mais Egiste, Narbas,
> Ceux dont vous me parlez, je ne les connais pas.

Freilich ist es sehr sonderbar, daß wir von diesem Aegisth, der nicht Aegisth heißt, auch keinen andern Namen hören; daß, da er

der Königin antwortet, sein Vater heiße Polyklet, er nicht auch
hinzusetzt, er heiße so und so. Denn einen Namen muß er doch
haben, und den hätte der Herr von Voltaire ja wohl schon mit
erfinden können, da er so viel erfunden hat! Leser, die den
Rummel einer Tragödie nicht recht gut verstehen, können leicht
darüber irre werden. Sie lesen, daß hier ein Bursche gebracht
wird, der auf der Landstraße einen Mord begangen hat; dieser
Bursche, sehen sie, heißt Aegisth, aber er sagt, er heiße nicht so,
und sagt doch auch nicht, wie er heiße: o, mit dem Burschen,
schließen sie, ist es nicht richtig; das ist ein abgefeimter Straßen-
räuber, so jung er ist, so unschuldig er sich stellt. So, sage ich,
sind unerfahrne Leser zu denken in Gefahr; und doch glaube ich
in allem Ernste, daß es für die erfahrnen Leser besser ist, auch
so gleich anfangs zu erfahren, wer der unbekannte Jüngling
ist, als gar nicht. Nur daß man mir nicht sage, daß diese Art,
sie davon zu unterrichten, im geringsten künstlicher und feiner
sei als ein Prolog im Geschmacke des Euripides!

Funfzigftes Stück.
Den 20. Oktober 1767.

Bei dem Maffei hat der Jüngling seine zwei Namen, wie
es sich gehört; Aegisth heißt er als der Sohn des Polydor, und
Kreiphont als der Sohn der Merope. In dem Verzeichnisse
der handelnden Personen wird er auch nur unter jenem einge-
führt; und Beccelli rechnet es seiner Ausgabe des Stücks als
kein geringes Verdienst an, daß dieses Verzeichnis den wahren
Stand des Aegisth nicht voraus verrate. *) Das ist, die Italiener sind von den Ueberraschungen noch größere Liebhaber als
die Franzosen. —

Aber noch immer Merope! — Wahrlich, ich bedaure meine
Leser, die sich an diesem Blatte eine theatralische Zeitung versprochen haben, so mancherlei und bunt, so unterhaltend und
schnurrig, als eine theatralische Zeitung nur sein kann. Anstatt
des Inhalts der hier gangbaren Stücke, in kleine lustige oder
rührende Romane gebracht; anstatt beiläufiger Lebensbeschrei-
bungen drolliger, sonderbarer, närrischer Geschöpfe, wie die doch

*) Fin ne i nomi de Personaggi si è levato quell' errore,
communissimo alle stampe d'ogni drama, di scoprire il secreto nel
premettergli, e per conseguenza di levare il piacere a chi legge,
overo ascolta, essendosi messo Egisto, dove era, Cresfonte sotto
nome d'Egisto.

wohl sein müssen, die sich mit Komödienschreiben abgeben, anstatt kurzweiliger, auch wohl ein wenig skandalöser Anekdoten
von Schauspielern und besonders Schauspielerinnen: anstatt aller
dieser artigen Sächelchen, die sie erwarteten, bekommen sie lange,
ernsthafte, trockne Kritiken über alte bekannte Stücke; schwer-
fällige Untersuchungen über das, was in einer Tragödie sein sollte
und nicht sein sollte; mitunter wohl gar Erklärungen des Aristoteles. Und das sollen sie lesen? Wie gesagt, ich bedaure sie;
sie sind gewaltig angeführt! — Doch im Vertrauen: besser, daß
sie es sind, als ich. Und ich würde es sehr sein, wenn ich mir
ihre Erwartungen zum Gesetze machen müßte. Nicht daß ihre
Erwartungen sehr schwer zu erfüllen wären; wirklich nicht; ich
würde sie vielmehr sehr bequem finden, wenn sie sich mit meinen
Absichten nur besser vertragen wollten.

Ueber die Merope indes muß ich freilich einmal wegzukommen
suchen. — Ich wollte eigentlich nur erweisen, daß die Merope
des Voltaire im Grunde nichts als die Merope des Maffei sei;
und ich meine, dieses habe ich erwiesen. Nicht eben derselbe
Stoff, sagt Aristoteles, sondern eben dieselbe Verwicklung und
Auflösung machen, daß zwei oder mehrere Stücke für eben dieselben Stücke zu halten sind. Also, nicht weil Voltaire mit dem
Maffei einerlei Geschichte behandelt hat, sondern weil er sie mit
ihm auf eben dieselbe Art behandelt hat, ist er hier für weiter
nichts als für den Uebersetzer und Nachahmer desselben zu erklären. Maffei hat die Merope des Euripides nicht bloß wieder-
hergestellet; er hat eine eigene Merope gemacht: denn er ging
völlig von dem Plane des Euripides ab; und in dem Vorsatze, ein
Stück ohne Galanterie zu machen, in welchem das ganze Interesse bloß aus der mütterlichen Zärtlichkeit entspringe, schuf er
die ganze Fabel um; gut oder übel, das ist hier die Frage nicht;
genug, er schuf sie doch um. Voltaire aber entlehnte vom Maffei
die ganze so umgeschaffene Fabel; er entlehnte von ihm, daß
Merope mit dem Polyphont nicht vermählt ist; er entlehnte von
ihm die politischen Ursachen, aus welchen der Tyrann nun erst,
nach funfzehn Jahren, auf diese Vermählung dringen zu müssen
glaubet; er entlehnte von ihm, daß der Sohn der Merope sich
selbst nicht kennet; er entlehnte von ihm, wie und warum dieser
von seinem vermeinten Vater entkömmt; er entlehnte von ihm
den Vorfall, der den Aegisth als einen Mörder nach Messene
bringt; er entlehnte von ihm die Mißdeutung, durch die er für
den Mörder seiner selbst gehalten wird; er entlehnte von ihm
die dunkeln Regungen der mütterlichen Liebe, wenn Merope den
Aegisth zum erstenmale erblickt; er entlehnte von ihm den Vorwand, warum Aegisth vor Meropens Augen von ihren eignen
Händen sterben soll, die Entdeckung seiner Mitschuldigen: mit

einem Worte, Voltaire entlehnte vom Maffei die ganze Verwicklung. Und hat er nicht auch die ganze Auflösung von ihm entlehnt, indem er das Opfer, bei welchem Polyphont umgebracht
werden sollte, von ihm mit der Handlung verbinden lernte?
Maffei machte es zu einer hochzeitlichen Feier, und vielleicht, daß
er bloß darum seinen Tyrannen itzt erst auf die Verbindung
mit Meropen fallen ließ, um dieses Opfer desto natürlicher anzubringen. Was Maffei erfand, that Voltaire nach.

Es ist wahr, Voltaire gab verschiedenen von den Umständen,
die er vom Maffei entlehnte, eine andere Wendung. Z. E.: Anstatt daß beim Maffei Polyphont bereits funfzehn Jahre regiert
hat, läßt er die Unruhen in Messene ganzer funfzehn Jahre
dauern und den Staat so lange in der unwahrscheinlichsten An-
archie verharren. Anstatt daß beim Maffei Aegisth von einem
Räuber auf der Straße angefallen wird, läßt er ihn in einem
Tempel des Herkules von zwei Unbekannten überfallen werden,
die es ihm übel nehmen, daß er den Herkules für die Herakliden,
den Gott des Tempels für die Nachkommen desselben, ansieht.
Anstatt daß beim Maffei Aegisth durch einen Ring in Verdacht
gerät, läßt Voltaire diesen Verdacht durch eine Rüstung entstehen u. s. w. Aber alle diese Veränderungen betreffen die un-
erheblichsten Kleinigkeiten, die fast alle außer dem Stücke sind
und auf die Oeconomie des Stückes selbst keinen Einfluß haben.
Und doch wollte ich sie Voltairen noch gern als Aeußerungen
seines schöpferischen Genies anrechnen, wenn ich nur fände, daß
er das, was er ändern zu müssen vermeinte, in allen seinen
Folgen zu ändern verstanden hätte. Ich will mich an dem mittel-
sten von den angeführten Beispielen erklären. Maffei läßt seinen
Aegisth von einem Räuber angefallen werden, der den Augenblick abpaßt, da er sich mit ihm auf dem Wege allein sieht,
ohnfern einer Brücke über die Pamise; Aegisth erlegt den Räuber
und wirft den Körper in den Fluß, aus Furcht, wenn der Körper
auf der Straße gefunden würde, daß man den Mörder verfolgen
und ihn dafür erkennen dürfte. Ein Räuber, dachte Voltaire, der
einem Prinzen den Rock ausziehen und den Beutel nehmen will,
ist für mein feines, edles Parterre ein viel zu niedriges Bild;
besser, aus diesem Räuber einen Mißvergnügten gemacht, der
dem Aegisth als einem Anhänger der Herakliden zu Leibe will.
Und warum nur einen? Lieber zwei; so ist die Heldenthat des
Aegisths desto größer, und der, welcher von diesen zweien ent-
rinnt, wenn er zu dem ältern gemacht wird, kann hernach für
den Narbas genommen werden. Recht gut, mein lieber Johann
Ballhorn; aber nun weiter. Wenn Aegisth den einen von diesen
Mißvergnügten erlegt hat, was thut er alsdenn? Er trägt den
toten Körper auch ins Wasser. Auch? Aber wie denn? warum

denn? Von der leeren Landstraße in den nahen Fluß, das ist
ganz begreiflich; aber aus dem Tempel in den Fluß, dieses auch?
War denn außer ihnen niemand in diesem Tempel? Es sei so;
auch ist das die größte Ungereimtheit noch nicht. Das Wie
ließe sich noch denken, aber das Warum gar nicht. Maffeis
Aegisth trägt den Körper in den Fluß, weil er sonst verfolgt und
erkannt zu werden fürchtet; weil er glaubt, wenn der Körper
beiseite geschafft sei, daß sodann nichts seine That verraten könne;
daß diese sodann mitsamt dem Körper in der Flut begraben sei.
Aber kann das Voltairens Aegisth auch glauben? Nimmermehr;
oder der zweite hätte nicht entkommen müssen. Wird sich dieser
begnügen, sein Leben davongetragen zu haben? Wird er ihn
nicht, wenn er auch noch so furchtsam ist, von weiten beobachten?
Wird er ihn nicht mit seinem Geschrei verfolgen, bis ihn andere
festhalten? Wird er ihn nicht anklagen und wider ihn zeugen?
Was hilft es dem Mörder also, das Corpus delicti weggebracht
zu haben? Hier ist ein Zeuge, welcher es nachweisen kann. Diese
vergebene Mühe hätte er sparen und dafür eilen sollen, je eher
je lieber über die Grenze zu kommen. Freilich mußte der Körper
des Folgenden wegen ins Wasser geworfen werden; es war
Voltairen eben so nötig als dem Maffei, daß Merope nicht durch
die Besichtigung desselben aus ihrem Irrtume gerissen werden
konnte; nur daß, was bei diesem Aegisth sich selber zum Besten
thut, er bei jenem bloß dem Dichter zu Gefallen thun muß. Denn
Voltaire korrigierte die Ursache weg, ohne zu überlegen, daß er
die Wirkung dieser Ursache brauche, die nunmehr von nichts als
von seiner Bedürfnis abhängt.

Eine einzige Veränderung, die Voltaire in dem Plane des
Maffei gemacht hat, verdient den Namen einer Verbesserung.
Die nämlich, durch welche er den wiederholten Versuch der
Merope, sich an dem vermeinten Mörder ihres Sohnes zu rächen,
unterdrückt und dafür die Erkennung von seiten des Aegisth in
Gegenwart des Polyphonts geschehen läßt. Hier erkenne ich den
Dichter, und besonders ist die zweite Szene des vierten Alts ganz
vortrefflich. Ich wünschte nur, daß die Erkennung überhaupt,
die in der vierten Szene des dritten Alts von beiden Seiten
erfolgen zu müssen das Ansehen hat, mit mehrerer Kunst hätte
geleitet werden können. Denn daß Aegisth mit einmal von dem
Eurikles weggeführet wird und die Vertiefung sich hinter ihm
schließt, ist ein sehr gewaltsames Mittel. Es ist nicht ein Haar
besser als die übereilte Flucht, mit der sich Aegisth bei dem Maffei
rettet und über die Voltaire seinen Lindelle so spotten läßt.
Oder vielmehr, diese Flucht ist um vieles natürlicher; wenn der
Dichter nur hernach Sohn und Mutter einmal zusammengebracht
und uns nicht gänzlich die ersten rührenden Ausbrüche ihrer

beiderseitigen Empfindungen gegen einander vorenthalten hätte!
Vielleicht würde Voltaire die Erkennung überhaupt nicht geteilet
haben, wenn er seine Materie nicht hätte dehnen müssen, um
fünf Akte damit vollzumachen. Er jammert mehr als einmal
über cette longue carrière de cinq actes qui est prodigieuse-
ment difficile à remplir sans épisodes — Und nun für dieses
Mal genug von der Merope!

Einundfunfzigstes Stück.
Den 23. Oktober 1767.

Den neununddreißigsten Abend (Mittewochs, den 8. Julius)
wurden Der verheiratete Philosoph und Die neue Agnese
wiederholt.

Chevrier sagt,*) daß Destouches sein Stück aus einem Lustspiele des Campistron geschöpft habe und daß, wenn dieser nicht
seinen Jaloux désabusé geschrieben hätte, wir wohl schwerlich
einen verheirateten Philosophen haben würden. Die Komödie
des Campistron ist unter uns wenig bekannt; ich wüßte nicht,
daß sie auf irgend einem deutschen Theater wäre gespielt worden;
auch ist keine Uebersetzung davon vorhanden. Man dürfte also
vielleicht um so viel lieber wissen wollen, was eigentlich an dem
Vorgeben des Chevrier sei.

Die Fabel des Campistronschen Stückes ist kurz diese: Ein
Bruder hat das ansehnliche Vermögen seiner Schwester in Händen,
und um dieses nicht herausgeben zu dürfen, möchte er sie lieber
gar nicht verheiraten. Aber die Frau dieses Bruders denkt besser,
oder wenigstens anders; und um ihren Mann zu vermögen, seine
Schwester zu versorgen, sucht sie ihn auf alle Weise eifersüchtig
zu machen, indem sie verschiedne junge Mannspersonen sehr gütig
aufnimmt, die alle Tage unter dem Vorwande, sich um ihre
Schwägerin zu bewerben, zu ihr ins Haus kommen. Die List
gelingt; der Mann wird eifersüchtig und willigt endlich, um
seiner Frau den vermeinten Vorwand, ihre Anbeter um sich zu
haben, zu benehmen, in die Verbindung seiner Schwester mit
Clitandern, einem Anverwandten seiner Frau, dem zu Gefallen
sie die Rolle der Kokette gespielt hatte. Der Mann sieht sich
berückt, ist aber sehr zufrieden, weil er zugleich von dem Un-
grunde seiner Eifersucht überzeugt wird.

Was hat diese Fabel mit der Fabel des verheirateten Philosophen Aehnliches? Die Fabel nicht das geringste. Aber hier

*) L'Observateur des Spectacles, T. II. p 135.

ist eine Stelle aus dem zweiten Akte des Campistronschen Stücks, zwischen Dorante, so heißt der Eifersüchtige, und Dubois, seinem Sekretär. Diese wird gleich zeigen, was Chevrier gemeinet hat.

Dubois. Und was fehlt Ihnen denn?

Dorante. Ich bin verdrießlich, ärgerlich; alle meine ehemalige Heiterkeit ist weg; alle meine Freude hat ein Ende. Der Himmel hat mir einen Tyrannen, einen Henker gegeben, der nicht aufhören wird, mich zu martern, zu peinigen —

Dubois. Und wer ist denn dieser Tyrann, dieser Henker?

Dorante. Meine Frau.

Dubois. Ihre Frau, mein Herr?

Dorante. Ja, meine Frau, meine Frau. — Sie bringt mich zur Verzweiflung.

Dubois. Hassen Sie sie denn?

Dorante. Wollte Gott! So wäre ich ruhig. — Aber ich liebe sie, und liebe sie so sehr — Verwünschte Qual!

Dubois. Sie sind doch wohl nicht eifersüchtig?

Dorante. Bis zur Raserei.

Dubois. Wie? Sie, mein Herr? Sie eifersüchtig? Sie, der Sie von jeher über alles, was Eifersucht heißt, —

Dorante. (Gelacht und gespottet. Desto schlimmer bin ich nun daran! Ich Geck, mich von den elenden Sitten der großen Welt so hinreißen zu lassen! In das Geschrei der Narren einzustimmen, die sich über die Ordnung und Zucht unserer ehrlichen Vorfahren so lustig machen! Und ich stimmte nicht bloß ein; es währte nicht lange, so gab ich den Ton. Um Witz, um Lebensart zu zeigen, was für albernes Zeug habe ich nicht gesprochen! Eheliche Treue, beständige Liebe, pfui, wie schmeckt das nach dem kleinstädtischen Bürger! Der Mann, der seiner Frau nicht allen Willen läßt, ist ein Bär! Der es ihr übel nimmt, wenn sie auch andern gefällt und zu gefallen sucht, gehört ins Tollhaus. So sprach ich, und mich hätte man da sollen ins Tollhaus schicken.

Dubois. Aber warum sprachen Sie so?

Dorante. Hörst du nicht? Weil ich ein Geck war und glaubte, es ließe noch so galant und weise. Inzwischen wollte mich meine Familie verheiratet wissen. Sie schlugen mir ein junges, unschuldiges Mädchen vor; und ich nahm es. Mit der, dachte ich, soll es gute Wege haben; die soll in meiner Denkungsart nicht viel ändern; ich liebe sie itzt nicht besonders, und der Besitz wird mich noch gleichgültiger gegen sie machen. Aber wie sehr habe ich mich betrogen! Sie ward täglich schöner, täglich reizender. Ich sah es und entbrannte, und entbrannte je mehr und mehr; und itzt bin ich so verliebt, so verliebt in sie —

Dubois. Nun, das nenne ich gefangen werden!

Dorante. Denn ich bin so eifersüchtig! — daß ich mich
schäme, es auch nur dir zu bekennen. — Alle meine Freunde sind
mir zuwider — und verdächtig; die ich sonst nicht ofte genug
um mich haben konnte, sehe ich itzt lieber gehen als kommen.
Was haben sie auch in meinem Hause zu suchen? Was wollen
die Müßiggänger? Wozu alle die Schmeicheleien, die sie meiner
Frau machen? Der eine lobt ihren Verstand, der andere erhebt
ihr gefälliges Wesen bis in den Himmel. Den entzücken ihre
himmlischen Augen und den ihre schönen Zähne. Alle finden
sie höchst reizend, höchst anbetenswürdig; und immer schließt
sich ihr verdammtes Geschwätze mit der verwünschten Betrachtung,
was für ein glücklicher, was für ein beneidenswürdiger Mann
ich bin.

Dubois. Ja, ja, es ist wahr, so geht es zu.

Dorante. O, sie treiben ihre unverschämte Kühnheit wohl
noch weiter! Kaum ist sie aus dem Bette, so sind sie um ihre
Toilette. Da solltest du erst sehen und hören! Jeder will da
seine Aufmerksamkeit und seinen Witz mit dem andern um die
Wette zeigen. Ein abgeschmackter Einfall jagt den andern, eine
boshafte Spötterei die andere, ein kitzelndes Historchen das andere. Und das alles mit Zeichen, mit Mienen, mit Liebäugeleien,
die meine Frau so leutselig annimmt, so verbindlich erwidert,
daß daß mich der Schlag oft rühren möchte! Kannst du
glauben, Dubois? — ich muß es wohl mit ansehen, daß sie ihr
die Hand küssen.

Dubois. Das ist arg!

Dorante. Gleichwohl darf ich nicht mucksen. Denn was
würde die Welt dazu sagen? Wie lächerlich würde ich mich machen,
wenn ich meinen Verdruß auslassen wollte! Die Kinder auf
der Straße würden mit Fingern auf mich weisen. Alle Tage
würde ein Epigramm, ein Gassenhauer auf mich zum Vorscheine
kommen u. s. w.

Diese Situation muß es sein, in welcher Chevrier das Aehnliche mit dem verheirateten Philosophen gefunden hat. So wie
der Eifersüchtige des Campistron sich schämet, seine Eifersucht
auszulassen, weil er sich ehedem über diese Schwachheit allzu
lustig gemacht hat: so schämt sich auch der Philosoph des Destouches, seine Heirat bekannt zu machen, weil er ehedem über
alle ernsthafte Liebe gespottet und den ehelosen Stand für den
einzigen erklärt hatte, der einem freien und weisen Manne anständig sei. Es kann auch nicht fehlen, daß diese ähnliche Scham
sie nicht beide in mancherlei ähnliche Verlegenheiten bringen
sollte. So ist z. E. die, in welcher sich Dorante beim Campistron
siehet, wenn er von seiner Frau verlangt, ihm die überlästigen
Besucher vom Halse zu schaffen, diese aber ihm bedeutet, daß das

eine Sache sei, die er selbst bewerkstelligen müsse, fast die näm=
liche mit der bei dem Destouches, in welcher sich Arist befindet,
wenn er es selbst dem Marquis sagen soll, daß er sich auf
Meliten keine Rechnung machen könne. Auch leidet dort der
Eifersüchtige, wenn seine Freunde in seiner Gegenwart über die
Eifersüchtigen spotten und er selbst sein Wort dazu geben muß,
ungefähr auf gleiche Weise als hier der Philosoph, wenn er sich
muß sagen lassen, daß er ohne Zweifel viel zu klug und vor=
sichtig sei, als daß er sich zu so einer Thorheit, wie das Heiraten,
sollte haben verleiten lassen.

Dem ohngeachtet aber sehe ich nicht, warum Destouches bei
seinem Stücke notwendig das Stück des Campistron vor Augen
gehabt haben müßte; und mir ist es ganz begreiflich, daß wir
jenes haben könnten, wenn dieses auch nicht vorhanden wäre.
Die verschiedensten Charaktere können in ähnliche Situationen ge=
raten; und da in der Komödie die Charaktere das Hauptwerk,
die Situationen aber nur die Mittel sind, jene sich äußern zu
lassen und ins Spiel zu setzen, so muß man nicht die Situationen,
sondern die Charaktere in Betrachtung ziehen, wenn man be=
stimmen will, ob ein Stück Original oder Kopie genannt zu
werden verdiene. Umgekehrt ist es in der Tragödie, wo die
Charaktere weniger wesentlich sind und Schrecken und Mitleid
vornehmlich aus den Situationen entspringt. Aehnliche Situa=
tionen geben also ähnliche Tragödien, aber nicht ähnliche Komö=
dien. Hingegen geben ähnliche Charaktere ähnliche Komödien,
anstatt daß sie in den Tragödien fast gar nicht in Erwägung
kommen.

Der Sohn unsers Dichters, welcher die prächtige Ausgabe
der Werke seines Vaters besorgt hat, die vor einigen Jahren in
vier Quartbänden aus der königlichen Druckerei zu Paris erschien,
meldet uns in der Vorrede zu dieser Ausgabe eine besondere,
dieses Stück betreffende Anekdote. Der Dichter nämlich habe
sich in England verheiratet und aus gewissen Ursachen seine
Verbindung geheim halten müssen. Eine Person aus der Familie
seiner Frau aber habe das Geheimnis früher ausgeplaudert,
als ihm lieb gewesen; und dieses habe Gelegenheit zu dem
verheirateten Philosophen gegeben. Wenn dieses wahr ist, —
und warum sollten wir es seinem Sohne nicht glauben? — so
dürfte die vermeinte Nachahmung des Campistron um so eher
wegfallen.

———————×———————